KB142105

중간사 수업

중간사 수업

유대 문헌으로 보는 신구약 중간사의 세계

초판 1쇄 인쇄 2024년 5월 13일
초판 1쇄 발행 2024년 5월 21일

지은이	박양규
발행인	강영란
사업총괄	이진호

발행처	샘솟는기쁨
출판등록	제 2019-000050 호
주소	서울시 중구 수표로2길 9 예림빌딩 402 (04554)
대표전화	02-517-2045
팩스(주문)	02-517-5125
홈페이지	https://blog.naver.com/feelwithcom
전자우편	atfeel@hanmail.net

편집	박관용 권지연
마케팅	이진호
디자인	트리니티
제작	아이캔
물류	신영북스

중간사 수업

유대 문헌으로 보는
신구약 중간사의 세계

Second Temple Period

박양규 지음

샘솟는기쁨

신구약 중간사 500년의 역사,
그 회복의 지혜

지난해 1학기, 박양규 목사님과 함께한 세종대학교 신학 강의 여정은 행복했습니다. 탁월한 이성의 로고스(logos)와 따스한 감성의 파토스(pathos), 그리고 온유와 겸손으로 점철된 고유한 성품인 에토스(ethos)를 통해 자칫 무미건조할 수 있는 신구약 중간사 500년의 역사를 매주 지혜와 감동으로 휘감아 주셨습니다. 이 강좌의 핵심 주제는 '회복'이 아닐까 생각합니다. 하나님의 형상, 하나님 백성으로서의 정체성, 진정한 교회, 믿음과 생활의 지속적인 '회복'을 제시해 주었습니다. 15주 명강의를 엮은 책의 발간을 진심으로 축하합니다. 한 문장, 한 문장이 강의를 듣는 듯 생생하게 다가오는 이 책은 역사의 객관성은 물론, 말씀의 행간과 간극, 여백에 이르기까지 깊은 성찰과 폭넓은 사유로 청중들을 초대하며, 성령의 조명 아래에서 '회복'이라는 물줄기가 신앙과 삶에 흘러넘치게 할 것입니다. **양승준 ㅣ 세종대학교 초빙교수 및 교목**

신구약 중간사는 페르시아 왕 키루스(바사 왕 고레스)가 유대 민족을 유대 땅으로 돌려보낸 이후부터 예수 그리스도께서 활동하신 시기 사이의 유대 민족과 주변 세계의 역사, 문헌, 사상 등을 다루는 학문입니다. 성경은 말라기와 마태복음 1장의 예수님 족보가 종이 한두 장 정도로 구분되어 있어 마치 어제와 오늘처럼 해석될 수 있는데, 사실 신구약 성경 사이의 간격은 약 500년의 기간입니다. 그 기간에 신약 성경을 이해하는 데 필요한 많은 사건이 발생했습니다. 이를 잘 모를 경우 성경을 잘못 읽을 가능성이 커지게 됩니다. 저자는 일찍이 총신대 신학과 신대원 재학 시절에 이 분야의 중요성을 깨달아 고려대학교 대학원에서 서양사를 공부하고, 이후 영국 유학에서 '열심당' 연구를 지속해 온 신구약 중간사의 전문가이며, 목회 현장의 사역자요 유튜브 채널 〈교회교육연구소〉를 통해 전문 지식을 대중화해 온 현장가입니다. 이러한 이력을 바탕으로 균형 잡힌 안내서로 만들어 냈습니다. 저자의 심사숙고한 결실입니다. 본서를 정독해 볼 것을 추천합니다.

김주한 | 총신대학교 신학과 교수, 신약신학

하나님은 여전히 존재하시는가? 우리는 여전히 하나님의 백성인가? 인공지능과 초연결 시대를 살아가는 이 시대의 그리스도인들이 끊임없이 질문해야 할 고민들의 답을 저자는 수천 년 전 '아무개'들의 이야기를 통해 솜씨 좋게 전합니다. 사실 신학을 배우고자 하는 이들에게 신구약 중간사는 접근하기 어려운 '여우의 신포도' 같은 것이었습니다. 그러나 저자는 간결한 내용과 도표, 사진을 통해 누구나 이해할 수 있도록 버무려 내었습니다. 다양한 교육 콘텐츠를 제작하며 내공을 길러 온 탁월한 쉐프가 골라 뽑은 신구약 중간사 오마카세 메뉴

를 뜨거운 마음으로 추천합니다. **이수인 | 아신대학교 기독교교육과 미디어학과 교수**

설교자로 살아온 지난 수십 년 동안 금과옥조(金科玉條)처럼 붙잡은 철칙이 있습니다. 설교란, 성경의 진의(眞意)를 밝히는 행위라고 믿습니다. 말씀이 말씀하시도록 하는 것이 청지기의 역할을 맡은 설교자입니다. 그런 면에서 저자의 『중간사 수업』은 성경의 진의를 이 시대의 독자들에게 흘러가게 할 탁월한 결과물입니다. 저자와 동역했던 시간을 잘 기억하고 있습니다. 성경의 진의를 밝히려고 몸부림치던 사역자였고, 저의 설교 철학을 완벽하게 이해한 목회자였습니다. 저자가 헬레니즘을 배우려던 시절부터 유학을 마치고 돌아온 순간까지 지켜보았습니다. 이 책은 '암흑기'로 규정하는 신구약 중간사 분야에 횃불을 밝혀 줄 가장 탁월한 저서입니다. **송태근 | 삼일교회 담임목사**

『중간사 수업』은 하나님께서 한국 교회에 주신 큰 선물입니다. 저는 중간사 연구를 통하여 신약과 구약의 연결고리를 찾을 수 있었고, 이로 인하여 성경을 새롭게 해석할 수 있게 되었습니다. 우리의 고정된, 그리고 편협한 관념들을 깨뜨리기 위해 하나님이 주신 귀한 선물입니다. 박양규 목사님의 『인문학은 성경을 어떻게 만나는가』라는 책과 우리 교회 부흥회 때 하신 강의는 신선한 충격이었는데, 이번 『중간사 수업』은 그 이상입니다. **고승희 | LA 아름다운교회 담임목사**

신구약 중간사는 성경에 의해 철저히 숨겨져 있습니다. 학자들은 흔히 암흑기, 혹은 침묵기라고 부르곤 합니다. 하지만 하나님의 침묵도 때로는 하나님의 응답의 방편일 수 있지 않겠습니까? 우리가 신구

약 중간사의 침묵을 성실히 조명해야 하는 이유겠지요. 저자는 이 미션을 기가 막히게 감당했습니다. 이 책의 구성과 내용이 이를 증명합니다. 저자는 신구약 중간사를 위해 매진해 온 20년의 내공을 기반으로 역사 뒤편에 가려진 신구약 중간사를 역사, 인문, 예술을 넘나들며 적시 적소에 알맞은 예화와 자료들을 활용하는 저자의 박학다식한 소양에 찬사를 보냅니다. **김관성 | 낮은담교회 담임목사**

신구약 중간사는 성경과 서양사를 이해하는 데 지대한 가치가 있습니다. 이 책은 먼저 나지막하지만 배려 깊은 저자의 목소리가 곁에서 들리는 것 같아 놀라게 될 것입니다. 그만큼 이 책의 문장은 순하고 유려합니다. 저자의 오랜 연구와 수정 작업이 돋보이는 것은, 자료를 대하는 성실함과 정보를 전하는 독특한 방식으로 보입니다. 또한 역사 사건과 정보를 현대인의 문화 감수성에 맞춰 인문학적으로 전달합니다. 명화와 고대 유물 사진은 다양한 독자에게 이해도를 높여 줍니다. 성경에 관심이 있는 학생, 교사, 목회자뿐 아니라 종교학자들도 이 책을 참고해야 할 것입니다. 저자가 인용한 카프카의 말처럼 이 책이 바로 '내면의 얼어붙은 바다를 깨는 도끼'입니다. **최주훈 | 중앙루터교회 담임목사**

오랜 탐독의 열매

이 책을 펼쳐 보실 분들에게 묻고 싶습니다. 구약과 신약 사이, 그 긴 시간에 대해 들어 보신 적 있는지요? 아마 생소할 수도 있을 겁니다. 이 '신구약 중간사'를 입장에 따라 다양하게 정의할 수 있겠지만, 제게 중요한 의미 하나를 꼽으라면 이렇게 말하고 싶습니다.

"중간사는 구약 성경의 예언을 확인하는 시기다."

중간사에 관한 보다 신학적이고 역사적인 대답도 있겠지만, 제 마음을 사로잡은 한마디입니다. 구약 시대 오랜 시간 동안 하나님은 우리 같은 당대의 아무개들에게 선지자들을 통해 그분의 뜻을 전하셨습니다. 그 말씀을 '예언'이라고 합니다. 언약, 약속 같은 의미겠지요.

그 예언은 어떻게 성취되었을까요? 평소 신앙생활을 하며 약속, 예언과 같은 단어를 자주 듣지만, 우리는 그것이 구체적으로 어떻게 이루어졌는지 잘 모르는 경우가 많습니다. 아무개들에게 예언이 어떻게 성취되었는지 확인할 수 있다면, '약속'을 붙들고 살아가는 오늘 우리에게도 동일한 의미가 될 겁니다. 언약은 책에만 존재하는 추상이 아니라 '지금, 여기'에 나타나는 실체입니다.

신구약 중간사 연구에 20년 가까이 매진하고 있습니다. 신학교에서 신구약 중간사는 '구약과 신약 사이에 낀 시기' 정도라고 배웠습니다. 혹은 신약을 보조하는 한 부분 혹은 배경사 정도로 이해했고, 심지어 하나님이 침묵하신 기간이라고 해서 '암흑의 시기'라고도 했습니다. 그러다 보니 말라기에서 마태복음으로 아무 고민 없이 한 페이지를 넘겼습니다.

이 부분에 목마름을 느껴서 고려대학교 서양사학과대학원에서 더 깊이 배웠습니다. 책 속에 박제된 추상이 현실에서 살아 움직이던 기쁨은 지금도 생생합니다. 암흑이라던 신구약 중간사의 시간으로 횃불 들고 들어간 셈이지요. 또 영국에서 유대 문헌들을 접하면서 성경 속으로 더 깊이 들어가게 되었습니다.

스물한 살의 프란츠 카프카(Franz Kafka)는 친구 오스카 폴락에게 "책은 우리 내면의 얼어붙은 바다를 깨는 도끼여야 한다"라고 말했습니다. 이 한 권의 책이 구약과 신약의 얼어붙은 관념을 깨부술 수 있는 도끼라고 확신합니다. 구약과 신약 사이에 드리워진 커튼을 열어젖힐 때, 성경이 비로소 여러분에게 말하는 것을 느끼게 될 것입니다.

이 목적을 위해서 많은 시간을 준비했습니다. 역사를 배우는 기쁨이란, 한 시대를 살았던 아무개들과 소통하고 공감하는 겁니다. 설교자들의 도식화된 틀을 깨고, 역사 속으로 들어가서 아무개들과 현실의 고민과 불확실한 삶을 공감해 보면 어떨까요? 그들은 우리에게 예언이 성취된 삶의 회복을 말할 겁니다.

무엇보다 이 책은 지식만을 전하는 것이 아니라 저의 신앙이 객관성과 역사성을 가지고 있다는 것을 드러내려는 일이었습니다. 이 책을 읽고 성경의 역사성 앞에, 신의 위대함 앞에 설 수 있다면, 그것만으로 땀과 눈물은 보상받았다고 감히 말할 수 있습니다.

이 책은 오랜 기간 강의한 원고를 재구성하여 집필한 결과물입니다. 2023년 상반기에 세종대학교 이사장님, 총장님, 교수님들 앞에서 15회 분량의 강의를 했고, 그렇게 검증된 원고를 다듬어서 출간하게 되었습니다. 그 시간이 고단했지만, 여러 교수님들의 격려 덕분에 완성할 수 있었습니다.

원고 내용을 강의하도록 기회를 주신 세종대학교 이사장님과 총장님, 그리고 매주 진심 어린 격려를 해 주신 이태하 교수님, 같은 마음으로 응원해 주신 양승준 교수님에게 고마움을 전합니다. 오랜 시간 이 책이 나오기를 기다려 주신 샘솟는기쁨의 강영란 대표님과 이진호 이사님에게도 애정의 마음을 전합니다.

'교회 교육 콘텐츠'라는 나무가 자라고 열매를 맺을 수 있도록 물을 뿌려 주셨던 구독자 분들에게 '감사'라는 말이 무척 가볍게 느껴집니다. 좋은 열매로 보답하는 것이 저의 진심이라 믿습니다. 끝으로 함께 광야의 길을 걷고 있는 가족들에게 미안함과 사랑의 마음을 전합니다.

2024년 3월
저자 박양규

차
례

넘침과 부족함 사이에서

　　고려대학교 도서관에서 하버드대학교에서 발행한 Loeb Classic Library 시리즈 책들을 보던 때가 2004년이니, '신구약 중간사'라는 지하실에 횃불을 들고 들어간 지도 어느덧 20년이 되어 갑니다. 고대 문헌의 먼지를 털어 가며 읽다 보니 주전 2세기 쿰란 동굴 주변에 있게 되었고, 조금 더 더듬어 들어가자 그 시대 사람들의 땀 냄새와 신음 소리를 들을 수 있었습니다. 유대 역사가 플라비우스 요세푸스(Flavius Josephus)의 책들을 너덜너덜할 정도로 읽으며, 겟세마네 한편에서 예수께서 체포당하시는 장면도 엿보았습니다.

　　구약과 신약 사이의 시간으로 들어가기 위해 얼마나 많은 책들을 읽었는지 모릅니다. 20년간 그 속에 있다 보니 많은 생각이 피부 속에 스며들었습니다. 그 생각이 누구의 것인지 밝히기가 어떤 음식을 먹어서 내 근육이 그런지를 밝히는 것보다 어려웠습니다.

　　어떤 책은 전공자에게만 해당되기도 했고, 어떤 책은 내 신앙을 거품으로 만들기도 했고, 또 어떤 책은 세계사 정보만 나열하고 있었습니다. 이런 책들 사이에서 어떤 의미를 발견하기가 쉽지 않았습니다. 그 '수풀'에서 신앙의 위대함을 발견하도록 풀을 깎고, 길을 만들며 고달프게 이 책을 완성할 수 있었습니다. 정보의 구슬을 성경으로 꿰었다고나 할까요. 구약과 신약이라는 흐름에서 어떤 시간이 지나갔으며, 신구약이 어떻게 연결되는지 연구하며 집필했습니다. 그런 까닭에 맥락을 벗어나거나 전문적인 내용은 생략했고, 왜 성경이 하나님의 말씀이며, 지금도 우리의 삶에 지침이 되는지 그 고백을 담으려 했습니다.

1장에서 언급하겠지만 신구약 중간사를 학술적인 용어로 '제2성전기(Second Temple Period)'라고 합니다. 다만 이 책은 전공 학술서가 아니기에, 말라기에서 마태복음 사이를 단지 어제 일처럼 성경의 한 페이지로 넘기는 분들에게 5백여 년의 흐름 인식을 전하고자 '신구약 중간사'라는 명칭을 쓰려고 합니다. 이 분야의 거장 마틴 헹엘(Martin Hengel)이 『신구약 중간사』에서 언급한 내용을 간추려 보았습니다.

> 기독교의 기원은 문서로만 남아 있기에 신앙이라는 것은 일반인들이 보기에 개인의 영역이라는 층위에서 보일 수 있습니다. 그러나 신구약 중간사 기간의 기독교는 문서들을 통해서만 객관적으로 제시될 수 있습니다. 이런 역사적 사료가 없다면 구약은 신화(神話)처럼 멀게 보이고, 신약은 주관적으로 모호하게 보일 수도 있습니다. 구약의 예언과 신약의 복음이라는 관점으로 본다면 신구약 중간사는 복음의 준비라는 관점에서 아주 중요한 시기라고 할 수 있습니다. 그런 의미로 '신구약 중간사'라는 명칭은 적절하다고 할 수 있습니다.[1]

마틴 헹엘의 관점은 중요합니다. 신구약 중간사 연구는 주관적인 신앙을 객관적으로 도약시키고, 구약과 신약을 하나의 주제로 보게 할 겁니다. 그래서 '기원전 기원후'보다 '주전 주후'로 표기했고, 신구약 중간사의 내용을 당대의 정보 나열에 그치지 않고, 역사에서 재현된 내용을 토대로 현실과 접목하고자 심혈을 기울였습니다.

우리 신학은 세계의 수준과 그 간격을 좁혀 가고 있습니다. 그렇지만 여전히 간격이 커 보이는 분야라면 신구약 중간사, 혹은 성경 배경사 분야일 겁니다. 이 분야는 100년 전의 연구 수준에 멈춰 있는 느낌입니다. 성경의 배경 지식이 아주 협소하고, 심지어 그런 인식조차 없이 삼국 시대보다 더 오래된 시대를 해석하기도 합니다.

이 책을 통해 성경 배경 연구 수준을 더욱 끌어올리는 연구자들이 생겨나기를 기대합니다. 이 분야에 가장 권위 있는 한국의 연구자는 성결대학교의 박정수 교수입니다. 학문과 신앙의 균형이 잘 잡힌 그의 연구를 여러 내용의 기초로 삼았습니다. 그의 표현처럼 신구약 중간사는 유대교와 기독교 형성의 토양이 되는 시기이므로 깊이 연구할 중요한 분야입니다.[2] 또한 거장 마틴 헹엘, 스티브 메이슨(Steve Mason)의 연구를 토대로 했습니다. 무엇보다 플라비우스 요세푸스의 작품은 전체를 이끌어 가는 데 중요한 자료입니다. 이 책이 소개하는 거장들의 연구가 신구약 중간사와 소통하는 접점이 되기를 소망합니다. 이러한 과정을 통해 성숙한 신앙으로 도약하기를 기대합니다.

1강 ────────────────────────────

신구약
중간사는
무엇인가

〈성 마태오의 소명〉, 카라바조, 1599~1600

예수께서 세리 마태를 부르셨습니다.
그런데 가만히 보니 예수님은 2천 년 전의
모습인데, 마태는 16세기 도박판에 앉아
있습니다. 과거의 사건을 카라바조는 현실
속에서 맥락으로 적용을 하고 있습니다.
이것이 역사의 '쓸모'가 아닐까요? 성경이
지식의 영역에 박제된 것이 아니라 우리의
삶에 지침이 될 수 있다면, 신구약 중간사도
우리에게 그 의미를 전하게 될 겁니다.

강의 목표

신구약 중간사의 의미는 무엇이며, 구약과 신약 사이의 기간을 어떻게 의미를 부여할 수 있을지 살펴봅니다.

10여호와께서 이와 같이 말씀하시니라 바벨론에서 칠십 년이 차면 내가 너희를 돌보고 나의 선한 말을 너희에게 성취하여 너희를 이 곳으로 돌아오게 하리라 11여호와의 말씀이니라 너희를 향한 나의 생각을 내가 아나니 평안이요 재앙이 아니니라 너희에게 미래와 희망을 주는 것이니라 렘 29:10~11

1. 역사란 무엇인가

다소 원론적인 질문으로 강의를 시작하려고 합니다. 역사란 무엇일까요? 신구약 중간사도 역사의 한 분야라는 점에서 이 물음은 중요합니다. 한국사 시험을 준비했거나 역사 공부를 해 본 분들이라면, 복잡한 지식과 연도를 떠올릴지도 모르겠습니다. 독일의 역사가 레오폴드 랑케(Leopold von Ranke)는 "역사가의 과제는 역사적 사료를 토대로 사실을 그대로 보여 주는 것이다"[3]라고 했습니다.

그에 따르면 1592년에 임진왜란이 발생했다는 것과 1905년에 을사늑약이 체결되었다는 것을 알면 됩니다. 조선 왕조도 '태정태세문단세'라고 외우면 됩니다. 이런 목적을 위해 역사를 배운다면, 시험 점수 그 이상도 이하도 아닐 겁니다. 그래서 객관적 사실로서의 역사에 반기를 들었던 역사가 에드워드 카(E. H. Carr)는 이렇게 말했습니다. "역사는 현재와 과거의 끊임없는 대화이다."[4]

어떤가요? 같은 역사를 대하면서도 다른 의미를 부여합니다.[5] 역사의 한 시대를 살아가던 '아무개들'과 끊임없이 소통하는 것, 그 시대의 의미를 오늘에 접목하는 것이야말로 역사가 우리에게 주는 중요한 의미일 겁니다. 역사는 영웅이나 권력자들이 움직이는 것이 아니라, 우리 같은 아무개들이 만들어 가는 흔적이라고 생각합니다.

이 시선의 차이는 현실을 대할 때 다르게 다가옵니다. 역사의 영웅을 대할 때에는 지식으로 다가오지만, 아무개들과의 대화는 그 시대를 살아가던 그들의 눈물, 감정, 삶의 애환을 알게 합니다. 현실에서 발생하는 눈물, 감정, 삶의 애환에도 그 아무개들은 공감할 겁니다.[6]

성경도 마찬가지입니다. 보통 우리는 성경을 볼 때 영웅 위주로 살

퍼봅니다. 또 구약은 39권, 신약은 27권과 같은 식으로 숫자와 규모로 사건을 파악합니다. 그렇지만 숫자는 우리의 현실에 큰 의미를 주지 않습니다. 광야 같은 현실을 살아간다고 말하지만, 성경을 볼 때는 광야의 '영웅'들만 봅니다. 광야를 지나 홍해를 건넜던 2백만 명의 노마드, 오병이어 당시 광야에 있던 5천 명의 굶주린 군중들과 소통한 적은 없습니다. 개인은 사라지고, 모세와 오병이어, 그들을 위대하게 하는 숫자 덩어리만 남습니다.

이런 시선에 익숙하다 보니 '광야'는 판에 박힌 용어가 되고, 우리는 영웅이 되기를 꿈꿉니다. 현실에서 숫자는 능력의 척도가 됩니다. 그 교회는 몇 명이 모이고, 그 행사에 몇 명이 동원되었느냐에 가치가 매겨집니다. 이것이 부흥의 동의어가 되고 간증의 핵심이 된다면, 성경은 더 이상 현실에 와닿지 않을 겁니다.

카라바조의 〈성 마태오의 소명〉에는 이런 고민이 담겨 있습니다. 예수님이라는 '영웅'이 보입니다. 예수님은 2천 년 전에 세리 마태를 부르셨지만, 카라바조의 그림에는 마태가 세관에 앉아 있는 것이 아니라 5백 년 전 이탈리아의 도박판에 앉아 있습니다.

이 마태는 단순한 그림의 부품이 아니라 당시의 아무개들을 대표합니다. 예수님은 세리와 창녀를 부르셨지만, 5백 년 전 로마교회는 집시, 빈민, 노름꾼, 매춘부, 유대인들을 혐오했습니다. 성경의 마태는 카라바조의 그림을 통해 현실에 말하고 있습니다. 그들을 혐오하면서 세리와 창녀의 친구라고 외치는 것은 말장난일 뿐이라고 말입니다.

카라바조가 위대했던 이유는 빛과 어둠을 통해 예술을 한 단계 발전시킨 '테네브리즘(명암)' 기법 때문만이 아닙니다. 그의 신앙에서 가장 중요한 가치였던 것, 즉 "나는 집시와 빈민과 노름꾼과 매춘부들에

게서 하나님 나라를 발견한다"라는 고백에 있지 않을까요? 그는 종교
개혁을 배척하던 로마에서 루터의 은총을 표현하고 있습니다.[7] 종교
개혁의 후예라고 자처하는 우리가 교리만 붙든 채 중세 교회의 모습
을 하고 있는 것은 아닌지 생각하게 됩니다.

왜 에드워드 카와 카라바조 이야기를 했을까요? 신구약 중간사를
대하는 시선도 이와 다르지 않기 때문입니다. 지금까지 신구약 중간
사를 왕조, 정치, 영웅, 사건으로 접했다면 우리에게는 어느 도표를 채
우는 지식에 불과합니다. 말라기 시대의 아무개들은 어떤 현실을 살
았을까요? 느헤미야 시대의 가장 큰 두려움은 무엇이었을까요? 이것
을 주목할 때, 비로소 그 시대의 아무개들은 우리에게 말을 건넵니다.

장담컨대 이 책에서 다루게 될 명칭들, 용어들은 전공 학생들이 아
니라면 앞으로 평생 듣지 못하는 내용일 수도 있을 겁니다. 사실 신구
약 중간사를 배우지 않아도 교회 생활을 잘 감당할 수 있고, 사는 데도
큰 지장이 없을 겁니다. 그럼에도 계속 공부해 나가면 이 시대를 통해
성경을 살아 숨 쉬는 역사로 보게 될 것입니다.

2. 신구약 중간사를 배우는 이유

한국사를 공부한 분이라면 다음 물음에 대답해 봅시다. 1592년 임
진왜란과 1876년 강화도 조약은 오늘 우리에게 어떤 의미인가요? 임
진왜란이 벌어졌을 때 조정은 무엇을 했고, 민중들은 어떤 현실을 겪
었는지 보게 된다면, 그 사건이 우리에게 속삭이는 소리를 들을 수 있
습니다. 강화도 조약을 체결했을 때 왜 불평등 조약을 감수해야 했을

사로잡힌 이스라엘 포로, 대영박물관

끌려가는 이스라엘 포로,
대영박물관

블랙오벨리스크의 예후 왕, 대영박물관
이스라엘 왕이 아시리아 사신 앞에 이마를 땅에 대고 절하고 있다.

바빌로니아 연대기,
대영박물관
느부갓네살이 유다를 침공했다는
기록이 새겨져 있다.

까요? 임진왜란이 벌어졌을 때 임금은 무엇을 했고, 백성은 왜 코와 귀를 잘려야 했을까요? 이렇게 생각해 본다면 불평등 조약과 임금의 도피는 더 이상 과거에만 있는 사건이 아닙니다. 일제강점기 영화를 볼 때, 재미를 넘어 감정이 작동하게 되는 이유이기도 합니다.

성경에는 수많은 전쟁이 등장합니다. 그 시대를 보지 못하면 그저 게임에 등장했다가 없어지는 차원과 크게 다르지 않을 겁니다. 아시리아(앗수르)의 침공이나 바벨론 포로 생활은 옛날 옛적의 이야기가 아닙니다. 위 사진을 보면 아시리아의 산헤립이 이스라엘을 침공할 때, 사로잡힌 아무개들(포로)의 모습이 새겨져 있습니다. 또 두 손이 결박되어 포로로 잡혀가는 유대인 포로도 보입니다. 이렇게 보면 임진왜란으로 인해 사로잡혀 간 우리 선조들과 바벨론으로 끌려가는 포로의 현실은 같습니다.

우리는 '환향(還鄉)'이라는 단어의 정서를 가진 민족입니다. 타향으로 끌려간 구약의 포로들의 감정에 대해 공감대가 있지 않을까요? 성경의 포로 귀환은 공간 이동이기만 할까요? 사마리아 사람은 외국인에 불과했을까요?

신구약 중간사는 구약의 예언이 어떻게 신약에서 성취되었는지 그 과정과 결과를 확인하는 시간입니다. 따라서 신구약 중간사 연구의 핵심은 어떤 사건들이 일어났는가를 도표 순서대로 외우는 것이 아니라, 눈물의 시간 동안 그들이 어떤 질문을 던졌고, 하나님은 어떻게 대답하셨는가를 알아 가는 과정입니다.

하나님께서는 자기 백성에게 함께하겠다고 약속하셨습니다. 그럼에도 구약 성경을 보면 수많은 침공을 접합니다. 이스라엘이 외세의 침공을 받은 것은 외부의 문제일까요, 아니면 내부의 문제일까요? 외세가 아무리 강해도 하나님을 의지할 때, 전쟁은 아무런 장애물이 아니었습니다. 반면 내부의 확신이 약해질 때 이스라엘은 외세에 굴복하는 반복된 역사를 보게 됩니다.

대영박물관에는 이스라엘의 예후 왕이 아시리아 사신에게 절하는 굴욕적인 장면의 부조가 있습니다. 이 모습은 불과 4백 년 전, 인조 임금이 삼전도에서 청나라 사신에게 세 번 절하고 아홉 번 이마를 땅에 대던 삼궤구고두례(三跪九叩頭禮)를 떠오르게 합니다. 또 대영박물관 55관에는 네부카드네자르(Nebuchadnezzar)라는 왕의 기록인 '바빌로니아 연대기'가 있습니다. 이 왕이 성경에 등장하는 바벨론의 느부갓네살입니다. 그가 실제로 예루살렘을 침공했다는 기록이 이 연대기에 새겨져 있습니다. 신화처럼 접했던 성경의 기록이 고고학적인 자료를 통해 우리 눈앞에 되살아납니다.

이런 침공들로 유대인들이 나라를 잃었던 시간이 신구약 중간사 기간입니다. 이 시대의 눈물이 보이지 않는다면 포로기, 포로 귀환기를 성경 통독이나 성경 파노라마에서 접한다고 하더라도 윤리적 교훈 외에는 현실과 무관할 겁니다. 여러분은 '바벨론의 침공' 하면 무엇이 떠오르나요?

렘브란트의 그림에는 바벨론 침공으로 멸망당하는 예루살렘을 보며 슬퍼하는 예레미야의 모습이 잘 표현되어 있습니다. 예레미야는 절망하고, 그 뒤로 예루살렘이 불타고 있습니다. 이 절망은 예레미야 개인을 넘어서는 그 시대의 절망이기도 합니다. 그렇다면 이런 질문을 던져 볼 수 있습니다. "예레미야처럼 현실에서 우리를 절망하게 만드는 것은 무엇인가?"

이 질문은 그 시대와 소통하게 해 줍니다. 이사야, 예레미야, 느헤

〈예루살렘 멸망을 슬퍼하는 예레미야〉, 렘브란트, 1630

미야, 말라기 시대도 본질적으로 같은 질문을 던졌기 때문입니다. 만일 그들이 답을 발견했다면, 우리에게도 유효한 답일 겁니다. 우리가 그 시대를 배우는 진짜 이유입니다.

앞에서 읽었던 것처럼 절망의 시대에 하나님은 예레미야를 통해 말씀하셨습니다. 하나님이 주시려는 것은 '미래와 희망'(렘 29:11)이라고 말이지요. 신구약 중간사 공부의 의미가 확연히 보이기 시작합니다. 그렇다면 미래와 희망의 실체는 무엇일까요? 당시 아무개들이 던진 질문은 무엇이었을까요?

3. 신구약 중간사를 관통하는 질문

앞의 사진에서도 볼 수 있듯이 예루살렘은 주전 586년에 바벨론의 느부갓네살에 의해 완전히 멸망했습니다. 성전이 파괴된 것은 이스라엘 사람들에게 큰 충격이었습니다. 고대의 전쟁은 신들의 전쟁이었습니다. 그러므로 당시는 이스라엘의 야훼가 바벨론 신보다 무능하다고 여겼습니다. 성전이 사라진 것은 하나님이 '사라진' 것이나 다름없었습니다. 성전은 하나님 임재의 상징이었으니까요. 예루살렘이 멸망한 이후, 사람들은 이런 질문을 던질 수밖에 없었습니다.

(1) 하나님은 여전히 존재하시는가?
(2) 우리는 여전히 하나님의 백성인가?
(3) 우리에게 필요한 회복은 무엇인가?

이 세 가지 물음을 기억하세요. 이것은 나라를 잃었던 유대인들이 5백 년 넘도록 던진 질문이었습니다. 성전이 사라지고, 이방 나라에 굴복당했으니 하나님의 흔적을 느낄 수 없었습니다. 그들은 오랜 세월 절망 속에서 물었습니다. '과연 하나님은 여전히 존재하시는가? 만일 존재하신다면 아브라함, 이삭, 야곱, 모세처럼 우리는 여전히 하나님의 백성인가? 우리에게 필요한 회복은 무엇인가?' 여기서 '회복'이라는 단어를 우리의 맥락에서 '축복'으로 바꾸면 더 와닿습니다. 도대체 진정한 축복이란 무엇일까요?

신구약 중간사 공부를 통해서 끊임없이 이 질문을 되뇌일 겁니다. 왜 그럴까요? 지금 우리도 현실에서 이 질문을 던지기 때문입니다. 하나님의 약속과 성취, 회복을 직접 확인할 수 있기를 바랍니다. 나아가 구약과 신약 사이의 시대를 보는 안목이 생긴다면, 그것은 보너스입니다.

4. 왜 신구약 중간사라고 부를까?

이제 우리가 살피려는 시대를 정의해 봅시다. 신구약 중간사란 구체적으로 언제부터 언제까지일까요? 성경을 보면 말라기와 마태복음 사이에는 한 페이지밖에 없지만 사실은 5백 년이 넘는 엄청난 시간적 공백이 있습니다. 그럼에도 우리는 마치 어제의 일처럼 이 한 페이지를 넘깁니다. 5백 년이 추상적으로 다가오기 때문입니다. 우리가 까마득한 옛날 일이라고 생각하는 임진왜란도 5백 년이 안 된 사건입니다. 다윗이 왕위에 오르고, 바벨론에 의해 예루살렘 성전이 파괴되기까지 5백 년이 채 되지 않습니다. 말라기와 마태복음의 간격은 그만큼 긴 시간입니다.

이런 말라기와 마태복음 사이의 한 페이지를 시간 개념 없이 다른 책 읽듯 넘기는 것도 아쉽지만, 성경과 무관한 것처럼 하나님이 침묵하신 암흑기로 여기는 것은 더욱 안타깝습니다. 만일 부부가 사랑을 하고 10개월이 지나 아기가 태어난다면, 이 기간을 아이가 보이지 않는다고 해서 암흑기라고 할 수 있을까요? 아기는 태내에서 성장하고 있었습니다. 신구약 중간사는 신약이라는 '아기'가 태어나기까지 하나님이 얼마나 활발하게 일하셨는지 살펴볼 수 있는 기간입니다. 구약에 언급되지 않는 많은 내용이 이 시기에 형성되어서 성장하고 있었으니까요.

신구약 중간사를 학술 용어로는 '제2성전기'라고 부릅니다. 주전 957년경 세워진 제1성전(솔로몬 성전)이 파괴된 후 스룹바벨의 주도하에 두 번째 성전이 건립됩니다. 주전 516년에 건립된 이 성전을 제2성전이라고 부릅니다. 이 성전은 예수님 시대 헤롯 대왕이 증축을 했는데, 주후 70년 제1차 유대 전쟁 때 로마의 티투스(Titus)에 의해 파괴당합니다.[8] 따라서 제2성전기는 주전 516년부터 주후 70년까지의 시간을 말합니다.

앞서 레오폴드 랑케와 에드워드 카를 비교 언급하면서 우리는 객관적인 사실을 추구하기보다 그것을 넘어선 의미를 발견하고, 당시의 아무개들과 대화를 나누는 것이 목적이라고 말씀드렸습니다. 만일 이 시기의 사실과 지식에 집중한다면 제2성전기로 불러도 될 겁니다. 하지만 당시 사람들이 던졌던 세 가지 질문의 해답을 모색하고, 그 과정에서 구약이 어떻게 신약에 이르면서 회복에 도달하게 되는지 살펴본다면 '신구약 중간사'라는 명칭이 더 적절해 보입니다. 실제로 많은 구약 성경이 주전 516년 제2성전 건립 이후에 기록되었고, 주후 70년 성전이 파괴되기 전에 신약 성경의 사건들이 끝났으니까요. 더욱이 '신구약 중간사'라면 신약을 '완성'으로 받아들이는 이들에게 영광스러운 명칭일 것입니다.

초대교회의 성도들은 혹독한 환경에서 살았습니다. 너무 고통스러웠기에 유대교로 되돌아가려는 시도도 많았습니다. 그들이 버틸 수 있었던 이유는 '새로운 약속' 때문이었습니다. 그뿐만 아니라 모진 수백 년의 시간을 살았던 유대인들이 세 가지 질문에 관해 어떤 답을 얻었는지, 그런 관점에서도 신구약 중간사라는 이름은 타당합니다. 이런 신앙의 관점을 반영한 표현이라면 굳이 마다할 이유는 없을 겁니다.[9]

정리하자면 신구약 중간사는 주전 516년부터 주후 70년까지의 제2성전기 시기를 기준으로 합니다. 다만 구약과 신약의 접점을 모색하기 위해 좀 더 유연하게 살펴보고자 합니다.

5. 하나님이 주시는 미래와 희망

강의를 시작하며 예레미야 29장 10~11절을 읽었습니다. 하나님은 우리에게도 미래와 희망을 주시는 것이 맞을까요? 이 점을 생각해 보면서 이 장을 마무리하려고 합니다. 앞으로 신구약 중간사를 다루며 많이 접하게 될 인물이 요세푸스입니다. 그는 예수님 시대의 유대 역사가로 이런 기록을 남겼습니다.

'유대인(Jews)'이란 명칭은 '유다 지파(the tribe of Judah)'에서 따온 것으로 서 유다 지파가 처음으로 바빌로니아에서 예루살렘으로 귀환했기 때 문에 그 후로부터 그들과 그들의 땅을 '유대(Jews)'라는 명칭으로 부르 게 되었다. 요세푸스, 『유대 고대사』 11.5.7.

요세푸스는 유대인이라는 명칭이 바벨론 포로 기간 중에 생겼다 고 말합니다. 히브리어로 '예후다', 아람어로 '예후스', 이것이 그리스 식으로 '유대인'이 됐습니다. [10] 바벨론 포로기가 지나고 주전 5세기 에 스라-느헤미야 시대에는 더 이상 남유다라는 지리적, 종족적인 의미 가 아니라 특정한 정체성을 가진 사람들을 지칭하게 되었습니다. [11]

뭔가 이상한 점을 눈치채셨나요? 주전 586년에 나라를 잃고 바벨 론, 페르시아, 그리스, 로마에 의해 지배를 받았는데도, 그들은 지리나 종족과 상관없이 유대인이라는 정체성을 가질 수 있었습니다. 그 시 기에 나라를 잃고도 자신들의 정체성인 '유대교'를 형성하기 시작했다 는 사실이 놀랍습니다.

그들은 유다교(Judaism)를 위해 용감하게 싸웠다. 2마카 2:21, 사역[12]

나라를 잃은 지 5백 년이라면 주변에 동화되고 소멸되었을 시간입 니다. 어쩌면 헬레니즘이 확산되어 소수 민족들의 정통성이 소멸된 시기에 유대교라는 토대를 만들고 버틴 것 자체가 해답일지도 모릅니 다. 그들은 소멸하지 않기 위해서 스스로가 하나님의 백성인지를 물 었습니다. 그중 한 형태가 광야에서 참된 이스라엘 백성이 되길 갈망 했던 세례 요한 주변의 아무개들이 아니었을까요?

이것은 우리에게도 중요한 지침입니다. 하루가 다르게 변하는 이 시대에 우리는 '그리스도인'으로 부름을 받은 사람들입니다. 인공지능과 빅데이터가 신처럼 군림하려는 이 시대에도 하나님은 여전히 살아 계실까요? 우리는 여전히 하나님의 백성일까요? 그리고 우리가 구해야 할 회복은 무엇일까요? 이 질문을 놓치고 살아간다면 그저 명목상의 그리스도인이 될 뿐입니다.

우리는 누구인가, 이것은 신구약 중간사 당시의 아무개들이 수백 년간 던졌던 질문입니다. 제2성전을 재건했다고 해도 그들의 삶은 궁핍했고, 미래는 암울했고, 현실은 비참했습니다. 예레미야 29장 11절의 말씀이 우리에게 어떻게 미래와 희망을 주는 것일까요? 예레미야 29장 10절의 말씀처럼 '예레미야의 70년'은 그들에게 어떤 의미였을까요? 이것을 확인할 때, 우리는 소망과 평안을 가질 수 있을 겁니다. 이어지는 시간들을 통해 그것을 확인할 수 있는 배움이 일어나기를 기대합니다.

2강

고레스 칙령과 페르시아 시대

〈벨사살 왕의 연회〉, 렘브란트, 1635

바벨론의 마지막 왕 벨사살이 연회를 즐기고 있습니다. 그가 연회에서 썼던 기물들은 예루살렘 성전에서 탈취한 전리품들이었습니다. 그것은 바벨론의 신이 이스라엘의 신보다 더 강하다는 것을 선언한 종교적인 연회였습니다. 그날 밤, 바벨론이 멸망하고 페르시아 시대가 시작되었습니다. 신구약 중간사가 시작되는 시점입니다. 그런데 렘브란트는 왜 바벨론 왕 벨사살의 머리에 페르시아의 터번을 그려 넣었을까요?

강의 목표

신구약 중간사가 시작된 페르시아 시대와 제2성전이 건립된 배경을 살펴봅니다.

1메대 족속 아하수에로의 아들 다리오가 갈대아 나라 왕으로 세움을 받던 첫 해 2곧 그 통치 원년에 나 다니엘이 책을 통해 여호와께서 말씀으로 선지자 예레미야에게 알려 주신 그 연수를 깨달았나니 곧 예루살렘의 황폐함이 칠십 년만에 그치리라 하신 것이니라 단 9:1~2

1. 페르시아의 등장

지난 시간에 신구약 중간사 개요를 살펴봤습니다. 그 시기는 제2 성전이 건립된 주전 516년부터 파괴되었던 주후 70년까지를 기준으로 삼습니다. 그렇지만 제2성전의 의미를 파악하려면 그것이 건립되기 전, 주전 586년의 예루살렘 멸망과 바벨론 포로기를 먼저 이해해야 할 필요가 있습니다.

렘브란트의 〈벨사살 왕의 연회〉는 바벨론의 마지막 왕 벨사살 (Belshazzar)이 바벨론 신들에게 연회를 베푸는 순간을 그린 작품입니다. 이 장면은 주전 539년의 사건으로, 연회에는 예루살렘 성전에서 탈취한 기물들이 사용되었습니다. 즉 이 연회는 종교적인 성격을 가진 제의(祭儀)였습니다. 바벨론의 신이 이스라엘의 신 야훼보다 더 강하다는 것을 드러내는 것이 목적이었습니다. 동시에 유대인들에게는 야훼의 상실을 의미합니다. 야훼의 상징인 성전이 파괴되었으니까요. 그렇다면 이 바벨론 포로 시기의 '회복'이란 무엇을 의미할까요?

주전 586년 유대인들은 바벨론의 침공으로 완전히 멸망했습니다. 바벨론에 포로로 잡혀간 시기를 어려운 말로 '바벨론 유수(Babylonian Captivity)'[13]라고 합니다. 이 시기를 잠깐 정리하자면, 바벨론의 나보폴라사르(Nabopolassar) 왕은 강력했던 아시리아를 제압해서 메소포타미아 일대를 평정했습니다. 나아가 곡창 지대인 이집트를 노리고 있었습니다. 그의 아들 네부카드네자르 2세는 부친의 열망을 이루기 위해 이집트 원정을 나섭니다. 그가 바로 성경의 느부갓네살 왕입니다.

이집트로 가는 길목에 위치한 팔레스타인의 약소국들은 이집트의 위성 국가였습니다. 느부갓네살은 바벨론과 이집트 사이의 완충지였

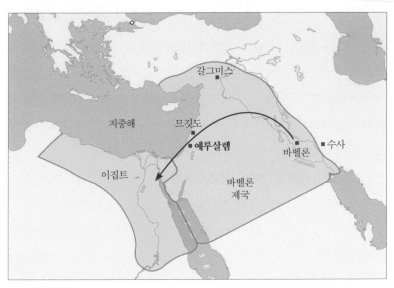

바벨론이 이집트를 침공하는 경로에 예루살렘이 위치하고 있다.

던 팔레스타인 국가들에게 친이집트에서 친바벨론으로 돌이킬 것을
요구합니다. 이것이 예루살렘에 가했던 세 차례 바벨론 침공입니다.

주전 605년 1차 침공 때 왕족, 귀족의 자녀들을 인질로 잡아갔습니
다. 이때 다니엘과 세 친구도 끌려갑니다. 그렇지만 유다는 다시 친이
집트로 기울었고, 바벨론은 주전 597년에 2차 침공을 가합니다. 상류
층 및 기술자들이 대거 잡혀갑니다. 여기에는 에스겔도 포함되었습니
다. 결국 주전 586년 3차 침공으로 인해 예루살렘이 함락되고, 성전이
파괴되었습니다. 유대인들이 포로로 잡혀가면서 이스라엘은 지도에
서 사라집니다.

그렇다면 바벨론은 어떤 나라였을까요? 예루살렘을 함락한 바벨
론을 일반 역사에서는 '신바빌로니아'라고 부릅니다. 이들은 주전 18

세기 무렵에 등장했던 '구바빌로니아'를 계승했습니다. 인류 최초의 성문법전인 함무라비 법전에 대해 들어 보셨을 겁니다. 이 함무라비 법전이 탄생하고, 태양신 마르둑을 주신(主神)으로 섬겼던 것이 구바빌로니아였습니다. 이를 계승한 신바빌로니아가 주전 7세기에 건설되면서 나보폴라사르와 그의 아들 느부갓네살은 마르둑 사제들과 함께 제국을 세웠습니다.

반면 같은 메소포타미아 문명권이라고 해도 아시리아는 태양신이 아니라 달(月)신을 숭배하는 전통을 갖고 있었습니다. 그런데 나보니두스(Nabonidus)의 기념비에 새겨진 모양을 보면 그가 태양신을 밀어내고 달신을 가까이했던 흔적을 선명하게 볼 수 있습니다. 나보니두스는 느부갓네살에 이어 주전 562년에 즉위했던 바벨론의 마지막 왕입니다. 그의 모친은 아시리아 혈통을 갖고 있었습니다.

흥미롭게도 나보니두스는 아시리아의 중심 도시인 하란에서 태어났습니다.[14] 그는 아시리아의 신들을 부활시키고 싶었던 겁니다. 그 결과 무슨 일이 일어났을까요? 당연히 태양신 마르둑을 숭배하는 사제들과 갈등을 겪었고, 내부의 반발이 있었습니다. 그래서 나보니두스의 연대기에는 그가 제국 곳곳에 반란을 진압하기 위해 원정을 떠났고, 바벨론에는 그의 아들 벨사살을 대리 통치자로 남겼다고 기록됩니다. 벨사살은 이런 맥락에서 등장합니다.

렘브란트는 다니엘 5장의 사건을 배경으로 〈벨사살 왕의 연회〉라는 그림을 그렸습니다. 사실 나보니두스의 기록들이 출토되기 전까지 학자들은 다니엘 5장의 역사성에 의문을 가졌습니다. 나보니두스가 공식적으로 바벨론의 마지막 왕이었고 벨사살의 이름은 찾아볼 수 없었기 때문입니다. 그렇지만 대영박물관의 나보니두스 기록으로 '대리

나보니두스의 기념비, 대영박물관
태양신을 밀어내고 달신을 가까이 둔 흔적을 볼 수 있다.

통치자' 벨사살의 존재가 설명이 가능해졌습니다. 성경의 역사성이 입증된 것입니다.

벨사살이 연회를 베풀 때, 손가락이 나타나 벽에 글자를 새깁니다. 다니엘이 그 글자를 해독하자 벨사살은 다니엘을 나라의 '셋째 통치자'로 삼습니다(단 5:29). 놀랍지 않나요? 대리 통치자 벨사살이 줄 수 있는 최고의 권력이 세 번째 자리였기 때문입니다.

성경에서는 연회가 벌어지던 그날 밤 벨사살이 죽임을 당하고 나라가 망했다고 기록하는데, 어떻게 그 강력한 나라가 하루아침에 망할 수 있었을까요? 나보니두스 연대기가 그 단서를 제공합니다. 대영박물관에 소장된 이 기록물은 1880년 미 고고학자 제임스 프리처드(James B. Pritchard)에 의해 해독되었는데 내용은 이렇습니다.

> 구트인들(Gutians)은 에사길라(Esagila, 신전) 내부에 머물러 있었고, 누구도 군대를 이동하지 않았다. (축제를 위한) 시간은 정확하게 지켜졌다. 아라쉬삼누(11월) 달 제3일에 키루스는 바빌로니아에 입성했다. 작고 푸른 가지들이 그의 발 앞에 펼쳐져 있었고, '평화'가 그 도성 위에 임했다. 키루스는 모든 바빌로니아 사람들에게 인사를 보냈다. 키슬림(Kislimu) 월로부터 아달(Adar) 월까지 나보니두스가 바벨론으로 가져온 아카드인들의 신상들은 (중략) 그들의 거룩한 도시들로 되돌려 보내졌다. 나보니두스 연대기, 3. 17~22.[15]

'에사길라'는 바벨론의 마르둑 신전을 말합니다. 키루스(Cyrus)는 성경의 고레스를 지칭하는데, 바벨론을 무너뜨린 페르시아(바사)의 왕입니다. 나보니두스와 벨사살이 마르둑 대신 아시리아의 달신을 숭배하는 정책을 폈을 때, 권력에서 밀려난 마르둑 사제들은 온 바벨론 백성과 함께 페르시아의 고레스를 반겼다고 합니다. 그들은 페르시아의 고레스에게 제국의 운명을 맡긴 겁니다. 고레스가 관용 정책을 취했기 때문입니다. 그 결과 고레스가 탈취한 신상들을 원래 있던 곳으로 되돌려 보냈다고 위의 내용에서 언급됩니다. 이 내용을 고대 역사가 헤로도토스(Herodotus)는 이렇게 기록합니다.

> 페르시아인들의 기습은 그들에게는 뜻밖이었다. 그곳 주민들의 말에 따르면, 바벨론은 넓어 도심에 사는 사람들은 도시의 외곽이 이미 적군의 손에 떨어졌을 때에도 적군이 쳐들어온 사실조차 몰랐다고 한다. 그리고 그날은 축제일이라 그들은 이 시각 한창 춤을 추며 놀았다고 한다. 진상을 상세히 알게 될 때까지 말이다. 그리하여 바벨론은 이때 처음으로 함락되었다. 헤로도토스, 『역사』, 1.191.

이렇게 세계를 호령했던 바벨론 제국이 하루아침에 역사의 뒤안길로 사라져 버렸습니다. 그리고 이제 페르시아가 세상을 통치하기 시작했습니다.

2. 고레스 칙령과 성경의 기록

관용 정책을 표방했던 페르시아의 고레스는 바벨론의 종교를 존중해 주었습니다. 그런 까닭에 태양신 마르둑 사제들과 바벨론 사람들은 고레스에게 마음이 기울었습니다. 이런 페르시아의 관용 정책은

키루스 실린더, 대영박물관

헤로도토스의 기록처럼 당시에는 보편적인 인식이었습니다.

키루스 실린더(Cyrus Cylinder)는 대영박물관에서 중요한 유물 중 하나입니다. 주전 539년 바벨론을 무너뜨린 페르시아의 고레스가 내린 칙령이 담겨 있습니다. 이 고레스 칙령은 예레미야 70년과 관련해서 엄청나게 중요한 기록입니다. 1897년에 해독된 고레스 칙령 전문은 대영박물관 사이트에서 확인할 수 있는데, 그 내용은 이렇습니다.

[파손됨]… 그의

3. … 약한 자(나보니두스)가 그 땅의 통치자로 군림해 오면서

4. 신들의 형상들을 그들의 보위에서 내려앉히고 모조품을 그 위에 앉혔다.

5. 에사길라의 형상을 따라… 우르와 나머지 도시에

6. 맞지 않는 규정을… 매일 계획하고, 적대감으로

7. 매일 드리는 제사를 중단했다.

20. 나 키루스, 세상의 왕, 대왕이요, 권능의 왕, 바빌론의 왕이요, 수메르와 아카드의 왕, 세계를 두른 4지방의 왕…

31. … 구티움 땅 부근과 옛적부터 사람들이 거주하던 티그리스강 건너편 도시들에 이르기까지

32. 나는 거기에 거했던 신상들을 원래의 처소로 돌아가게 하고, 그들의 영원한 처소를 세웠다. 나는 그 거주민들 전체를 통합하여 그들의 거처를 다시 세웠다.[16)]

20행은 고레스 왕을 예찬하는 내용입니다. 마치 용비어천가 느낌입니다. 그 앞을 보면 바벨론을 멸망시킨 이유가 제시되는데, 마르둑 신을 배제한 나보니두스의 정책을 비판하고 있습니다. 중요한 것은 31~32행입니다. 페르시아 입장에서 티그리스, 유프라테스강 건너편 지방에 대한 정책을 언급합니다.

'강 건너편' 지역은 팔레스타인을 말합니다. 에스라서와 느헤미야서를 읽으면 강 건너편이라는 명칭이 자주 발견됩니다.[17] 고레스 칙령과 비교하면 성경의 역사성에 놀라게 됩니다. 고레스는 강 건너편에 살던 거주민들에게 그들이 살던 땅으로 돌아가게 하고, 그들의 신들을 위해 성전을 건축하라고 허가합니다.

> 1바사 왕 고레스 원년에 여호와께서 예레미야의 입을 통하여 하신 말씀을 이루게 하시려고 바사 왕 고레스의 마음을 감동시키시매 그가 온 나라에 공포도 하고 조서도 내려 이르되 2바사 왕 고레스는 말하노니 하늘의 하나님 여호와께서 세상 모든 나라를 내게 주셨고 나에게 명령하사 유다 예루살렘에 성전을 건축하라 하셨나니 스 1:1~2

놀랍지 않나요? 19세기에 발굴되어서 해독한 고레스 칙령과 에스라가 기록한 내용이 이렇게 일치할 수가 있다니요. 에스라 1장 1절에 보면 '예레미야의 입을 통하여 하신 말씀'이라는 문구가 보입니다. 무슨 말씀일까요? 바로 1강에서 읽었던 그 말씀입니다.

> 여호와께서 이와 같이 말씀하시니라 바벨론에서 칠십 년이 차면 내가 너희를 돌보고 나의 선한 말을 너희에게 성취하여 너희를 이 곳으

로 돌아오게 하리라 렘 29:10

바벨론의 침공이 있었을 때, 다니엘은 주전 605년에 잡혀갔습니다. 그 뒤로도 에스겔 및 많은 사람이 잡혀갔습니다. 예레미야는 70년이 차면 그들이 본국으로 돌아온다고 예언했는데, 정말 그 시간이 차자 귀환하게 되었습니다. 그래서 앞에서 함께 읽은 다니엘 9장 1~2절에서 다니엘은 70년의 약속이 성취된 것을 경험했던 겁니다.

예레미야가 하나님의 말씀을 그토록 외쳤을 때에는 아무도 믿지 않았는데, 바벨론에 포로로 있는 동안 사람들이 그것을 기억하기 시작했습니다. 그리고 마침내 70년이 채워졌을 때, 페르시아가 유대 포로들을 본국으로 돌아가라고 칙령을 내린 것은 우연일까요?

3. 제2성전의 건립

고레스 칙령 31~32행에서 언급한 강 건너편 지역은 페르시아에게 전략적 요충지였습니다. 현재 '팔레스타인'이라고 부르는 이곳은 사실 유대 전쟁 이후, 주후 2세기 로마의 황제 하드리아누스에 의해 지정된 명칭입니다. 페르시아 때에는 강 건너편 지역이었고, 알렉산드로스 시대 이후의 공식 명칭은 코엘레-시리아로 불렸습니다.[18]

이 지역을 포함해서 메소포타미아부터 이집트에 이르는 곡창 지대를 '비옥한 초승달' 지역이라고 합니다. 아마겟돈으로 알려진 므깃도도 여기에 위치해 있습니다. 그리스와 페니키아 상인들이 지중해 무역을 위해 이곳을 거쳐서 내륙으로 들어왔으니 강 건너편 지방은

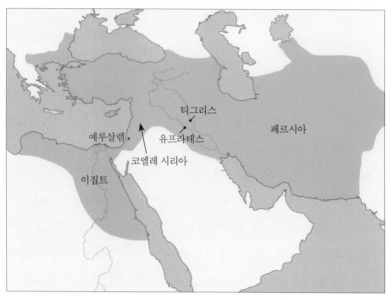

페르시아 시대에 코엘레-시리아(지도에 'SYRIA'로 표기된 곳)의 위치는 제국에서 봤을 때,
교통의 요충이다.

군사, 경제, 교통의 핵심 지역이었습니다. 그래서 페르시아는 이 지역
을 독립된 속주로 분류하며 중요하게 여겼습니다.

> 다리우스는 페르시아 제국을 20개의 행정 구역으로 나누었는데, 페
> 르시아인들은 그것을 '사트라페이아'라고 부른다. 그는 행정 구역을
> 정한 다음, 그곳에 태수를 임명하고 민족별로 세금을 바치게 했다. 행
> 정상의 편의를 위해 이웃에 사는 민족들을 한 단위로 묶었고, 외곽의
> 부족들은 필요에 따라 이 민족 또는 저 민족에 속하는 것으로 간주되
> 었다. 헤로도토스, 『역사』 3.89.

페르시아는 행정 구역을 나누어 강 건너 지역에도 태수(satrap), 즉 총독을 파견했습니다. 그 총독 중 하나가 스룹바벨이었고, 주전 516년에 제2성전이 건립된 겁니다. 그렇다면 속주로서 유대 지역의 성전이 제국의 입장에서는 어떤 정책의 일환이었는지 짐작해 볼 수 있습니다.

바벨론 침공 이전처럼 정치 체제가 회복된 것은 아니지만 페르시아의 관용 정책 아래에서 총독을 중심으로 자치권을 가진 성전 공동체가 주전 516년부터 시작되었습니다. '유다의 왕자'로 불리는 세스바살(스 1:8)과 유다 지파 스룹바벨이 행정관으로 파견되었습니다.

또 사독 계열의 혈통을 가진 대제사장이 이스라엘의 정통성을 이어 갈 수 있도록 배려해 주었습니다. 사독 계열은 구약으로부터 이어져 내려오는 대제사장의 정통 혈통입니다. 앞으로 두고두고 회자되기 때문에 꼭 기억하면 좋겠습니다.

이렇게 표면상으로는 포로기 이전의 상태로 회복되었고, 제2성전을 중심으로 한 공동체가 다시 형성되었습니다. 성전이 재건되었으니 야훼의 존재감도 가시적으로 회복이 되었습니다. 그렇다면 제2성전이 유대인들의 삶을 구속하는 종교적인 구심점 기능을 했을까요?

당시 유대인들은 강 건너 지역에만 거주했던 것이 아니었습니다. 이집트를 비롯한 여러 곳에 흩어져 있었습니다. 제2성전이 건립되었을 때, 이집트에 거주하던 유대인들은 자신들도 자체적으로 성전을 세우려고 예루살렘에 서신을 보냅니다.

그러나 예루살렘의 대제사장은 그것을 반대했고, 이집트의 유대인 공동체는 그 뜻을 수용했습니다. 이것이 바로 역사에 등장하는 〈엘레판틴 문서〉입니다.[19] 이것은 예루살렘이 흩어진 유대인들의 구심점으로서 제대로 기능했다고 볼 수 있는 자료입니다. 이렇게 성전과 지방의 회당이 밀접한 관계를 맺으면서 유대인들은 하나의 공동체로 회복되기 시작했습니다.

4. 성전을 통한 회복

제2성전이 건립되는 맥락 안에서 성경을 읽어 보면 유대 백성을 향한 하나님의 진심을 느낄 수 있습니다. 특히 이것을 깊이 다룬 선지자가 바로 학개입니다.

> 3너희 가운데에 남아 있는 자 중에서 이 성전의 이전 영광을 본 자가 누구냐 이제 이것이 너희에게 어떻게 보이느냐 이것이 너희 눈에 보잘것없지 아니하냐 4그러나 여호와가 이르노라 스룹바벨아 스스로 굳세게 할지어다 여호사닥의 아들 대제사장 여호수아야 스스로 굳세게 할지어다 여호와의 말이니라 이 땅 모든 백성아 스스로 굳세게 하여 일할지어다 내가 너희와 함께 하노라 만군의 여호와의 말이니라 9 이 성전의 나중 영광이 이전 영광보다 크리라 만군의 여호와의 말이니라 내가 이 곳에 평강을 주리라 만군의 여호와의 말이니라 학 2:3~4, 9

저는 이 구절을 볼 때마다 가슴 벅찬 감동이 밀려옵니다. 여기서 이 성전의 '이전 영광'이란 바벨론 침공 이전, 화려했던 솔로몬 성전을 말합니다. 그것을 본 세대는 이제 백발이 된 노인들입니다. 그들의 눈앞에 세워진 제2성전은 이전 성전과 비교하여 초라하기 그지없는, 보잘것없는 건물에 불과합니다. 얼마나 마음이 위축되었을까요?

하나님은 그들에게 마음을 굳세게 하라고 말씀하십니다. 솔로몬 성전의 영광에 비교하면 보잘것없는 건물이지만 나중 영광이 더 클 것이라고 말씀하십니다. 왜 그럴까요? 하나님은 화려한 건물이 아니라 그분과 소통하고 말씀을 청종하는 사람들을 통해서 영광을 받으시기 때문입니다. 하나님은 그것을 '회복'이라고 여기셨습니다.

고레스 칙령을 통해 '예레미야의 70년'을 경험했던 유대인들에게 진정한 회복은 정치 체제의 복원이 아니었습니다. 하나님과 단절된 관계가 회복되는 것을 말합니다. 선지자들도 이것이 가장 큰 영광이고 기쁨이라고 말합니다.

> 28고레스에 대하여는 이르기를 내 목자라 그가 나의 모든 기쁨을 성취하리라 하며 예루살렘에 대하여는 이르기를 중건되리라 하며 성전에 대하여는 네 기초가 놓여지리라 하는 자니라 1여호와께서 그의 기름 부음을 받은 고레스에게 이같이 말씀하시되 내가 그의 오른손을 붙들고 그 앞에 열국을 항복하게 하며 내가 왕들의 허리를 풀어 그 앞에 문들을 열고 성문들이 닫히지 못하게 하리라 사 44:28~45:1

이 본문에서도 하나님의 진심이 느껴집니다.[20] 하나님과의 단절된 관계가 회복될 수 있도록 칙령을 내렸기에 이사야는 고레스를 가리켜 '기름 부음'이라는 표현을 쓰고, 심지어 하나님의 '목자'라고까지 언급합니다. 기름 부음이라는 말에 감동이 밀려옵니다.

분명 고대의 관점으로는 하나님이 패배했습니다. 그 시대의 인식으로 보면 야훼에게는 굴욕적인 순간이었습니다. 하나님 자신은 그것을 개의치 않으셨습니다. 우리와의 관계가 회복되는 것을 더 큰 가치로 여기셨습니다. 이것이 하나님의 진심입니다. 그래서 학개 선지자를 통해 화려한 성전과 값비싼 헌금을 바라지 않는다고 말씀하셨습니다. 2500년 전 말씀이지만 왜 오늘 우리에게 하시는 말씀 같을까요?

5. 돌아온 자들과 남은 자들

'예레미야의 70년'이 실제로 성취되는 것을 목격했던 유대인들은 기적처럼 느꼈을 겁니다. 그런데 이해가 되지 않는 점이 한 가지 있습니다. 곧 에스라서와 느헤미야서를 보면 예루살렘으로 돌아온 포로들의 이름을 지루하리만큼 나열한다는 겁니다. 도대체 왜 그들의 이름을 열거한 것일까요? 만일 여러분이 바벨론에 잡혀 있다가 페르시아 시대를 경험했다면, 다시 말해 예루살렘 귀환과 페르시아 잔류 중 하나를 선택할 수 있었다면 무엇을 택했을까요?

솔로몬 성전을 기억하는 사람들은 이제 백발의 노인들뿐입니다. 나머지는 바벨론 포로 생활 중에 태어난 바벨론 2세, 혹은 1.5세들입니다. 고향 예루살렘은 성벽도 없을 정도로 황폐해졌고, 황무지로 변해 먹고살기가 힘들었습니다. 생존 조건이 너무 불확실한 공간이었습니다. 더구나 강 건너편 지역에는 이미 그곳에 정착한 사람들이 있었습니다. 그들의 방해 때문에 예루살렘으로 돌아와 성전을 한 번에 뚝딱 지을 수 없었습니다. 도리어 건축이 10년 넘게 중단될 만큼 예루살렘은 위험하고 암울했습니다(스 2:16~30).

반면 페르시아 땅은 자유롭고 풍요로우며 안전했습니다. 관용 정책을 취했던 페르시아는 신분의 제약 없이 누구든 고위 공직으로 나갈 수 있었습니다. 유대인 출신 다니엘은 바벨론 시대의 관리였지만 페르시아에서도 중용되었습니다. 유다 지파 스룹바벨이 총독이 되었고, 느헤미야는 왕의 술을 맡은 관리, 심지어 에스더는 왕비의 자리까지 올랐습니다.

신약 시대 예수님이 사용했을 것으로 추측되는 언어가 아람어라고 합니다. 아람어는 페르시아어의 방언에 해당됩니다. 그만큼 페르시아의 잔재는 오래 남아 있었습니다. 주전 5세기 느헤미야의 기록을 보면 당시 많은 유대인이 율법을 낭독할 때 통역이 필요할 정도로 자신의 언어를 상실했습니다(느 8:8). 이것이 서기관들이 출현하는 배경입니다.

에스라 2장에서 밝히는 귀환자 수는 42,360명입니다. 학자들은 돌아온 사람들이 소수에 불과했다고 말합니다. 소수의 사람들! 저는 이 대목에서 가슴이 턱 막힙니다. 왜냐하면 안전, 출세, 성공, 자녀 교육 등의 가치를 놓고 봤을 때, 결코 예루살렘으로 돌아오는 것이 쉽지 않았기 때문입니다. 그것이 당시의 아무개들과 우리의 본심입니다.

'과연 나는 지금 사는 땅을 등지고, 하나님의 약속을 생각하며 본국으로 귀환하는 행렬에 동참했을까?'

이것은 대답하기가 쉽지 않은 질문입니다. 아마도 스룹바벨 때라면 백발이 된 원로들이 동행했을지 모릅니다. 그러나 주전 458년 에스라의 2차 귀환, 주전 445년 느헤미야의 3차 귀환 때는 이야기가 다릅니다. 그들은 솔로몬 성전을 경험하지 못한 세대였는데도 돌아왔습니다. 이유는 분명합니다. 하나님께 우선순위를 둔 것입니다. 성전을 통해 하나님과 소통하는 것을 '회복'으로 여기고, 그것을 인생의 목적으로 둔 사람들만 그런 선택을 할 수 있었을 겁니다.

그들의 선택은 우리의 거울이 됩니다. 우리는 무엇을 진정한 회복이라고 생각할까요? 어려운 시절에는 원하는 것을 얻으면 행복할 것 같고, 그것을 회복이라고 여길지도 모릅니다. 원하는 지위, 소유, 성공은 행복의 조건이 될 수도 있습니다. 동시에 그것은 갈증으로 작동합니다. 인간은 더 크고 많은 것을 갈망하기 때문입니다.

그러는 사이에 하나님과 소통하는 시간은 사라지고, 우리의 골방은 자취를 감춥니다. 자녀의 진학 문제로, 가정의 경제적인 문제로, 인간관계 문제로 새벽마다 부르짖을 때, 회복을 달라고 기도합니다. 그러나 이런 문제들이 해결되고, 우리가 무엇인가에 심취하는 사이에 '아차' 하며 깨닫습니다. 진짜 회복이 무엇인지를 말이지요.

지루할 만큼 늘어놓는 귀환자들의 이름 하나하나가 새삼 위대해 보입니다. 당연히 하나님께서도 영원히 기억하실 겁니다. 그렇게 하나님과의 관계가 연결되는 것이 진정한 회복이고 축복이겠지요. 예루살렘에 귀환한 사람들이 제2성전을 완공했지만 황폐한 땅, 황무한 곳, 황량한 상황은 바뀌지 않았습니다. 당연히 낙심했을 겁니다. 그럼에도 여전히 그들은 아브라함의 자손이 맞을까요?

에스라서와 느헤미야서에 소개된 귀환자들의 목록처럼, 이제 역대상의 족보와 마태복음의 족보가 무엇을 드러내는지도 이해되실 겁니다. 나라 없이 수백 년간 곤고한 가운데 살아가던 사람들에게 그것은 가장 선명한 증거일 겁니다. '우리가 바로 아브라함의 자손들이다'라는 사실 말이지요. 그것을 회복이라고 여기지 않고, 현실의 개선과 물질의 풍요를 회복의 실체로 여겼던 신약 시대의 종교인들에게 세례 요한은 이렇게 선포했습니다.

속으로 아브라함이 우리 조상이라고 생각하지 말라 내가 너희에게 이르노니 하나님이 능히 이 돌들로도 아브라함의 자손이 되게 하시리라 마 3:9

이것이 족보와 세례 요한을 통해 엿볼 수 있는 시대의 질문입니다. 하나님은 그들과 직접 만나기 위해서 오셨고, 그것이 임마누엘(마 1:23)입니다. 하나님이 우리와 함께하시는 것을 '하나님 나라'라고 합니다. 구약과 신약의 수백 년이 이렇게 연결됩니다. 성전은 하나님의 임재를 상징합니다. 제2성전이 그 상징이었습니다. 그 성전을 통한 회복이 그리스도를 통해 성취되었습니다. 그래서 사도 바울은 이렇게 설명합니다.

19너희 몸은 너희가 하나님께로부터 받은 바 너희 가운데 계신 성령의 전인 줄을 알지 못하느냐 너희는 너희 자신의 것이 아니라 20값으로 산 것이 되었으니 그런즉 너희 몸으로 하나님께 영광을 돌리라 고전 6:19~20

학개 선지자는 이 성전(제2성전)의 나중 영광이 이전 영광보다 클 것이라고 예언했습니다. 결국 그 이전 영광은 우리를 성전 삼으심으로 더 큰 영광이 되었습니다. 성경은 우리가 하나님의 '신전'이라고 말씀합니다. 우리 자신을 보면 보잘것없고, 초라해 보이지만 선지자 학개에게 하셨던 말씀처럼 스스로 굳세고, 담대하고, 당당해야 할 이유가 여기에 있습니다.

6. 렘브란트와의 대화

앞에서 렘브란트의 〈벨사살 왕의 연회〉와 함께 역사적 배경도 생
각해 보았습니다. 렘브란트는 이 그림을 1630년대에 그렸지만, 그림
의 사건은 주전 539년을 배경으로 하고 있습니다. 그런데 이상한 점
이 있습니다. 렘브란트는 바벨론 왕의 머리에 왕관이 아니라 페르시
아의 터번을 그려 놓았습니다. 페르시아어로 터번은 '튤립'입니다. 야
훼 대신 바벨론의 신을 섬기는 벨사살을 1630년대의 네덜란드로 의도
한 겁니다.

17세기는 네덜란드의 황금기로 불리며 가장 번영했던 시기였습니
다. 그러다 1630년대에 튤립 파동이 일어났습니다. 역사 기록에 따르
면 튤립 한 뿌리에 3,000~4,200플로린까지 치솟았습니다. 평범한 노
동자의 연봉이 300플로린인 점을 감안한다면 튤립 가격이 미친 듯이
솟구친 것입니다.

튤립을 보유한 사람들은 벼락부자가 되었습니다. 사람들은 집을
팔아서 튤립에 투자했습니다. 그렇지만 거품이 빠지는 것은 오래 걸
리지 않았습니다. 그야말로 올인해서 튤립에 투자했다가 거품이 빠지
자 비관해서 죽는 사람들도 생겨났습니다.

흥미로운 점은 네덜란드에서 장로교의 '5대 교리'라고 알려진 칼뱅
주의 신학이 확립되었다는 겁니다. 도르트 회의(1618~1619)의 결정으로
비(非)칼뱅주의자들에게 종교 박해가 시작되었습니다. 장로교가 아니
면 신앙의 자유를 누리지 못할 정도로 엄격하게 변했습니다. 사람들
에게 교리를 들이댔던 기독교 사회였지만 튤립 파동에 무너지는 모습
을 어떻게 설명할 수 있을까요?

벽에 기록된 글자는 '메네 메네 데겔 우바르신'(단 5:25)입니다. 히브리어 맨 마지막 알파벳을 손가락이 가리키고 있습니다. 그 알파벳은 영어의 n에 해당하는 알파벳 '눈'이어야 하는데, 의도적으로 숫자 7에 해당하는 '자인'으로 기록되었습니다. 이 시기에 '7'은 네덜란드 7개 주 연합을 상징한다는 것이 상식이었습니다.

그렇다면 작가는 그림을 통해 하나님이 그 시대를 주시하고 계신다고 말하고 싶었던 것은 아닐까요? 하나님이 우리와 함께하시는 회복을 외면하고 튤립에 열광하는 당시 사회를 바라보며, 어쩌면 오늘도 하나님은 그 손가락으로 한국 교회의 벽면에 메네 메네 데겔 우바르신이라고 기록하시는 건 아닐지 생각해 봅니다.

3강 —————————————————————

에스라-
느헤미야
시대의 시작

이슈타르 게이트, 페르가몬박물관

'바벨론' 하면 사람들은 무엇을 떠올릴까요?
원시 부족 국가가 떠오른다면 그 시대를
단단히 오해한 겁니다. 바벨론은 당대
최고의 문명국이었고, 고대의 문명을 하나로
통합한 고도로 발달된 사회였습니다. 독일
베를린의 페르가몬박물관에서 마주하는
이슈타르 게이트는 그 바벨론의 위용을
실감하게 합니다. 실제로 바벨론 성벽은 삼층
구조였다고 하니, 포로로 잡혀 와 그것을
보았을 유대인들의 위축되고 절망스러운
마음을 엿볼 수 있습니다.

강의 목표

제2성전이 건립되었을 때로부터 에스라-느헤미야 시대까지 유대 사회는 어떻게 정착했고, 기반을 갖춰 나갔는지 살펴봅니다.

> 1복 있는 사람은 악인들의 꾀를 따르지 아니하며 죄인들의 길에 서지 아니하며 오만한 자들의 자리에 앉지 아니하고 2오직 여호와의 율법을 즐거워하여 그의 율법을 주야로 묵상하는도다 시 1:1~2

1. 바벨론 유수

바벨론에 포로로 잡혀갔던 유대인들이 예루살렘으로 돌아와 제2
성전을 세운 것은 하나의 역사적 사건으로 볼 수도 있지만, 동시에 유
대인들의 입장에서는 감격적이고, 기적 같은 사건이었습니다. 그들은
바벨론 땅에서 포로로 지내야 했습니다. 이것을 역사적인 용어로 '바
벨론 유수'라고 합니다. 바벨론 포로 혹은 포로 귀환이라는 말을 들으
면 단순히 하나의 사건처럼 인식되지만, 사실 그렇게 단순하지 않습
니다. 시편 137편은 당시 아무개들의 감정을 잘 보여 줍니다.

> 1우리가 바빌론의 강변 곳곳에 앉아서, 시온을 생각하면서 울었다. 2
> 그 강변 버드나무 가지에 우리의 수금을 걸어 두었더니, 3우리를 사
> 로잡아 온 자들이 거기에서 우리에게 노래를 청하고, 우리를 짓밟아
> 끌고 온 자들이 저희들 흥을 돋우어 주기를 요구하며, 시온의 노래 한
> 가락을 저희들을 위해 불러 보라고 하는구나. 4우리가 어찌 이방 땅
> 에서 주님의 노래를 부를 수 있으랴. 5예루살렘아, 내가 너를 잊는다
> 면, 내 오른손아, 너는 말라비틀어져 버려라. 6내가 너를 기억하지 않
> 는다면, 내가 너 예루살렘을 내가 가장 기뻐하는 것보다도 더 기뻐하
> 지 않는다면, 내 혀야, 너는 내 입천장에 붙어 버려라. 7주님, 예루살
> 렘이 무너지던 그 날에, 에돔 사람이 하던 말, "헐어 버려라, 헐어 버
> 려라. 그 기초가 드러나도록 헐어 버려라" 하던 그 말을 기억하여 주
> 십시오. 8멸망할 바빌론 도성아, 네가 우리에게 입힌 해를 그대로 너
> 에게 되갚는 사람에게, 복이 있을 것이다. 9네 어린 아이들을 바위에
> 다가 메어치는 사람에게 복이 있을 것이다. 시 137:1~9, 새번역

일제강점기를 경험했던 우리에게는 그리 낯설지 않은 정서입니다. 이 시편 137편을 모티브로 이탈리아 작곡가 주세페 베르디(Giuseppe Verdi)는 오페라 나부코[21]에 〈히브리 노예들의 합창〉이라는 곡을 넣었습니다. 20세기의 팝 그룹 보니 엠(Boney M)은 이것을 모티브로 〈바벨론 강가에서〉라는 히트곡을 남겼습니다. 똑같이 바벨론 강가를 노래했지만 시편은 주전 6세기 유대인들, 베르디는 19세기 이탈리아 국민들, 보니 엠은 20세기 흑인들의 상황을 반영하고 있습니다.

이렇듯 바벨론 유수는 2500년 전에 끝난 사건이 아니라 지금도 현실 속에서 벌어지는 현재 진행형입니다. 주인만 바뀌었을 뿐, 누군가는 군림하고, 누군가는 압제를 당하는 상황은 반복되기 때문입니다. 우리가 바벨론 유수를 현실에 적용할 수 있다면 회복의 의미도 새롭게 다가올 겁니다.

2. 베히스툰 비문

앞에서 고레스 칙령을 통해서 유대 포로들이 귀환했던 사건을 개괄적으로 살펴봤습니다. 이제 제2성전이 건립된 상황을 좀 더 구체적으로 이해해 보려고 합니다. 신약 시대 유대 사회의 형태는 페르시아 시대에 형성된 구조를 통해서 이해될 수 있기 때문입니다.[22]

페르시아는 거대 제국 바벨론을 무너뜨리며 역사의 전면에 등장했습니다. 왕들을 중심으로 이 페르시아의 정치적 상황을 좀 더 자세히 살펴봅시다.

페르시아의 고레스는 칙령을 반포했습니다. 그 뒤를 이어서 캄비

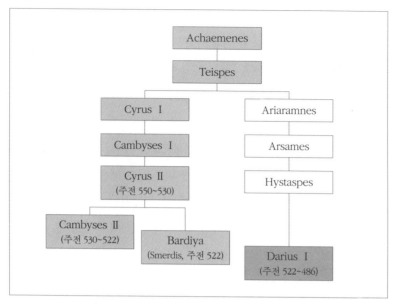

[표1] 페르시아의 왕들

세스(주전 530~522), 스메르디스(주전 522), 다리우스 1세(주전 522~486), 그리고 '아하수에로'로 알려진 크세르크세스로 이어집니다.

베히스툰 비문(Behistun Inscription)은 고레스에서 이어지는 왕들의 역사적 상황을 알려 주는 중요한 사료입니다. 다리우스 1세가 현재의 이란 베히스툰 산에 새긴 것인데, 독일의 고고학자 바이스바흐(F. H. Weissbach)는 이 비문의 중요성에 대해서 다음과 같이 설명했습니다.

> 아케메네스 비문은 어떤 것보다도 가장 중요한 가치를 갖는다. 그로테펜트(G. F. Grotefend)가 1802년 당시까지 해독되지 않았던 페르세폴리스의 비문들에서 히스타페스, 다리우스, 크세르크세스 이 세 왕의 이름을 발견한 것은 행운이었다. (중략) 키루스 실린더와 다리우스의

베히스툰 비문은 역사적으로 가장 중요하다. 이것은 아케메네스의 아들 테이스페스로 거슬러 올라가는 두 통치자의 계보를 제공하기 때문이다. [23)]

    다리우스 1세는 제국 곳곳의 반란을 장악하고 주전 522년에 왕위를 계승했습니다. 그는 주전 492년 마라톤 전투에서 그리스 군대와 격돌했던 바로 그 왕입니다. 베히스툰 비문의 핵심 내용은 다리우스 1세가 이집트와 바벨론을 중심으로 일어난 반란을 진압했다는 내용입니다.
    바이스바흐는 그가 캄비세스 2세의 동생 스메르디스를 참칭했던 '가우마타(Gaumata)'라는 인물을 제거하고 왕권을 안정시켰다고 해독했습니다. 이 반란자 가우마타는 헤로도토스의 기록에도 '마고스'라는

베히스툰 비문, 이란

이름으로 언급되어 있습니다.

> 히스타스페스의 아들 다리우스가 페르시아에서 수사로 오자 그들은
> 서로 맹약을 주고받았다. 다리우스는 다음과 같이 말했다. "키루스
> 대왕의 아들 스메르디스를 자칭하는 마고스를 죽이기 위해 이렇게
> 급히 수사로 왔소." 헤로도토스, 『역사』 3.70.

지금까지의 연구를 토대로 제2성전이 건립된 상황을 이렇게 정리
해 볼 수 있습니다. 주전 539년에 바벨론을 정복한 고레스는 유다 포
로들의 귀환과 예루살렘 성전 재건을 승인했습니다. 이를 계기로 세
스바살은 유다 총독으로 임명되어 포로들과 함께 귀환했습니다.

당시 예루살렘은 멸망 후 사마리아에 편입되어 관할을 받고 있던
땅에 불과했습니다. 그래서 성전 재건은 사마리아 사람들의 반대에
직면하게 되었습니다. 사마리아 사람들 입장에서는 종교의 중심지가
바뀌는 것이었기 때문입니다.

그렇게 10여 년간 중단된 성전 공사는 스룹바벨이 총독으로 임명
되고, 학개와 스가랴 선지자의 독려 속에 재개되었습니다. 스룹바벨
과 대제사장 예수아(여호수아)가 파견되었을 때, 희생 제단은 있었지만
(스 3:2), 성전은 없었습니다(스 3:6).[24]

고레스가 하나님을 영접해서 그런 정책을 취했다고만 보는 것은
지나치게 영적인 해석일 겁니다. 페르시아가 제2성전 재건을 허락한
데에는 정치적인 의도도 있었습니다.[25] 강 건너 지역을 효과적으로
통제하기 위한 구심점으로 삼으려는 것이었습니다. 그럼에도 분명한
것은 이런 정치적 의도마저도 하나님의 섭리 속에서 이루어지는 한

부분이라는 점입니다.

본국으로 귀환할 때 언급된 유다 왕가의 세스바살(스 1:8), 유다 지파이자 총독이었던 스룹바벨, 대제사장 예수아는 황무한 곳에 희생제단을 쌓으며 성전의 기초를 놓았습니다. 그런데 흥미롭게도 주전 516년 성전이 완공된 후에는 이들의 이름을 찾아볼 수 없습니다(스 6:13~22). 왜 이들의 이름이 사라진 걸까요? 이 또한 베히스툰 비문에서 실마리를 찾을 수 있습니다.

비문에 따르면 다리우스 1세는 페르시아 제국 내의 정치적인 반란들을 진압했습니다. 그럼에도 학개 선지자는 스룹바벨에게 정치적인 희망을 계속 부여합니다(학 2:20~23). 이를 종합해 볼 때, 제2성전 완공을 위해 스룹바벨이 파견되었지만, 강 건너 지방의 정치적 반란의 싹을 제거하기 위해서 성전이 완공될 무렵 관직에서 박탈했을 가능성이 커 보입니다. [26]

3. 제2성전 재건 과정과 의미

스룹바벨을 총독으로 파견하고도, 페르시아는 후에 '닷드내(Tattenai)'를 강 건너 지방의 총독으로 다시 파견했습니다(스 5:3, 6, 6:13). 이 지역의 민족주의 발흥, 정치적인 반란의 빌미를 사전에 차단했던 겁니다. 오로지 종교적 영역에만 자치를 허용한 것이라고 볼 수 있습니다. [27] 그 근거를 중간기에 쓰인 집회서에서도 볼 수 있습니다.

11즈루빠벨(스룹바벨)을 어떻게 찬양해야 옳을까? 그는 주님 오른손의 인장반지와 같았으며, 12요사닥의 아들 예수아도 그랬다. 그들은 자기 대에 하느님의 집을 재건하였고 그 성전을 주님께 봉헌하여, 주님의 영광을 영원히 드러내었다. 13느헤미야에 대한 기억 또한 위대하여 사라지지 않을 것이다. 그는 무너져 버린 우리 성벽을 다시 쌓았고 거기에 문과 빗장을 달아서, 우리가 살 집을 다시 세웠다. 집회
49:11~13, 공동번역

성전 재건 과정에서 다리우스가 고레스 칙령의 진위를 조사해서 멈춘 공사를 재개하도록 허가하는 장면이 나옵니다(스 5:17). 고레스 칙령과 베히스툰 비문을 살펴보면, 에스라의 역사성이 드러납니다. 이런 역사적 배경을 토대로 제2성전과 솔로몬 성전을 비교했을 때, 그 의미의 변화를 알 수 있습니다. 솔로몬 성전이 민족적, 정치적 중심지였다면, 제2성전은 이런 기능은 제거된 채 속주의 행정지이자 종교적 중심지로 제한됩니다.

분명 바벨론에 잡혀가지 않고 유대 땅에 그대로 남아 있었던 사람들도 있었습니다. 하지만 성전 재건 이후 대제사장을 비롯한 지도자들은 모두 포로 귀환자들을 중심으로 형성되었습니다. 앞에서 잠시 사독 계열에 대해 언급했었습니다. 대제사장은 아론 혈통의 사독 계열 제사장 가문이 정통성을 갖고 있었습니다. 그들이 귀환 후에도 대제사장 직분을 차지했습니다.

스룹바벨, 에스라, 느헤미야 등도 모두 귀환한 사람들이 공동체의 리더십을 가진 경우입니다. 이것은 포로로 잡혀갔던 사람들이 많았기 때문이 아닙니다. 이들은 소수에 불과했습니다.[28] 그러나 '정통성'이라는 측면에서 사회의 구심점이 포로 귀환자들에게 있었다는 점은 하

나님의 계획이 실현되는 '연속성'을 위한 중요한 상징이었습니다. [29)]

재건된 제2성전은 귀환 공동체의 중심이었고, 심지어 디아스포라 유대인들에게도 구속력을 가졌습니다. 앞에서 주전 408년에 이집트 엘레판틴의 유대인들이 그곳에 성전을 만들려고 했으나 허가를 받지 못했던 상황을 예로 살펴보았습니다. 이렇게 성전을 중심으로 유대인들은 영적인 공동체를 형성하고 있습니다.

이런 관점은 에스라-느헤미야 시대를 이해하는 열쇠입니다. 에스라서를 보면 공동체에 들어올 수 있는 자격이 있었고(스 6:21), 제명을 당할 수도 있었습니다(스 10:8). 율법에 따라 법관과 재판관을 세웠고, 공동체의 결속력을 강화하는 장면도 볼 수 있습니다(스 7:25).

공동체의 결속력이 중요했던 이유는 배제되어 제명될 경우 사회적으로 고립되어 심각한 경제적, 사회적 타격을 받을 수 있었기 때문입니다. [30)] 종교와 관습, 음식, 문화가 다른 집단 속에서 살아가기란 사실상 어려웠습니다. 이런 맥락 속에서 중앙의 성전과 지방의 회당이 유대인들의 영적 구심점으로 자리매김했고, 신약 시대까지 이어집니다.

에스라와 느헤미야가 활동하던 주전 5세기에 제2성전이라는 틀이 형성되고, 율법이라는 내용이 유대인들의 삶에 결속력을 확립하면서 유대교가 만들어집니다. 또 이 시기에는 오랜 포로 생활로 히브리어를 사용할 줄 아는 사람이 거의 남지 않게 되어서 율법을 보존하는 계급인 서기관이 출현하게 되었습니다. 이렇게 유대 사회는 포로기 이후에 독특한 구조를 형성했습니다.

4. 에스라와 느헤미야의 사명

고레스 칙령은 정치적인 문서였지만, 동시에 예레미야의 예언이 성취된 것을 입증하는 문서이기도 했습니다. 페르시아 입장에서 봤을 때는 용비어천가 같은 정치적 선전 도구일 수도 있지만, 분명 그 안에는 선지자를 통해 약속된 하나님의 말씀이 성취되었음을 드러내는 내용이 포함되었습니다.

물론 페르시아가 구약의 예언을 성취하라고 에스라와 느헤미야를 강 건너 땅으로 파견한 것은 아닐 겁니다. 이런 배경을 이해한다면 에스라서와 느헤미야서의 기록이 한층 입체적으로 보일 겁니다. 일차적으로 에스라와 느헤미야는 페르시아의 정치적인 목적을 수행하기 위해 파견되었습니다. 동시에 그들의 발걸음 속에 하나님의 예비하심이 있었다는 신학적 해석도 가능합니다. 이런 이중적 관점이 우리가 세상을 바라보는 중요한 시선일 겁니다. 에스라 7장 26절에는 왕의 명령도 있고, 하나님의 명령도 있습니다.

> 무릇 네 하나님의 명령과 왕의 명령을 준행하지 아니하는 자는 속히 그 죄를 정하여 혹 죽이거나 귀양 보내거나 가산을 몰수하거나 옥에 가둘지니라 하였더라 스 7:26

이 기록을 보면 에스라의 이중적인 임무를 볼 수 있습니다. 그는 주전 458년 무렵에 파견되었습니다(스 4:11~16). 베히스툰 비문에서 살펴봤듯이, 페르시아에게는 유프라테스강 건너편 지역의 잦은 반란을 진압하여 안정화시키고, 그 지역을 정비하고 개선해서 효과적인 세수

(稅收)를 확보하는 것이 중요했습니다.

　동시에 에스라는 서기관으로서 신학적인 사명도 감당했습니다. 페르시아에 잔류하던 유대인들을 본국으로 인도했습니다(스 7:13). 이것이 제2차 포로 귀환입니다. 유대 지역의 종교 시스템을 확립하고(스 7:14), 성전과 관련된 업무도 수행했습니다(스 7:15~20). 이를 토대로 유대 사회에 율법을 보급하고, 교육을 확립해서 더 나은 사회를 만드는 역할이 에스라에게 있었습니다(스 7:25).

　에스라에 이어 느헤미야는 주전 445년 성벽 재건을 위해 파견되었습니다. 이때 느헤미야와 함께 사람들이 본국으로 돌아온 것을 제3차 포로 귀환이라고 합니다. 이미 제2성전이 건립된 지 오래인데(주전 516년), 445년이 되어서야 성벽을 건축하는 상황을 상상해 본다면 당시의 현실을 엿볼 수 있습니다. 귀환 공동체는 사마리아로부터 관할(간섭)을 받았고, 성벽도 없었을 만큼 낙후된 환경에서 살았습니다.

　에스라와 느헤미야가 유대인들과 귀환했을 때, 이들은 페르시아 땅에서 태어난 2세들이었습니다. 히브리어를 망각한 세대였습니다. 그래서 압도적 다수가 페르시아에 잔류했습니다. 제2성전이 건립되고 난 이후 페르시아에 잔류하던 유대인들의 이야기가 에스더서에 기록되어 있습니다. 그들의 상당수는 귀환하지 않았습니다. 그만큼 예루살렘은 사람이 살기에 황무한 땅이었습니다.

　학개 선지자가 언급한 제2성전의 초라함을 생각한다면 성전을 통해 먹고살아야 했던 레위인들의 암울한 현실도 느껴집니다. 초라한 성전의 레위인들은 가족은 물론 본인의 입에 풀칠하기도 어려웠을 겁니다. 그래서인지 많은 레위인이 본국으로 귀환하지 않았습니다.

　앞서 살펴본 것처럼 에스라서와 느헤미야서는 포로 귀환자들의 이름을 지루할 정도로 소개합니다. 그들은 하나님의 약속을 떠올리며 모험을 감행한 아무개들이었습니다. 이 사실을 몰랐을 때는 그 명단이 전화번호부 같은 무의미한 목록에 불과했지만, 이 시대를 알고 난 후에는 그들의 이름이 영광스럽고 위대해 보입니다. 우리가 말로만 내뱉는 우선순위, 결단을 그들은 삶으로 실천했으니까요.

에스라와 느헤미야는 성전을 중심으로 한 유대 공동체 재건을 감당했지만 페르시아의 관리로서도 역할을 담당했습니다. 강 건너편 지방 관리로서 낙후된 땅을 일구어 풍족한 세금을 납부할 수 있는 풍요로운 지역으로 만들어야 했습니다.

주전 458년에 파견된 에스라가 속주로서 유대 공동체의 결속을 강화하는 역할에 무게를 실었다면, 느헤미야는 성벽을 재건하고 사회제도를 정비하는 사회적 임무에 주력했습니다. 이렇게 에스라와 느헤미야는 종교적 회복만 강조한 것이 아니라 법관과 재판관을 세워서 그 땅에 정의가 실현될 수 있도록 했습니다. 특히 느헤미야는 개혁을 단행해 나가면서 사회의 양극화 현상을 해결하려고 애썼습니다. 총독의 녹(祿)을 기꺼이 포기하면서까지 그리했습니다(느 5:14~18).

이들의 개혁은 말로만 율법을 강조한 것이 아니었습니다. 사독 계열의 제사장들에 비해서 경제적으로 사각지대에 있었던 레위인들의 복지를 개선해서 종교의 변화를 도모했습니다. 다시 말해서 신학적 회복과 사회적 회복의 '간극'을 줄이는 것이야말로 율법에서 말하는 '젖과 꿀이 흐르는 땅'의 본질적인 실현이라고 믿었던 것입니다.

회복이라는 관점에서 에스라와 느헤미야가 우리에게 던지는 깨달음은 너무 중요합니다. 현대 기독교가 외치는 회복이라는 내용 속에는 종교적인 내용만 국한된 느낌이 있습니다. 조금 더 들어가면 자신들의 교파, 혹은 개별 교회의 양적 증가를 의미할 때가 많습니다.

반면 에스라와 느헤미야는 성전과 율법을 중심으로 하는 '신학적 회복'을 강조하면서, 동시에 부조리하고 개선이 시급한 현실적 문제들의 '사회적 회복'까지 추진했습니다. 즉 영적인 회복과 사회적 회복 사이의 간극을 좁히려고 노력한 것입니다.

개신교가 사회의 주류가 되고, 주도적인 집단이 되어 있는 지금 같은 시대에 진정한 회복이란 과연 무엇인지 고민하지 않을 수 없습니다. 숫자와 교세의 증가인지, 아니면 '간극'을 좁히려는 노력인지 되새겨야 할 때라고 생각합니다. 분명한 건 에스라와 느헤미야는 신앙과 현실의 간극을 좁혀야 이 사회가 젖과 꿀이 흐르는 땅이 될 것이라고 말한다는 것입니다.

이 모든 변화에 율법이 자리하고 있습니다. 에스라-느헤미야 시대는 율법이 체계화되어 확립된 시기입니다. 그래서 많은 이들이 이 시기에 유대교라는 정체성이 확립된 것으로 봅니다.[31] 신구약 중간기 유대 역사를 다룬 마카베오서에서는 율법이 어떻게 구심점으로 자리를 잡게 되었는지 그 내용을 볼 수 있습니다.

> 13위에 말한 기록 문서와 느헤미야의 회고록에는 이런 이야기 이외에 느헤미야가 책을 수집하여 도서관을 세운 이야기가 있습니다. 거기에는 여러 왕들에 관한 책과 예언자들과 다윗이 쓴 글과 제물을 드리는 일에 관해서 여러 왕들이 쓴 편지가 들어 있습니다. 14이와 같이 유다도 전쟁 때문에 흩어졌던 책들을 모아서 전해 주었기 때문에 우리가 지금 그 책들을 보존하고 있습니다. 2마카 2:13~14, 공동번역

이렇게 에스라-느헤미야 시대를 중심으로 흩어져 있었던 성경들이 모였고, 편집되었고, 체계화되어서 유대교의 정체성을 확립해 나가게 됩니다.

5. 페르시아 제국 내의 유대인들

바벨론에 의해 포로로 사로잡혀 갔던 유대인들이 페르시아 시대를 맞아 세 차례에 걸쳐서 본국으로 귀환했습니다. 1차 귀환은 주전 536년, 2차 귀환은 주전 458년, 3차 귀환은 주전 445년입니다.

앞서 이야기했던 것처럼 1차 귀환 당시에는 솔로몬 성전을 경험했던 원로들이 포함되어 있었을 겁니다. 그러나 2차, 3차 귀환 때 동참했던 이들은 모두 바벨론 포로기에 태어난 세대입니다. 당연히 조상의 언어, 관습, 종교를 상실했던 세대였습니다.

그렇다고 포로로 잡혀가지 않고 이스라엘 땅에 머물던 이들이 조상의 유산을 잘 지킨 것도 아니었습니다. 그들은 바벨론, 페르시아 시대를 거치며 사마리아 속주에 편입되어 토착화되어 가고 있었습니다.

> 23그 때에 내가 또 본즉 유다 사람이 아스돗과 암몬과 모압 여인을 맞아 아내로 삼았는데 24그들의 자녀가 아스돗 방언을 절반쯤은 하여도 유다 방언은 못하니 그 하는 말이 각 족속의 방언이므로 느 13:23~24

페르시아의 유대인들은 제국에 동화되었고, 유대 땅의 유대인들은 토착화되었습니다. 언어도, 율법도, 역사도 잃어 가고 있었습니다.

당장 살아남기 위해서 주변 민족들과 정략결혼을 했지만, 생존을 위해 한 선택이 정체성을 상실하는 희생으로 이어졌습니다.

에스라와 느헤미야는 과감한 결단을 내립니다. 이방인들과 결혼한 사람들을 회중에서 분리시켰습니다(느 13:1~3). 이것은 지금의 국제결혼과는 전혀 다른 의미입니다. 이 시기에 이방인과 결혼하는 것은 정체성을 망각한 행위와 다름없기 때문입니다. 그들은 율법을 위해 개혁을 단행했지만, 사실 주변 민족들과 밀접하게 연결된 현실을 고려한다면 개혁이란 곧 사회적인 고립과 단절을 의미했습니다.[32]

페르시아에 잔류하던 유대인들도 상황은 마찬가지입니다. 에스더서를 떠올려 봅시다. 에스더는 아하수에로(크세르크세스) 왕의 아내였습니다. 기록에 의하면 당시 페르시아에는 많은 유대인이 있었습니다. 그들에게도 율법이 있었고(에 3:8), 그들도 하나님을 섬겼습니다(에 8:17). 제2성전과 회당은 흩어진 유대인들 사이에서 이렇게 기능하고 있었습니다.

수많은 사람이 본국으로 귀환했지만 페르시아에 남은 이 유대인들은 그에 대해서 아무 관심도, 언급도 없었습니다. 오히려 페르시아 제국에 동화되어 살아간 흔적들을 볼 수 있습니다. 가령 '모르드개'는 '마르둑의 예배자'라는 뜻입니다. '에스더' 역시 히브리어가 아니라 페르시아어로 '별(星)'을 뜻하는 종교적인 어휘입니다. 이것이 페르시아에 거주하던 유대인들의 현실입니다.

이 시기에 확립된 유대교는 페르시아의 영향을 받습니다. 페르시아는 세계를 정복했고, 조로아스터교는 유대교에 적지 않은 영향을 줍니다. 조로아스터교는 이 세상이 선과 악이 대립한다고 보았고, 신이 최후의 심판을 한다는 구조를 갖고 있습니다.

이런 방식은 세상을 설명하기가 수월합니다. 기독교는 악, 부조리, 비극을 하나님의 섭리 아래에서 이해하지만, 조로아스터교는 선한 신과 악한 신이 대립한다고 보았습니다. 즉 악은 악한 신으로부터 나왔으며, 그에 대한 최후의 심판이 있음을 말합니다.

사실 구약 성경에는 천사와 악마, 심판과 부활의 개념이 희미하게만 있을 뿐 신약만큼 선명하지 않습니다. 그래서 학자들은 페르시아 시기에 이런 개념들이 유대교 속에서 확립되었을 것으로 봅니다. 어쨌든 이 시기를 거치면서 구약의 희미하던 개념들이 신약에서는 선명하게 확립되었습니다.

6. 히브리 노예들의 합창

에스라와 느헤미야 때에 성전과 회당이라는 '하드웨어'만 구축된 것이 아니라, 파편적으로 존재하던 율법이라는 '소프트웨어'도 체계화되었습니다. 이것이 동화와 고립의 갈림길에 서 있었던 유대인들의 구심점이었습니다. 에스라와 느헤미야는 성전과 율법을 통해 단절되었던 하나님과의 관계가 연결되는 것을 참된 회복이라고 믿었습니다. 그래서 곳곳마다 율법을 낭독하고 회당에서 예배하는 형태가 자리를 잡았습니다.

이 시기에 기록된 시편 1편이 150편의 시 중에서 가장 앞에 배치된 의도가 무엇인지 그 맥락이 보입니다. 시편 1편은 포로기 이후에 기록된 것으로 알려져 있습니다. 곧 에스라-느헤미야 시대에, 압도적 다수가 페르시아나 주변 나라에 동화되었던 시기에, 진짜 '복 있는 사람'은 누구인지 생각해 보게 됩니다.

　목숨을 지키는 것보다 힘들었을 율법 준수에 우선순위를 두는 삶이야말로 복 있는 인생이며, 시냇가에 심은 나무 같은 인생이며, 하나님이 인정하시는 의로운 인생에 해당될 겁니다. 이런 맥락을 알고 보면 시편 1편은 목가적이고 평온한 노랫말이 아니라 목숨을 건 처절한 결단의 고백입니다. 나아가 이들은 율법과 관련된 종교적 회복만 외치지 않았고, 실생활에서 모순된 부조리를 제거하며 참된 회복을 실천하려고 했습니다.

　일찍이 이스라엘 백성에게 약속된 젖과 꿀이 흐르는 땅이란 무엇일까요? 이는 단순히 물질적인 풍요로움을 말하는 것이 아닙니다. 그렇다고 종교적 만족감에 국한된 것도 아닙니다. 어쩌면 신학적 회복과 사회적 회복의 간극이 제거되고, 고아와 과부와 나그네들이 억압받고 차별받는 일이 사라지는 것이 그 구체적인 실체가 아닐까요? 이 사실을 알았던 목회자이자 민권 운동가 마틴 루터 킹(Martin Luther King Jr.)은 이런 말을 남겼습니다.

> 하나님이 우리에게 명령하신 것은 이곳의 가난한 사람들을 품는 일입니다. 그 자녀들은 언제나 굶주리기 때문입니다. 이런 고민에서 젖과 꿀이 흐르는 땅이 시작됩니다.[33]

　바로 이와 같은 회복이 오늘 우리의 현실에서도 일어나야 합니다. 그리하여 세상 곳곳에서 저마다의 '히브리 노예들의 합창'이 울려 퍼질 수 있기를 기대합니다.

4강 ———————————————————————

알렉산드로스의
등장과
헬레니즘 시대

〈이수스 전투〉, 알브레히트 알트도르퍼, 1529

흔히 알렉산더로 불리는 알렉산드로스는 주전 333년 11월
5일에 이수스 평원에서 페르시아 대군을 격파했습니다.
세계를 호령하던 페르시아는 사라지고, 알렉산드로스가
세운 제국이 역사에 등장하는 순간입니다. 그는 제국에
그리스 문명, 사상, 언어를 보급시켜 세계를 하나의
시민으로 만드는 코스모폴리탄화를 이룩했습니다.
알렉산드로스가 연 시대를 헬레니즘 시대라고 합니다.
1529년에 화가가 이 그림을 그린 이유는 무엇일까요?

강의 목표

알렉산드로스로부터 시작된 헬레니즘 시대는 유대 사회에 어떤 영향을 주었고, 신약 시대와 어떤 관련이 있는지 살펴봅니다.

4때가 차매 하나님이 그 아들을 보내사 여자에게서 나게 하시고 율법 아래에 나게 하신 것은 5율법 아래에 있는 자들을 속량하시고 우리로 아들의 명분을 얻게 하려 하심이라 갈 4:4-5

1. 이수스 전투

주전 333년 11월 5일, 아나톨리아 남부 이수스 평원에서 세기의 전쟁이 벌어졌습니다. 아나톨리아는 오늘날 튀르키예(터키) 지역으로 동서양이 만나는 지점입니다. 이미 동서양의 충돌은 주전 490년 마라톤 평원에서 그리스 연합군과 페르시아의 다리우스 1세 사이에 벌어졌고, 그 10년 후 주전 480년에는 크세르크세스(아하수에로)가 페르시아 대군을 이끌고 그리스를 침공했지만 살라미스 해전을 끝으로 패전을 했었습니다.

약 150년이 지나면서 공수 교대가 이루어집니다. 이제 그리스의 차례가 됐습니다. 그리스 연합의 변방이었던 마케도니아에서 태어난 알렉산드로스는 그리스를 통일하고, 이수스 전투에서 페르시아의 다리우스 3세를 물리치면서 세계의 정복자로 등장했습니다.

독일 화가 알브레히트 알트도르퍼(Albrecht Altdorfer)의 〈이수스 전투〉는 1529년 작품입니다. 그림 중앙에는 그리스 군대와 페르시아 군대가 뒤엉켜서 운명을 건 싸움을 하고 있습니다. 그리고 맨 위에는 이런 문구가 새겨져 있습니다.

> 알렉산드로스 대왕은 페르시아 군대의 보병 십만 명과 기병 일만 기를 죽이고 마지막으로 다리우스를 격퇴했다. 다리우스는 기병 일천 기와 함께 도망쳤고, 그의 아내와 아이들은 포로로 잡혔다.

1529년 유럽 작가가 그림을 통해 알렉산드로스를 소환한 이유는 무엇일까요? 당시 오스만 제국이 유럽 사회를 위협했기 때문입니다.

이 역사의 언급으로 그들을 제거하겠다는 의도가 담겨 있습니다. 이렇게 알렉산드로스는 고대에는 물론 역사 속에서도 그 존재감을 드러내고 있습니다. 그는 성경에도 언급이 되어 있습니다.

> 1내가 또 메대 사람 다리오 원년에 일어나 그를 도와서 그를 강하게 한 일이 있었느니라 2이제 내가 참된 것을 네게 보이리라 보라 바사에서 또 세 왕들이 일어날 것이요 그 후의 넷째는 그들보다 심히 부요할 것이며 그가 그 부요함으로 강하여진 후에는 모든 사람을 충동하여 헬라 왕국을 칠 것이며 3장차 한 능력 있는 왕이 일어나서 큰 권세로 다스리며 자기 마음대로 행하리라 4그러나 그가 강성할 때에 그의 나라가 갈라져 천하 사방에 나누일 것이나 그의 자손에게로 돌아가지도 아니할 것이요 또 자기가 주장하던 권세대로도 되지 아니하리니 이는 그 나라가 뽑혀서 그 외의 다른 사람들에게로 돌아갈 것임이라 단 11:1~4

이렇게 알렉산드로스는 '능력 있는 왕'으로 역사에 등장했습니다. 다니엘서 11장을 보면 그의 나라가 갈라져 나뉜다고 기록되어 있는데, 실제로 그의 사후에 이런 역사가 펼쳐지게 됩니다.

2. 알렉산드로스와 디아도코이 시대

알렉산드로스는 화려하게 역사에 등장했지만, 이수스 전투가 벌어지고 10년이 지난 주전 323년 6월 10일 33세의 나이로 사망합니다.

알렉산드로스의 흉상, 대영박물관

그러자 그의 수하에 있던 네 명의 장군들이 저마다 후계자를 자처하면서 서로 대립했습니다. 계승자들이라는 의미로서 나라가 분할되는 이 시기를 가리켜 '디아도코이(Diadochoi) 시대'라고 합니다. 알렉산드로스와 디아도코이 시대가 이어지게 되는 셈입니다.

갑작스런 왕의 죽음으로 혼란한 틈을 타서 알렉산드로스의 측근 중 하나였던 안티고노스(Antigonos)가 스스로를 왕으로 선언하자 네 명의 디아도코이(계승자)들은 힘을 합쳐서 그를 몰아냈습니다. 그리고 넷은 영토를 분할하여 각자 통치하게 됩니다. 간단히 정리하면 아래와 같습니다. [34]

그리스와 마케도니아 지역은 카산드로스가 통치.
트라키아와 소아시아 지역은 뤼시마코스가 통치.
페르시아, 메소포타미아, 시리아 지역은 셀레우코스가 통치.
이집트와 팔레스타인 지역은 프톨레마이오스가 통치.

물론 실제로 일어난 세력 다툼은 훨씬 복잡하지만, 우리의 관심은 유대 땅에 한정되어 있음을 잊지 말아야 합니다. 지금까지 살펴본 사실을 바탕으로 그동안 유대 사회가 누구의 지배를 받아 왔는지 정리해 봅시다.

주전 586년부터 바벨론의 지배.
주전 539년부터 페르시아의 지배.
주전 333년부터 알렉산드로스의 지배.
주전 301년부터 프톨레마이오스의 지배.

주전 200년부터 셀레우코스의 지배.

유대 사회는 이렇게 끊임없이 다른 나라의 지배를 받게 되었습니다. 물론 페르시아 시대에 제2성전을 재건하여 '중앙 성전과 지방 회당'이라는 구심점을 세웠습니다. 이 사회 구조는 신약 시대까지 크게 변하지 않았습니다. 정치적인 독립만 얻지 못했을 뿐 페르시아나 그리스, 심지어 로마도 속주로서 유대 사회의 자치를 인정해 주었습니다.

그러므로 유대 사회에서 예루살렘 같은 대도시가 아니라면 지배자가 누구인지 모를 정도로 큰 변화 없이 시간이 흘렀다고 볼 수 있습니다. 다만 정치적으로는 페르시아 이후 알렉산드로스에 의해 헬레니즘의 물결이 유대인들에게 들이닥쳤고, 디아도코이 시대에 그 흐름이 더욱 거세어졌습니다. 이런 변화를 그리스 출신 역사가 플루타르코스(Plutarchos)는 이렇게 설명합니다.

처음으로 군중들이 안티고노스와 데메트리오스를 왕으로 예우했다. 따라서 안티고노스는 즉각 그의 친구들의 도움으로 왕관을 썼으며, 데메트리오스는 부친으로부터 머리띠와 함께 그를 왕으로 호칭한 서한을 받았다. 그 소식을 듣자 이집트에서는 프톨레마이오스의 추종자들 역시 그들대로 그에게 왕이란 칭호를 주어, 패전으로 인해 의기소침하지 않으려는 듯했다. 그리고 그들이 경쟁적으로 그렇게 행동하자, 그 행태는 다른 후계자들에게까지 확산되었다. 뤼시마코스가 머리띠를 두르기 시작했고, 이미 전에 왕의 이름으로 비(非)그리스인을 상대했던 셀레우코스가 그리스인들을 만났을 때도 같은 행동을 취했다. 플루타르코스, 『영웅전』, 데메트리오스전, 18.1~2.

우리는 디아도코이라는 말보다 헬레니즘이라는 말이 더 익숙합니다. 실제로 이 시기를 거치며 유대인들은 헬레니즘의 영향을 크게 받습니다. 그렇다면 헬레니즘 시대란 정확하게 무엇을 말할까요? 그 시대를 살펴보겠습니다.

3. 헬레니즘 시대의 시작

헬레니즘이란 독일의 역사가 요한 구스타프 드로이젠(Johann Gustav Droysen)이 고안한 개념입니다. 대략 주전 333년 알렉산드로스 등장부터 기독교가 성립된 시기까지를 말합니다. 제2성전기보다는 짧지만 상당 부분 겹칩니다.

이 시기의 특징은 융합입니다. 그리스 문화와 속주들의 문화가 서로 섞이는 겁니다. 페르시아와 그리스 모두 속주들에게 관용 정책을 취한 것은 맞지만 특징은 달랐습니다. 페르시아 시대가 동서 문화의 '공존'이라면, 헬레니즘 시대에는 '융합'이었습니다. 알렉산드로스는 그리스 문화를 중심으로 코스모폴리탄(Cosmopolitan), 즉 세계 시민화를 꿈꿨기에 동서 문화가 뒤섞이기 시작했습니다. [35]

알렉산드로스는 아리스토텔레스로부터 그리스 교육을 받았습니다. 이런 영향으로 알렉산드로스가 정복한 세계는 그리스어를 공용어로 사용하고, 그리스 문화가 급속히 퍼져 나가기 시작했습니다. 세계 시민을 꿈꿨기 때문에 알렉산드로스는 휘하의 병사들을 페르시아 여인들과 결혼하게 했고, 본인 역시 록사나(Roxana)라는 여인을 아내로 맞이하며 융합 정책의 모범을 보였습니다.

알렉산드로스의 정복 전쟁이 시작되자 예루살렘 역시 그의 지배 아래로 들어가게 됩니다. 요세푸스는 그가 예루살렘을 점령한 사건을 다음과 같이 기록합니다.

> 알렉산드로스는 흰옷을 입은 백성들과 대제사장의 모습을 보고는 손수 가까이 나아와 하나님의 이름을 찬양하고 먼저 대제사장에게 안부를 물었다. (중략) 알렉산드로스는 꿈에 하나님이 그에게 나타났다면서 대제사장을 존중해 주었다. 그는 대제사장과 나란히 예루살렘에 입성해서 대제사장의 지시대로 하나님께 제사를 드렸다. 한 그리스인이 페르시아 제국을 멸망시킬 것이라는 '다니엘의 예언'이 적혀 있는 다니엘서를 접하게 된 알렉산드로스는 그 그리스인이 바로 자신이라고 생각했다.[36] 이에 마음이 흡족한 알렉산드로스는 백성들을 해산시킨 후 그다음 날 다시 불러 무엇을 원하느냐고 물었다. 그러자 대제사장은 자기들은 조상들의 율법을 지키기를 원하며 매 7년마다 내는 조공은 내지 않았으면 좋겠다고 했다. 또한 바벨론과 메디아에 사는 유대인들도 그들의 고유 율법을 지키며 살 수 있도록 해 달라고 간청하자 알렉산드로스는 들어주겠다고 승낙했다. 요세푸스, 『유대 고대사』 11.8.7.[37]

이렇게 유대 사회는 알렉산드로스의 제국 속으로 편입되었습니다. 그리스 언어, 그리스 문화가 확산되면서 유대인들은 자원해서 그리스 군대에 지원하기도 했습니다. 이 시기에 유대인들에게는 어떤 영향이 있었을까요?

4. 헬레니즘 시대의 잔잔한 파도와 거친 파도

주전 301년부터 디아도코이 시대가 열렸습니다. 지중해를 중심으로 북쪽에는 셀레우코스 왕조가, 남쪽 이집트에는 프톨레마이오스 왕조가 자리하고 있었습니다. 두 나라가 육로로 마주치는 중간이 코엘레-시리아(팔레스타인) 지역이었습니다. 한 마디로 유대 사회는 두 강대국의 전쟁터에 위치하고 있었습니다. 이곳은 강대국들의 길목이었고, 지중해 무역을 통해 아라비아 내륙으로 연결되는 거대한 시장이었습니다.

다니엘 11장의 예언처럼, 셀레우코스와 프톨레마이오스는 이 지역을 점령하기 위해 수차례 전투를 벌였습니다. 프톨레마이오스의 지배를 받던 유대 사회가 셀레우코스에게 넘어간 것은 주전 200년 6월에 벌어진 파네이온 전투 때부터였습니다. 이것이 제5차 시리아 전쟁이었으니 팔레스타인을 두고 두 나라가 얼마나 치열하게 힘을 겨뤘는지 짐작할 수 있습니다.

두 나라가 치열한 전쟁을 벌이기는 했지만, 사실 유대 사회는 큰 영향을 받지 않았습니다. 사회의 내부는 평화로웠습니다. 그러다 유대 사회에 큰 박해가 일어나서 사회가 송두리째 흔들리는 때가 찾아왔습니다. 주전 175년 셀레우코스의 안티오코스 4세가 즉위하면서 유대 사회에 헬레니즘을 강요하기 시작한 겁니다. 이를 두고 박정수 교수는 주전 175년 이전을 헬레니즘의 잔잔한 파도로, 그 이후를 헬레니즘의 거친 파도로 표현했는데 매우 적절한 비유라고 생각합니다.[38]

헬레니즘의 거친 파도는 결국 마카비 전쟁의 발단이 됩니다. 헬레니즘의 압박을 못 견디고 유대 사회가 폭발한 것입니다. 이에 관해서는 뒤에서 더 자세히 다루기로 하고, 먼저 잔잔한 파도의 시기부터 살펴보겠습니다. 주전 301년부터 200년까지 유대 사회는 이집트에 기반을 둔 프톨레마이오스 왕조의 지배를 받습니다. 그 통치자들의 주요 특징을 정리하면 아래와 같습니다.

(1) 프톨레마이오스 1세(소테르, 주전 323~283년)
- 프톨레마이오스가 예루살렘을 비롯한 팔레스타인 지역을 점령했다.
(2) 프톨레마이오스 2세(필라델포스, 주전 283~246년)
- 구약 성경의 그리스 역본인 70인역이 번역되었다.
(3) 프톨레마이오스 3세(에우에르게테스, 주전 246~221년)
- 이 시기 이집트에는 이미 유대 회당의 흔적이 나타났다.
(4) 프톨레마이오스 4세(필로파토르, 주전 221~204년)
- 팔레스타인 지배권이 셀레우코스 왕조로 넘어가기 시작했다.
(5) 프톨레마이오스 5세(에피파네스, 주전 204~180년)
- 팔레스타인 지배권을 완전히 셀레우코스에게 넘겨주었다.

특히 주목할 점은 프톨레마이오스 3세 때, 이집트에서도 회당 흔적이 발견된다는 겁니다. 그렇다면 그 이전부터 회당은 곳곳에 존재해 왔을 겁니다. 즉 주전 516년 이후 유대인들은 본국에 있든, 디아스포라에 있든 모두 성전을 통해 율법으로 연결되었고, 회당을 중심으로 일상에서 종교를 이어 나갔습니다. 이집트 알렉산드리아는 물론 로마와 안디옥에도 회당이 들어설 정도였습니다.

회당의 예전은 토라를 낭송하는 것이 중심이었습니다. 이 시기 공용어는 그리스어였기에, 많은 유대인들이 회당에서 히브리어를 알아들을 수 없었습니다. 앞서 살펴봤던 것처럼 이미 느헤미야 시대에도 율법을 낭독할 때 히브리어를 몰라서 통역이 필요했는데, 헬레니즘 시대로 넘어오며 통역의 필요성은 더 컸을 겁니다. 당연히 회당들마다 그리스어로 낭독하자는 요구가 있었을 겁니다.

이런 목적으로 번역된 것이 그 유명한 70인역입니다. 아테네의 철학자들이 구사하던 언어가 '아티카 그리스어'라면, 흩어진 유대인들이 사용하던 언어는 저잣거리에서나 통용되던 '코이네 그리스어'였습니다.[39] 70인역은 코이네 그리스어를 기반으로 합니다. 다시 말해서 성스러운 목적을 위해서 상스러운 언어로 번역을 했던 겁니다.

만일 성스러운 언어로 고집했다면 역사는 분명히 달라졌을 겁니다. 상스러운 언어로 성스러움을 유지할 수 있는 역설을 앞으로 더 살펴보겠습니다. 이렇게 고대 히브리 개념이 공용어로 소통되기 시작했습니다.[40]

5. 헬레니즘 시대의 변화와 70인역

〈아리스테아스 서신〉은 주전 150~100년 무렵에 기록된 일종의 위경(僞經)입니다. 위경이란 경전으로서의 역사성이 확실하지 않은 문헌을 말합니다. 이 문헌에서는 70인역의 번역 과정을 이렇게 소개합니다.

프톨레마이오스 2세가 유대인의 율법서를 그리스어로 번역할 필요성을 느끼고는 예루살렘의 대제사장 엘르아살에게 번역 작업을 요청했습니다. 예루살렘 측에서는 프톨레마이오스 1세 당시 이집트에 잡혀간 유대인 포로들을 석방해 주는 조건으로 학자들을 이집트로 파견합니다. 열두 지파에서 여섯 명씩 선출하여 총 72명이었습니다. 학자들은 알렉산드리아의 파로스(Pharos) 섬에서 번역 작업을 시작했고, 저녁마다 모여서 번역한 내용을 비교했습니다. 72명의 학자들이 각자 번역했는데 서로 비교하자 놀랍게도 일치했다는 이야기가 소개되어 있습니다.

이 사건의 역사성을 확인할 수는 없지만 72명이 72일간 율법을 그리스어로 번역하여 완성한 70인역은 신약 시대까지 유대인들에게 정경처럼 영향을 발휘했습니다. 주전 2세기 마카비 시대의 유대 기록에서부터 70인역을 인용하는 흔적들이 나타나기 시작했습니다.

사실 '70인역'이라는 용어는 주후 2세기에나 등장하는 기독교 용어입니다. 70인역을 가리키는 셉투아진트(Septuagint)는 그리스어가 아니라 라틴어입니다. 또한 72명의 번역자가 각기 번역을 해서 내용이 일치했다는 기록은 70인역에 특별한 권위를 부여하는 것으로 볼 수 있습니다.[41] 분명한 점은 주전 3세기에 번역이 됐지만 주후 2세기가 지나서야 70인역이라 불렸다는 것이며, 이는 초기 기독교가 70인역을 경전으로 인식하는 과정에서 비롯된 결과로 볼 수 있습니다.

요세푸스도 『유대 고대사』에서 70인역을 언급합니다. 프톨레마이오스 2세가 알렉산드리아 도서관에 50만 권 이상의 장서를 소장하기 위한 목적으로 예루살렘의 대제사장에게 서신을 보내 율법서를 그리스어로 번역해 줄 것을 의뢰했다고 기록합니다.

이 70인역은 그리스-로마 세계에 히브리 개념을 확산시키는 역할을 감당했습니다. 또한 주전 3세기 성전과 회당을 중심으로 율법이 디아스포라 유대 공동체 속에서 자리를 잡아 갈 때, 70인역이 아주 큰 역할을 했을 겁니다. 제국 공용어로 번역된 70인역으로 인해 본토 유대인들과 디아스포라 유대인들의 정체성이 맞닿을 수 있게 된 겁니다. 그 결과 유대인들은 어느 곳에 있든지 일정한 형태의 예배와 신앙을 가지게 되었습니다. [42)]

6. 70인역이 기독교에 미친 영향

70인역은 헬레니즘 시대의 가장 중요한 결과물입니다. 생각해 보면 정경을 번역하기 위해서는 히브리 율법이 경전으로 확립된 형태가 있어야 가능합니다. 따라서 신구약 중간기에는 파편적으로 존재하던 성경들이 정경으로 모이기 시작했습니다. 또 모아진 성경이 그리스어로 번역되어서 공동체의 예배를 지탱하는 도구가 되려면 성전과 회당 사이의 긴밀한 관계가 구축되어 있어야 합니다. 이런 과정이 기독교와 어떤 관련이 있을까요?

헬레니즘 시대의 공용어는 코이네 그리스어였습니다. 사도 바울이 기독교를 전파할 때, 히브리어를 모르는 로마 사람들에게도 하나님의 말씀을 전파할 수 있었던 것은 준비가 갖춰졌기 때문입니다. 어려운 히브리 개념들이 그리스 어휘로 번역되어 있었습니다. 또한 곳곳마다 회당이 있었는데, 이것이 신약 시대에 복음의 거점이 되었습니다.

70인역은 기독교에 뚜렷한 영향을 남겼습니다. 히브리 성경에서 율법을 뜻하는 '토라'는 70인역으로 번역되면서 '다섯'을 의미하는 'The Pentateuch'라고 번역이 되었고 우리는 '모세오경'이라고 부릅니다. 또한 유대인들에게 '야훼'는 지극히 거룩한 명칭이어서 이방인들과 함부로 공유할 수 없었는데, 70인역이 '주님(Adonai)'이라는 의미의 퀴리오스(Kyrios)를 사용하면서 유대인들의 하나님 야훼가 이방인들에게도 확산되었습니다. 영어 성경에서도 Lord는 일반적으로 주(主)를 뜻하지만, LORD로 표기되면 야훼를 의미합니다. LORD는 실제로 야훼를 함부로 부를 수 없기에 이렇게 표기하고 주님으로 읽은 겁니다.

어휘의 흔적보다 더 중요한 부분이 있습니다. 70인역은 우리에게 아주 중요한 고민을 하게 합니다. 70인역은 '고상한' 아티카 그리스어가 아니라 '상스러운' 코이네 그리스어였습니다. 이렇게 번역되고 통용될 때, 많은 사람을 위한 성스러운 목적을 감당할 수 있었습니다.

수백 년의 시간이 지나고 로마 제국이 팽창하면서 라틴어가 공용어가 되자, 코이네 그리스어 역시 민중들에게 어려운 언어가 되었습니다. 그래서 주후 405년에 제롬(Jerome)은 대중적인 라틴어로 불가타(Vulgate) 성경을 번역했습니다. 불가타는 '세속적인(vulgar)'이라는 의미입니다. 이렇게 상스러운 언어로 성스러운 중세 시대를 열었습니다.

중세 천 년이 지나면서 라틴어 역시 사어(死語)가 되었습니다. 성직자들만 사용하는 성스러운 언어로 변했습니다. 그러나 당시 성직자들은 라틴어를 거룩한 언어로 여기고, 상스러운 자국어 성경 번역을 금지했습니다. 피터 발도(Petrus Valdes)가 프랑스어로 성경을 번역하려고 했던 12세기부터, 존 위클리프(John Wycliffe)의 영어 번역, 마틴 루터(Martin Luther)의 독일어 번역에 이르기까지 얼마나 많은 사람들이 자국어로 번역하다가 박해에 직면했는지 모릅니다. 당시의 성직자들은 상스러운 언어를 받아들이지 못했고, 그들과 민중 사이의 간극을 해소하지 않으려 했습니다.

이런 역사는 우리에게 선명한 메시지를 줍니다. 성경의 언어는 상스러울 때 성스러움을 유지할 수 있다는 역설입니다. 그렇다면 오늘 우리가 읽는 성경은 상스러운가요, 아니면 성스러운가요? 저잣거리에서도 통용될 만한가요, 아니면 그들만의 성스러운 언어로 고립되어 있나요? 이를 통해 현대 기독교의 건강함을 점검해 볼 수 있을 겁니다. 5백 년 전 성스러움과 상스러움 사이에서 이런 고민을 했던 에라스무스(Erasmus)의 『우신예찬』을 읽어 보겠습니다.

이러고 보니 내가 이 부분에서도 역시 오늘날의 연설가들과 비슷한 짓을 저지르고 말았습니다. 이들은 거머리처럼 두 개의 혀를 가졌음을 보여 줄 때 마치 신이라도 된 양 뻐기며, 라틴어 연설문 군데군데, 비록 그것이 있을 자리가 아닌데도, 희랍어(헬라어) 토막말들을 마치 장식처럼 엮어 넣을 수 있음을 대단한 일인 것처럼 떠들어 댑니다. 또한 이들은 외국어가 부족해지면, 낡아 빠진 책들에서 전혀 알지 못할 이런 낱말 네다섯 개를 오려 내어 연설문에 엮어 넣습니다. 그럼에도 이를 이해하는 사람은 이해하는 자기 모습에 스스로 뿌듯해할 것이며, 정녕 이를 이해 못하는 사람은 이해 못하는 만큼 더욱 큰 경외심을 표하게 될 것이기 때문입니다. 이렇게 남들이 모르는 어려운 말을 할수록 더욱 큰 존경을 받으니, 이는 분명 우리네 어리석은 자들의 커다란 즐거움입니다. [43]

7. 때가 차매

다니엘서를 읽을 때마다 놀라는 것은 7, 8, 11장 등에서 알렉산드로스의 등장과 디아도코이 시대를 정확하게 언급한다는 점입니다. 요세푸스는 다니엘서가 다니엘 시대에 기록된 것으로 보고 있습니다.[44] 그러나 현대의 많은 신학자들은 다니엘의 예언이 너무 상세하고, 사실적이어서 그보다 후대인 마카비 시대에 기록된 것으로 보기도 합니다.

백번 양보해서 다니엘서가 마카비 시대에 기록되었다고 하더라도, 주전 3세기에 70인역이 번역된 것은 놀랍습니다. 성전과 회당이라는 하드웨어는 갖춰졌지만, 이미 히브리어를 상실한 유대인들에게 율법이 구심점으로 작용하기는 어려웠을 겁니다. 통역이 없다면 알아들을 수 없기 때문입니다. 그러나 70인역으로 인하여 율법이 유대인들의 구심점이 되었고, 어려운 히브리 개념이 그리스어로 보급되어 헬레니즘 세계와 소통하게 되었습니다.

알렉산드로스는 지중해 세계를 그리스어로 통일했습니다. 로마는 그 헬레니즘 문명을 바탕으로 지중해 세계를 정치적으로 통일했습니다. 정치, 사상, 문화, 언어는 물론 화폐까지 통합된 하나의 세계가 되었습니다. 역사상 이렇게 통일된 시기가 있었나요? 하나님은 그의 아들을 이 세상에 보내어서 모든 사람들과 소통할 준비를 하신 것입니다.

하나님이 원하시는 '회복'이란 무엇일까요? 당시 유대인들은 오랜 기간 지배당하는 삶을 살아왔습니다. 그들 대부분은 정치적인 체제로서의 독립을 회복으로 여겼습니다. 그러나 하나님은 유대인에 국한되지 않고 모든 사람에게 진정한 주(主)가 되실 준비를 하셨습니다. 모든 민족의 진정한 황제가 되겠다고 선언하신 겁니다. 그래서 황제와 관련된 용어 '유앙겔리온'이라는 말이 '복음'을 뜻하는 것입니다. 우리의 신분이 하나님의 백성이 되었다는 선언입니다.[45]

신약 시대에 사도들이 이런 복음을 외쳤다면 얼마나 정치적이고, 위험한 표현이었을까요? 또 한편으로는 얼마나 능력 있는 외침이었을까요?

> (예수께서) 이르시되 때가 찼고 하나님의 나라가 가까이 왔으니 회개하고 복음을 믿으라 하시더라 막 1:15

신구약 중간사의 문을 열며 던졌던 세 가지 질문을 떠올려 봅시다. 눈에 보이지 않는 곳에서 하나님은 이렇게 치밀하게 계획을 준비하셨고, 진정한 회복을 예비하셨습니다. 그럼에도 이 엄청난 비밀을 알지 못한 채 복음을 그저 소원을 이루어 주는 도깨비 방망이 정도로 이해한다면, 우리는 정치적인 독립에 집착한 나머지 예수님을 십자가에 죽였던 유대인들과 조금도 다를 바가 없을 겁니다.

당시 로마 시민권자는 함부로 건드릴 수 없었습니다. 잘못 건드리면 황제의 보복을 당했습니다. 로마 시민권자는 죽을 때까지 그의 안전을 황제가 책임진다고 여겼습니다. 그렇다면 하나님의 백성, 하나님 나라의 시민인 우리가 얼마나 큰 은혜를 누리고 있는지 이해가 되시나요? 이를 너무나 잘 알았던 바울은 이렇게 선언했습니다.

> 우리의 시민권은 하늘에 있습니다. 빌 3:20, 새번역

5강

마카비 전쟁과
하스몬 가문의
등장

안티오코스 4세의 얼굴이 새겨진 동전, 맨체스터박물관

주전 175년을 중심으로 신구약 중간사의
흐름은 전혀 다른 양상을 보입니다.
제2성전이 건립된 주전 516년부터 주전
175년까지 유대 사회를 지배하는 주인은
변했지만, 속주의 자치를 인정하는
부분에서는 큰 차이가 없었습니다. 이것을
헬레니즘의 '잔잔한 파도'라고 합니다. 그러나
주전 175년부터 '거친 파도'가 밀려옵니다.
그 중심에는 셀레우코스의 안티오코스 4세가
있었습니다. 그 앞에서 유대인들은 어떻게
반응했을까요?

강의 목표

안티오코스 4세가 주전 175년에 즉위한 후 유대 사회는 어떤 저항을 하게 되었는지, 그 배경을 살펴봅니다.

12그 이튿날에는 명절에 온 큰 무리가 예수께서 예루살렘으로 오신다는 것을 듣고 13종려나무 가지를 가지고 맞으러 나가 외치되 호산나 찬송하리로다 주의 이름으로 오시는 이 곧 이스라엘의 왕이시여 하더라 요 12:12~13

1. 플라비우스 요세푸스

지금까지 우리는 제2성전 건립과 페르시아 시대, 알렉산드로스에 의한 헬레니즘 시대와 디아도코이 시대를 다루었습니다. 이제 신구약 중간사에서 가장 중요한 사건이라고 할 수 있는 마카비 전쟁에 대해 살펴보겠습니다.

여기서부터 신약 시대까지 성경의 역사성을 증언할 역사가를 소개하려고 합니다. 바로 플라비우스 요세푸스입니다. 앞에서도 종종 인용되었던 요세푸스는 예수님이 죽자마자 태어난 유대 역사가입니다. 그의 대표 저술은 『유대 전쟁사』입니다.

요세푸스는 주전 167년에 발생한 마카비 전쟁과 주후 66~70년에 벌어진 유대 전쟁을 하나의 거대한 흐름으로 본 역사가였습니다. 그의 관점으로 역사를 본다면 마카비 전쟁부터 유대 전쟁까지 230년간의 흐름을 쉽게 이해할 수 있을 겁니다.

역사가 요세푸스는 주후 37년경 유대 귀족 가문에서 태어났습니다. 그의 부친은 명망 있는 제사장 가문이었고, 모친은 하스몬 혈통을 이어받았습니다. '하스몬 혈통'에 대해 처음 듣는 분도 있을 겁니다. 지금은 이 명칭만 기억해 두겠습니다. 마카비 전쟁부터 신약 시대까지 하스몬 혈통이 유대인들에게 어떤 의미인지는 앞으로 알아 가게 될 겁니다.

요세푸스는 소위 금수저 출신이었습니다. 그래서 많은 특권을 누릴 수 있었습니다. 덕분에 귀족들이 누리던 헬레니즘 사상과 문화를 접했고, 이로 인해 유대 역사를 보다 객관적으로 기술할 수 있게 되었습니다. 물론 제사장 가문이었으니 유대교와 율법에 통달한 것은 당

플라비우스 요세푸스,
Thomas Addis Emmet이 1880년에 그린 일러스트

연한 일이었겠지요.

본래 그의 본명은 마티아스 요세푸스(Matthias Josephus)였습니다. 그는 주후 66년 제1차 유대 전쟁이 벌어졌을 때, 유대인들을 이끌고 로마 군대에 대항하는 군인이었습니다. 그렇지만 요타파타(Jotapata) 전투에서 패하면서 로마의 베스파시아누스에게 투항했습니다. 베스파시아누스는 주후 70년 로마 황제가 된 인물인데, 요세푸스는 이때 로마 황제의 측근이 되었습니다.

유대 반란이 일어나자 네로(Nero) 황제는 베스파시아누스를 파견해 반란을 진압하도록 합니다. 하지만 그 결과를 보지 못하고 네로는 주후 68년에 죽었습니다. 이로 인해 줄리우스 카이사르로부터 이어져 오던 율리오-클라우디오 혈통이 끊어집니다. 그러자 유력자들이 서로 황제 자리를 놓고 다투느라 2년간 내전이 발생합니다. 오토, 갈바, 비텔리우스 같은 인물들이 짧은 시간 차례로 황제에 올랐습니다.

로마의 상황을 지켜보던 베스파시아누스는 아들 티투스에게 유대 반란 진압을 일임하고, 자신은 군대를 이끌고 로마로 진격해서 황제 자리에 올랐습니다. 이렇게 주후 69년에 평민 출신의 플라비우스 왕조가 시작되었습니다. 이때 요세푸스에게는 평민 출신의 황제를 위해 해야 할 분명한 역할이 생겼습니다. 바로 플라비우스 왕조를 위한 '프로파간다'였습니다. 그는 황제에게 고용된 황실 역사가가 되었고, 이름도 '플라비우스 요세푸스'로 바꾸었습니다.[46]

요세푸스가 황실에 고용되어 연금을 받으면서 주후 77년 무렵에 썼던 『유대 전쟁사』에는 베스파시아누스와 아들 티투스의 행적을 예찬하는 장면들이 포함되었습니다. 유대인들에게 연민을 가진 베스파시아누스나 예루살렘 성전이 파괴될 때 눈물을 흘린 티투스의 모습이 기록되어 있었습니다. 유대인들에게는 이런 그가 변절자로 보일 수도 있었지만, 생각해 보면 프로파간다는 그가『유대 전쟁사』를 쓰기 위해서 지불해야 했던 일종의 비용이었습니다.

요세푸스는 플라비우스 가문을 위한 캠페인을 충실히 감당했습니다.[47] 그럼에도 프로파간다와 검열의 거품을 걷어 낸다면 그 속에 역사적 보화들을 발견할 수 있습니다. 무엇보다 이것은 유대 전쟁과 관련된 유일무이한 사료입니다.

베스파시아누스, 티투스가 죽은 후인 주후 90년대는 사뭇 다른 시대였습니다. 제국이 안정되어 프로파간다를 써야 할 이유가 없었습니다. 그래서 요세푸스가 90년대에 쓴『유대 고대사』,『자서전』,『아피온 반박문』같은 저술들은 주후 1세기의 신약 시대를 보여 주는 매우 중요한 사료입니다. 초대교회의 신약 성경이 여전히 서신 형태였고, 주후 397년이 되어서야 정경으로 인정받았던 것을 헤아리면, 요세푸스가 남긴 기록은 아주 중요하다 말할 수 있습니다.[48]

2. 두 개의 전쟁, 이중 카테고리

요세푸스의 시선을 따라 마카비 전쟁부터 유대 전쟁까지의 시간을 조망하기 전에 먼저 표를 하나 살펴보겠습니다. 이를 이해한다면 앞으로 성경을 볼 때 무척 큰 도움을 받을 수 있을 겁니다.

주전 333년 알렉산드로스는 헬레니즘 세계를 열었습니다. 그러면서 자연스레 유대 사회에도 헬레니즘의 잔잔한 파도가 밀려들기 시작하지요. 주전 175년 셀레우코스의 안티오코스 4세가 즉위하면서부터

연도	주요 사건
주전 301년	프톨레마이오스 지배
200년	셀레우코스 지배
175년	안티오코스 4세의 헬레니즘 강요
167년	마카비 전쟁
164년	예루살렘 탈환(하누카/수전절)
142년	하스몬 왕조 시작(시몬)
63년	예루살렘 함락(폼페이우스)
주후 30년	예수 활동(공생애)
70년	유대 전쟁(1차)
135년	유대 전쟁(2차)

[표2] 마카비 전쟁과 유대 전쟁의 이중 카테고리

상황은 급박해지기 시작합니다. 주전 175년을 중심으로 그 전까지는 헬레니즘의 잔잔한 파도라면 175년부터는 거친 파도가 시작됩니다. 유대 사회에 헬레니즘을 강요하기 시작한 것입니다.

이에 대한 반발로 주전 167년에 마카비 전쟁이 일어났고, 주전 142년 유대인들은 마침내 바라고 바라던 독립을 쟁취합니다. 그러나 그 기간은 잠시였을 뿐, 주전 63년 로마의 폼페이우스에 의해 예루살렘이 함락당하면서 유대인들은 또 다시 외세의 압제를 받게 됩니다.

이런 상황 가운데 예수님은 이 세상에 오셨습니다. 예수님이 이 세상에서 활동하신 기간을 보통 '공생애(公生涯)'라고 하는데, 대략 주후 30년 무렵에 3년간 활동한 뒤 십자가에서 죽으셨습니다. 그리고 막 초대교회가 태동하던 시기인 주후 70년에 제1차 유대 전쟁이 발생했습니다. 이것을 보기 좋게 정리한 것이 위의 표입니다.

표를 보면 마카비 전쟁과 유대 전쟁이 하나의 흐름으로 연결되어 있고, 그 사이에 예수님의 공생애 시기가 자리하고 있습니다. 예수님 시대를 중심으로 두 전쟁이 이중 카테고리로 연결되어 있습니다. 예수님 당시 사람들은 마카비 전쟁으로부터 이어진 관념의 영향을 받았습니다. 다시 말해 신약 시대의 사람들은 역사와 무관한 사람들이 아닙니다. 마카비 전쟁, 하스몬 왕조, 로마의 침공은 그들의 '근현대사'에 해당되기 때문에 신약 시대는 이런 맥락에서 조망해야 합니다.

동시에 이 시대는 유대 전쟁이라는 카테고리에도 포함됩니다. 왜냐하면 요세푸스가 유대 역사를 조망한 것도, 복음서 저자들이 예수님 시대를 기록한 것도, 모두 유대 전쟁 전후였기 때문입니다. 그들의 기록 활동은 유대 전쟁의 영향을 받지 않을 수 없었습니다. 즉 기록할 당시의 시대 상황과 영향을 모두 고려해야 입체적으로 볼 수 있습니다. 두 개의 전쟁, 이중 카테고리를 기억할 때 신구약 중간사는 행간에서 우리에게 진의(眞意)를 이야기할 것입니다.

3. 마카비 전쟁의 맥락

알렉산드로스가 이룩한 헬레니즘 세계는 거대한 시장을 형성시켰습니다. 그리스어가 공용어였고, 드라크마라는 화폐가 통용되었습니다. 세계는 교역, 금융, 문화, 언어를 공유하며 연결되었습니다. 이 시기 예루살렘 주변은 이집트와 메소포타미아, 소아시아를 연결하는 길목이었고, 지중해 세계에서 아라비아 내륙과 홍해로 들어가는 상업 지역이었습니다.

지방 벽촌은 이런 시대 흐름과 무관할 수도 있겠지만, 분명 예루살렘 같은 대도시에서는 헬레니즘에 적응한 사람들이 상류층으로 발돋움할 기회를 누렸습니다. 그래서 이 시대의 귀족들은 자녀에게 헬레니즘 교육을 시키고자 했습니다.

제2성전이 건립된 이후 대제사장 가문은 사독 계열에서 정통성을 갖고 있었습니다. 사독 계열의 오니아스 가문은 대대로 성전을 중심으로 한 유대 사회의 실세였습니다. 그런데 예루살렘이 상업 도시로 급부상하면서 속주의 세금과 경제력을 총괄할 인물이 대두됩니다. 대제사장이 세금 및 교역까지 관할할 수는 없기 때문입니다.

이때 대대로 이런 역할을 감당해 온 토비아스 가문이 급부상합니다. 이들이 했던 일은 '세금 징수 도급관' 정도로 표현할 수 있습니다. 특히 토비아스 가문의 요셉 혹은 요셉 벤 토비아스(Joseph ben Tobiah)는 주전 3세기 유대 사회의 핵심 인물이 됩니다.

이 토비아스라는 명칭이 익숙한 분들도 있을 겁니다. 토비아스는 주전 5세기 에스라-느헤미야 시대에 귀환 공동체를 방해했던 '산발랏과 도비야'(느 4:7)의 바로 그 도비야 혈통입니다. 그 가문의 후예가 주전 3세기에도 유대인들의 경제적인 권력을 장악하게 됩니다. 역사의 악연이라고 할 수 있습니다.

앞에서 언급했듯이 프톨레마이오스 4세(주전 221~204) 때, 유대 지역에 대한 통치권은 서서히 셀레우코스로 기울기 시작했습니다. 그렇다면 두 지배자 사이에서 줄타기를 하던 오니아스 가문과 토비아스 가문의 갈등은 점점 첨예해졌을 것입니다.

사독 계열, 오니아스, 토비아스까지. 신구약 중간사만 아니라면 평생에 한 번 들을 일 없는 단어들인지라 좀 어려울지도 모르겠습니다.

그러나 마카비 시대를 이해한다면 이를 '근현대사'로 여겼던 신약 시대의 유대인들을 훨씬 잘 이해할 수 있을 것입니다. 보다 쉽게 기억할 수 있도록 도표로 정리해 보겠습니다.

이 시기 유대 사회는 프톨레마이오스 왕가와 셀레우코스 왕가에 의해 좌지우지되고 있었습니다. 주전 200년까지 유대 사회는 프톨레마이오스의 지배 아래 있었습니다. 그러다 주전 200년 5차 시리아 전쟁이었던 파네이온 전투에서 셀레우코스가 승리하면서 이때부터 유대 사회의 주인이 바뀝니다.

주전 204년에 대제사장의 자리에 올랐던 오니아스 3세는 친프톨

연도 (주전)	프톨레마이오스 왕가	유대 사회		셀레우코스 왕가
204년	프톨레마이오스 4세 (221~204년)	대제사장 오니아스 3세 (친프톨레마이오스)	토비아스 가문 (친셀레우코스)	안티오코스 3세 (223~187년)
200년	프톨레마이오스 5세 (204~180년)	셀레우코스가 유대 사회 지배		셀레우코스 4세 (187~175년)
175년	프톨레마이오스 6세 (180~145년)	대제사장 야손(175~172년) 대제사장 메넬라오스(172~162년) 하시딤 등장		안티오코스 4세 (175~164년)
167년		마카비 전쟁(167~164년)		
162년		대제사장 알키모스 (162~159년)		안티오코스 5세 (164~161년)
159년		대제사장 공석(159~152년)		데메트리우스 1세 (162~150년)

[표3] 유대 사회를 둘러싼 프톨레마이오스 왕가와 셀레우코스 왕가

레마이오스 성향을 갖고 있었습니다. 유대 지역에 대한 지배의 무게 추가 기울어 가는 것을 보며, 토비아스 가문은 재빠르게 친셀레우코스 노선을 취합니다.

토비아스 가문의 바람대로, 주전 200년부터 셀레우코스가 유대 사회를 지배하기 시작합니다. 대제사장 오니아스 3세에게 먹구름이 다가온 겁니다. 제2성전이 세워진 뒤 줄곧 사독 계열 대제사장이 성전의 책임자였습니다. 구약 시대로부터 대제사장은 하나님이 임명했고, 종신직이었습니다. 그러나 이 무렵부터 대제사장 직분이 찬탈되는 일이 벌어집니다.

주전 175년부터는 안티오코스 4세에 의해서 헬레니즘의 거친 파도가 밀려듭니다. 헬레니즘 물결에 오니아스 3세는 소극적이었는데, 그의 동생 야손은 형을 몰아내고 외세를 힘입어 대제사장이 됩니다. 하나님이 아닌 사람의 입김으로 대제사장 직분이 임명되는 성직 매매도 발생합니다. 야손은 자신을 소위 '꽂아 준' 사람들의 의도대로 예루살렘에 그리스식 김나지움, 경기장, 극장 등을 건립했습니다. 하나님의 도시 예루살렘은 이때부터 그리스 폴리스처럼 변하기 시작합니다.

그럼에도 토비아스 가문 입장에서는 보다 더 자신들의 노선에 맞는 대제사장이 임명되어 마음대로 주무를 인물이 필요했습니다. 결국 주전 172년 친셀레우코스 성향의 꼭두각시 메넬라오스를 대제사장으로 세웁니다. 문제는 그가 사독 계열이 아니라 아론 계열이었기에 정통성이 무너지기 시작합니다. 물론 안티오코스 4세의 입장에서도 토비아스 가문의 입김이 커야 세금을 징수하기 더 편했을 겁니다.[49]

페르시아나 알렉산드로스 시대에도 없었던 일들이 주전 175년부터 벌어지기 시작합니다. 헬레니즘의 거친 파도가 유대 사회의 상징

과도 같은 대제사장 직분을 타락하게 만들었으니 율법을 목숨처럼 여긴 사람들에게는 경건한 신앙이 행동으로 나타나게 됩니다. 이 경건 운동을 일으킨 사람들을 가리켜 '하시딤'이라고 합니다. 이 하시딤에 대해서는 뒤에서 더 살펴볼 것입니다. 우선 이 시대를 언급한 기록부터 살펴봅니다.

> 23삼 년 후, 야손은 앞에 말한 시몬의 동생 메넬라오스를 왕에게 보내어 돈을 전달하고 몇 가지 중요한 일들의 결재를 받아오게 하였다. 24 그러나 메넬라오스는 왕을 만나서 자기가 가장 큰 권위를 가진 것처럼 꾸며 야손보다 은 삼백 달란트를 더 바쳐 대사제직을 차지하였다. 25그는 왕명을 받들고 돌아왔지만 대사제직을 맡을 만한 위인이 아니었고, 잔인한 폭군의 기질과 야수같이 포악한 성격을 지닌 자였다. 26 이렇게 야손은 자기 형을 몰아냈다가 자기도 다른 사람에게 몰려나서 암몬 사람들의 고장으로 도망갈 수밖에 없는 처지가 되었다. 27대사제직에 오른 메넬라오스는 왕에게 약속한 돈을 바치지 않았다. 2마
>
> 카 4:23~27, 공동번역

이렇게 대제사장의 정통성이 돈 앞에 무너지고, 하나님이 아닌 권력자가 대제사장을 임명하는 일이 벌어집니다. 이런 흐름은 예수님 시대까지 이어집니다. 신약 시대의 대제사장은 로마가 파견한 총독이나 헤롯 같은 권력자들의 입맛대로 세우고 폐위한 직분이었으니, 예수님 시대의 종교인들에게 주(主)님은 과연 누구였을지 짐작해 볼 수 있습니다.

헬레니즘 물결은 예루살렘을 어떻게 변화시켰을까요? 회당에서

율법을 배우는 것보다 김나지움에서 그리스 교육을 받는 것을 귀족들은 더 선호했습니다. 올림픽 제전 같은 그리스 경기가 도입되었고 종교인들은 예배보다 운동 경기에 열광했습니다.

이 그리스 경기는 단순한 스포츠가 아닙니다. 그리스 신들을 섬기는 제전의 일부였습니다. 또한 그리스 경기는 나체로 진행을 합니다. 유대인 참가자라면 금방 표시가 났을 겁니다. 그래서 할례를 감추는 수술이 유행이었습니다. [50)]

헬레니즘의 거친 파도 속에서 하나님의 존재에 대한 물음이 다시 재기되었습니다. 안티오쿠스 4세는 주전 169년에 예루살렘 성전의 기금을 약탈해서 자신의 재정 상태를 만회했고, 동시에 본격적으로 유대 사회에 헬레니즘 문화를 강요하기 시작했습니다. 페르시아 시대로부터 한 번도 경험해 보지 못한 신앙의 박해를 경험하게 된 것입니다.

> 29그로부터 이 년 후, 안티오쿠스(안티오코스) 왕은 유다의 여러 도시에 조공 징수관을 파견하였다. 그 사람은 대군을 이끌고 예루살렘으로 가서 30거짓 평화 선전을 하여 그들을 안심시켰다. 그리고는 별안간 그 도시를 습격하여 큰 타격을 주고 이스라엘 백성을 무수히 죽였다. 31그는 그 도시를 약탈한 다음, 불을 지르고 가옥들과 사면의 성벽을 파괴하고 32아녀자들을 포로로 삼고 가축을 빼앗았다. 33그리고 그의 군졸들은 강한 성벽을 높이 쌓고 튼튼한 망대를 세워서 다윗의 도시를 재건하여 자기네들의 요새로 삼았다. 34그리고 죄 많은 이방인들과 유다인 반역자들을 그 요새에 배치하여 기반을 굳혔다. 35또 무기와 식량을 저장하고 예루살렘에서 거둔 전리품을 그 곳에 쌓아두었다. 이렇게 하여 예루살렘은 크게 위협을 주는 성이 되었다. 36예루살

렘은 성소를 위협하는 복병이 되었고, 이스라엘 사람들을 밤낮으로
괴롭히는 사악한 원수가 되었다. 1마카 1:29~36, 공동번역

눈여겨볼 점은 안티오코스 4세와 유대 지도자들이 대립하지 않았
다는 점입니다. 도리어 안티오코스 4세를 통해 권력과 이권을 얻으려
는 사람들이 자진해서 헬레니즘을 유대 사회에 들여왔습니다. 그것이
이 시대의 비극입니다.

아래 지도는 예루살렘의 지형과 성벽을 보여 줍니다. 성벽 인근에
'다윗의 도시'라는 그리스식 폴리스가 건설되었고, 요새화되었습니다.
이곳을 중심으로 친셀레우코스파 대제사장 메넬라오스와 토비아스
가문을 비롯한 귀족들은 유대 사회에 헬레니즘을 강요하기 시작했던
겁니다. 그리고 그 요새에서 유대인 민중들의 반발에 맞섰습니다.[51]

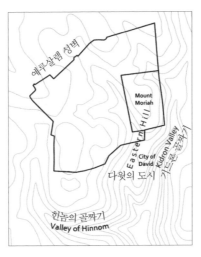

고고학 발굴로 재구성한 주전 2세기의 예루살렘 지형과 성벽[52]

이 시기의 종교 지도자들과 귀족들의 성향은 신약 시대와 결코 다르지 않았습니다. 다른 점이 있었다면 이들은 셀레우코스 왕조를 의지했고, 신약 시대에는 로마를 의지했다는 점입니다. 시대와 장소는 다르지만 일제강점기에도, 그리고 오늘 우리의 현실에서도 묘한 기시감이 느껴지는 이유는 무엇일까요?

4. 마카비 전쟁의 시작과 결과

마카비 혁명 혹은 마카비 반란이라고 표현할 수도 있지만 '마카비 전쟁'으로 표기하는 이유는 역사가 요세푸스가 마카비 전쟁과 유대 전쟁을 동일 선상에서 보았기 때문입니다. 이런 접근은 이 시대를 파악하는 데 매우 유용합니다.

주전 167년 12월부터 안티오코스 4세는 온 유대 지역에 헬레니즘 제의를 강요했습니다. 예루살렘 성전에서 하나님에 대한 제사가 금지되었습니다. 도리어 성전에서 제우스에게 분향하는 제사를 지냈고, 유대인들이 부정하게 여기는 돼지를 희생 제물로 삼았습니다. 안식일, 할례, 율법이 금지되었습니다. 율법책을 봐서도 안 되고 소유해서도 안 됐습니다. 수많은 여인들이 아이에게 할례를 행했다는 이유로 살해를 당했습니다(1마카 1:41~64).

물론 안티오코스 4세가 율법, 할례, 제사, 안식일을 구체적으로 알았던 것은 아닙니다. 그는 배후에서 지시를 내릴 뿐, 유대 내부를 잘 아는 귀족들이 구체적인 금지 항목들을 찾았습니다. 이들에게는 율법 준수보다 외세의 권력을 등에 업고 이익을 늘리는 것이 더 중요했습니다. 하나님의 영광이 아니라 자신들의 권력이 더 큰 관심사였습니다. 헬레니즘의 물결 앞에 유대인들은 억압받고 있었습니다.

이런 일이 반복되자 주전 166년 유대 지방 제사장 마타티아스 가문에서 반란이 시작되었습니다. 당시 상황을 마카베오서는 이렇게 설명합니다.

> 19그러나 마따디아(마타티아스)는 큰소리로 이렇게 대답하였다. "왕의 영토 안에 사는 모든 이방인이 왕명에 굴복하여 각기 조상들의 종교를 버리고 그를 따르기로 작정했다 하더라도 20나와 내 아들들과 형제들은 우리 조상들이 맺은 계약을 끝까지 지킬 결심이오. 21우리는 하늘이 주신 율법과 규칙을 절대로 버릴 수 없소. 22우리는 왕의 명령을 따를 수 없을 뿐더러 우리의 종교를 단 한 치도 양보할 수 없소." 23 마따디아의 말이 끝났을 때 어떤 유다인 한 사람이 나와서 모든 사람이 보는 앞에서 왕명대로 모데인 제단에다 희생제물을 드리려 했다. 24이것을 본 마따디아는 화가 치밀어올라 치를 떨고, 의분을 참지 못하여 앞으로 뛰어 올라가 제단 위에서 그 자를 죽여버렸다. 25그리고 사람들에게 이교 제사를 강요하기 위하여 온 왕의 사신까지 죽이고 제단을 헐어버렸다. 26이렇게 해서 마따디아는 전에 비느하스가 살루의 아들 지므리를 찔러 죽였을 때처럼 율법에 대한 열성을 과시하였다. 1마카 2:19~26, 공동번역

시작된 반란은 대규모 전쟁으로 확대되었습니다. 주전 165년 반란을 시작한 마타티아스가 죽자 '망치(마카베오)'라는 별명을 가진 유다 마카베오가 항전의 권한을 물려받았습니다(1마카 2:65~70). 사실 오랜 기

간 압제를 받아 온 유대인들에게 정규군이 있을 리가 없었습니다. 정상적인 방법으로 전투를 하기에는 모든 것이 불리했습니다. 그러나 전력의 열세에도 불구하고 유다 마카베오는 게릴라 전술을 펼쳐서 승기를 잡았습니다.

한편 안티오코스 4세는 예루살렘의 반란을 진압하기 위해 총력을 기울일 수가 없었습니다. 외부로는 주변의 로마나 파르티아 같은 강력한 나라가 확장해 왔고, 내부로는 재정 상태가 악화되었기 때문입니다. 이때 유다 마카베오가 유대인들을 다음과 같이 독려했습니다.

> 16그들이 벳호론 언덕 가까이 왔을 때, 유다가 얼마 안 되는 부하를 거느리고 그를 맞아 싸우러 나갔다. 17유다의 부하들은 자기들을 치러 나오는 적군을 보고 유다에게 말하였다. "우리가 이렇게 적은 수효를 가지고 저 많고 강한 군대와 어떻게 싸워낼 수가 있겠습니까? 게다가 우리는 오늘 아무 것도 먹지 못하여 기진맥진해 있습니다." 18유다가 대답하였다. "작은 군대가 큰 군대를 쳐 이기는 것은 그리 어려운 일이 아니다. 하느님께서 구원하시려고 하면 군대가 크고 작은 것이 문제가 되지 않는다. 19전쟁의 승리는 군대의 다수에 달린 것이 아니고, 하늘이 내려주는 힘에 달려 있다." 1마카 2:16~19, 공동번역

그 와중에 안티오코스 4세가 주전 163년 사망하자 왕위 계승 문제까지 터졌습니다. [53] 결국 내우외환에 빠져 있던 셀레우코스 왕가는 외교적인 정책으로 마카비 전쟁을 수습하려고 했습니다. 이를 위해 아론 계열의 알키모스를 대제사장에 임명했습니다. 유대인들은 어떻게 반응했을까요?

셀레우코스 측이 이런 중재안을 제시하자 마카비 가문과 일부 사람들은 전쟁을 멈추고 그 제안을 받아들이려고 했습니다. 반면 사독 계열이 아닌 인물이 대제사장직에 오른 것을 변질로 생각하고 절망해서 광야로 나가서 회복을 기다리는 사람들도 있었습니다. 이때 제안을 받아들인 사람들은 권력을 잡게 되고, 광야로 나간 사람들은 사회로부터 분리됩니다.

이것이 후일 여러 유대 종파가 탄생하는 계기가 됩니다. 유대 종파를 공식처럼 설명할 수도 있겠지만, 이런 맥락을 모른다면 그것은 지식에 불과할 겁니다. 그러나 이런 흐름을 이해한다면 유대 종파는 물론 현대의 다양한 교파들을 보는 또 다른 시선으로도 작용할 수 있을 겁니다.

마카비 전쟁은 신약 시대의 유대인들에게 큰 영향을 남겼습니다. 특히 유다 마카베오가 유대인들을 독려하며 "전쟁의 승리는 군대의 다수에 달린 것이 아니고, 하늘이 내려 주는 힘에 달려 있다"라고 말하는 부분은 눈여겨볼 만합니다. 전력의 열세 속에서도 유대인들은 신앙을 지키기 위해 마카비 전쟁에서 승리하고 예루살렘 성전을 탈환했습니다. 성전을 하나님께 다시 봉헌하며 하누카, 즉 '수전절'을 지켰습니다.

이런 분위기는 신약 성경을 아는 우리에게 참 익숙합니다. 신약 시대의 유대인들 역시 로마의 지배 아래 있었습니다. 그 당시에도 전쟁을 통해 무력으로 로마에서 독립하고자 했던 유대인들이 있었습니다. 그들의 무모한 자신감의 근원은 이 마카비 전쟁으로부터 기인했을 것입니다.

이렇게 보면 예수께서 겟세마네에서 체포되셨을 때, 칼을 빼 들었던 베드로의 만용(蠻勇)도 달리 보입니다. 뒤에서 더 자세히 살펴보겠지만, 겟세마네에 출동했던 병력은 성전 경비대가 아니라 로마 수비대였습니다. 군대 앞에서 칼을 뽑아 드는 것은 일반인이 감히 할 수 있는 행동이 아닙니다. 그런 베드로를 향해 예수께서 하신 "너는 내가 내 아버지께 구하여 지금 열두 군단 더 되는 천사를 보내시게 할 수 없는 줄로 아느냐"(마 26:53)라는 말씀은 당시 유대인들의 생각을 반영한 것입니다. 이렇듯 마카비 전쟁은 예수님 시대에 여러 흔적들을 남겼습니다.

그렇다면 수전절을 통해 예루살렘 성전을 탈환한 이후에는 어떻게 됐을까요? 마카비 전쟁을 앞장서 이끌었던 유다의 하스몬 가문은 일시적 독립을 이루고 유대 권력의 핵심이 되었습니다. 마카비 전쟁을 시작한 마타티아스가 사망하자 그 권력을 다섯 아들이 넘겨받았습니다. 셋째 아들 유다 마카베오는 전쟁을 승리로 이끌었지만 주전 160년에 사망해 버렸고, 권력은 막내아들이었던 요나단이 잡게 됩니다. 그 상황을 대략 정리하면 다음과 같습니다.

	아들들(나이순)	특이사항
마타티아스 (주전 166/5년 사망)	요한(159년 사망)	-
	시몬(142~134년 재위)	하스몬 왕조 시작(대제사장 겸직)
	유다(160년 사망)	마카비 전쟁 승리
	엘르아살(163년 사망)	-
	요나단(160~142년 집권)	대제사장 찬탈(152~142년)

[표4] 하스몬 가문: 유다 마카베오와 형제들

누구보다 야심이 많았던 요나단은 대중들의 지지를 얻기 위해서 아론 계열의 대제사장 알키모스를 살해했습니다. 그러나 사독 계열의 사람들은 이미 알키모스가 대제사장에 오를 때 광야로 나갔습니다. 유대 종교가 경건의 능력을 잃었다고 생각했습니다. 이 무리 중에서 소위 '의(義)의 교사'로 불리는 인물을 중심으로 광야에서 쿰란 공동체를 만듭니다.

대제사장 알키모스가 살해됨으로써 주전 159년부터 152년까지 대제사장 자리는 공석이 됩니다. 이 7년은 하시딤으로부터 분열된 종파들이 형성되기 시작한 기간입니다. 이들로부터 신약 성경에서 자주 접하는 유대 종파들이 등장하게 됩니다.

결국 지방 하급 제사장 가문에 불과했던 하스몬 가문의 요나단은 주전 152년 스스로 대제사장 자리에 오릅니다. 권력을 갖긴 했으나 요나단 역시 정통성은 없었습니다. 사독 계열이 아니었기 때문입니다. 그럼에도 불구하고 그는 10년간 대제사장직을 장악했습니다.

주전 142년에는 하스몬 가문의 시몬이 셀레우코스 세력을 몰아내고 마침내 독립을 쟁취합니다. 수백 년간 외세의 압제를 받아 오던 유대 공동체가 드디어 정치적으로 자유를 얻었습니다. 시몬은 왕위에 오르는 한편 대제사장직도 겸했기에 경건한 유대인들의 지지를 얻지는 못했습니다. 사독 계열의 사람들이 광야에서 돌아오지도 않았습니다. 그러나 종교적인 정통성이 무너졌음에도 하스몬 가문에 의해 독립을 얻었다는 이유로 다수의 유대인들은 시몬에게 열광했습니다.

백칠십일년 이월 이십삼일에 유다인들은 종려나무 가지를 흔들며 환호 소리도 드높게 비파와 꽹과리와 거문고 소리에 맞춰 찬미와 노래를 부르면서 요새 안으로 들어왔다. 민족의 큰 적이 참패를 당하고 이 스라엘 땅 밖으로 쫓겨간 것을 축하하는 것이었다. 1마카 13:51, 공동번역

그(시몬)는 또 산지와 그 밖의 여러 곳에 매복을 두었고, 모든 전략을 총동원하여 빛나는 승리를 거두었고, '대제사장'으로 불리게 되었다. 그는 결국 170년간 마게도니아(셀레우코스)의 지배하에 있던 유대인들 을 해방하였다. 요세푸스, 『유대 전쟁사』 1.2.2.

백성들에 의해 대제사장이 된 시몬은 즉위한 첫 해에 마게도니아(셀 레우코스)인들의 속박에서 유대인들을 해방시켰으며, 그들에게 조공 을 바치지 않아도 된다고 허락했다. 유대인들은 이 같은 자유와 조공 의 면제 특권을 누리게 된 것은 셀레우코스 왕국 창건 후 170년이 지 난 후의 일이었다. 유대 백성들이 시몬을 얼마나 존경하고 좋아했는 지, 개인 상호 간의 계약 문서나 공공 기록에서조차도 '유대인의 은인 이요, 지배자인 시몬의 통치 원년에'라는 표현을 쓰고 있는 것을 보면 능히 짐작할 수가 있다. 요세푸스, 『유대 고대사』 13.6.7.

독립을 쟁취했던 주전 142년은 다시 정식 국가가 탄생하는 순간입 니다. 위의 기록들을 보면 예루살렘에 입성하는 시몬을 향한 유대인 들의 반응이 무척 낯익습니다. 그들이 종려나무 가지를 흔들었을 때 어떤 마음이었을까요? 이것을 헤아려 보면 예수께서 예루살렘에 입 성하셨을 때 유대인들이 종려나무 가지를 흔들었던 이유 역시 짐작이 가게 됩니다. 그들은 믿음이 충만했던 것이 아니라 주전 142년 '근현 대사'의 기억을 재현하고 싶었던 겁니다.

한편 주전 142년에 독립을 얻은 대가로 무엇이 희생되었을까요? 만일 이들이 회복이라는 것을 정치적으로만 생각했다면 어떤 가치를 놓치고 있었을까요?

5. 마카비 전쟁의 평가

마카비 전쟁을 치르던 시기에 '유대교'라는 어휘가 최초로 등장했습니다. 마카베오하 2장 21절에 유대교가 언급되었던 사실을 1강에서 살펴봤습니다. 페르시아 시대 이래로 유대교가 형성되기 시작했지만, 뚜렷한 형태로 등장한 시점이 마카비 전쟁 중이라는 사실은 우리에게 의미를 줍니다. 신앙은 시련과 고통 속에서 확립된다는 점은 동서고금을 막론하고 변하지 않는 사실일 겁니다. 그래서인지 신앙을 가진다고 하더라도 그것이 우리의 삶에 각인되는 것은 시련과 고통이라는 역설을 통해서가 아닐까 하는 생각이 듭니다.

유대인들은 주전 164년 12월에 예루살렘 성전을 탈환했고, 중단되었던 성전 제사도 회복했습니다. 이것이 하누카 축제이고 지금까지 지켜집니다. 신약 성경에도 수전절로 언급됩니다. 그렇지만 학자들에 따르면 수전절은 율법과는 무관한 축제입니다. 성경의 절기들은 율법의 근거를 가집니다. 반면 하누카 같은 축제는 이집트 축제에서도 발견되기 때문입니다.[54]

역사에 만약이라는 것은 없지만, 만약 수전절이 율법을 근거로 한 절기였다면 요나단과 시몬이 감히 대제사장 직분을 차지할 수 있었을까요? 성전을 탈환한 후 율법과 상관없이 이교의 축제와 비슷한 하누카 절기를 지키면서 민중들이 그것을 회복이라고 간주했다면, 하스몬 권력자들이 성직을 찬탈하는 데에도 아무런 저항감이 들지 않았을 겁니다.

이렇듯 종교를 타락하게 만드는 것은 종교인들의 역할 때문입니다. 이교와 동일한 방식이 기독교 용어라는 옷을 입고, 대중들이 열광한다면 거기에 편승하는 종교인들이 나타나는 것은 당연합니다. 하시딤의 경건한 열망이 성전을 탈환한 이후에도 지켜졌다면, 어쩌면 대제사장 직분이 타락하는 결과까지는 오지 않았을지도 모릅니다.

물론 마카비 전쟁 이전부터 사독 계열의 정통성이 성직 매매로 인해 붕괴되었기에 하시딤 운동이 일어났습니다. 또한 메넬라오스나 알키모스처럼 사독 계열이 아닌 인물이 대제사장을 맡거나 하스몬 가문이 스스로 대제사장직에 오른 것에 분노한 무리들이 광야로 나가게 되었습니다. 이런 시대의 변화를 유대인들이 모를 리가 있었을까요?

그렇다면 요한복음에서 굳이 '수전절'(요 10:22)이라는 명칭을 언급하는 것은 이런 맥락이 예수님 시대에도 있었음을 행간에 보여 주는 겁니다. 실제로 수전절이 언급된 본문은 유대 종교 지도자들이 성전에서 예수님을 배척하는 장면이었습니다(요 10:22~39). 주전 142년에 시몬에게 종려나무 가지를 흔드는 유대인들을 보면서, 문득 우리가 자주 내뱉는 기도 제목 혹은 기도 응답, 간증의 근거를 다시 고민하게 됩니다.

요세푸스가 『유대 전쟁사』를 기록할 때 그 시작을 마카비 전쟁부터 다루는 이유가 서서히 이해되실 겁니다. 전쟁에 대한 유대인들의 태도가 마카비 전쟁과 유대 전쟁이 다르지 않기 때문이고, 예수님 시대 항전주의자들의 태도도 이해할 수 있기 때문입니다. 동시에 정치적인 독립을 회복으로 여겼던 사람들이 예수님을 배척했던 이유도 이해됩니다. 예수님의 '회복'은 하나님과 인간 사이의 막힌 담이 제거되고, 하나님 나라가 임하는 것이었기 때문입니다.

이런 유대인들의 이중적인 모습은 주후 313년 밀라노 칙령 이후 기독교에서도 반복됩니다. 밀라노 칙령으로 박해당하던 초대교회가 신앙의 자유를 얻고 제국의 인정을 받게 되면서, 카타콤에서 외치던 회복의 의미를 상실했기 때문입니다.

한편 그토록 열망했던 독립을 얻었지만 여전히 광야에서 회복을 대망하던 사람들로부터 우리의 모습을 성찰하게 됩니다. 그들이 진정으로 바랐던 회복은 무엇일까요? 그걸 깨달으면 예수님과 세례 요한이 왜 광야에서 주의 길을 준비하라고 외쳤는지도 이해할 수 있습니다. 우리 시대의 '광야'는 어디일까요? 적어도 화려함을 드러내며 수전절에 열광하는 공간은 아닐 겁니다. 하나님께서 붙들고 계실 이 시대의 광야를 생각해 봅니다.

6. 마카비와 헨델

부활절이 되면 찬송가 165장 '주님께 영광'이라는 곡을 부릅니다. 작곡자는 〈메시야〉로 유명한 헨델(George Frideric Handel)입니다. 이 찬송은 헨델의 오라토리오 〈보라, 마카베우스가 오는도다〉의 한 부분을 곡조로 붙인 곡입니다.

헨델은 원래 독일 출신으로 하노버의 게오르크 밑에서 일하던 궁정 악장이었습니다. 성공과 명성에 목말랐던 그는 표절을 일삼던 음악가였습니다. 들어 보니 그의 '사라방드'라는 곡은 남의 음악을 거의 베낀 수준이더군요.

유럽을 여행하던 중에 헨델은 영국 런던의 앤 여왕으로부터 성공을 예감합니다. 휴가 중이었던 신분을 버리고, 런던의 악장으로 취직한 헨델은 전성기를 구가하게 됩니다. 〈리날도, 울게 하소서〉라는 곡은 런던에서 메가히트를 기록하며 런던 최초의 교통 체증을 일으킨 곡입니다. 물론 마차들이기는 했지만요.

인생이 언제나 그렇듯 올라갈 때가 있으면 내려올 때도 있습니다. 두 번 다시 안 볼 줄 알았던 독일 하노버의 게오르크를 다시 만나게 될 줄 누가 알았을까요? 앤 여왕이 후사가 없이 죽자, 왕위 계승의 혈통을 가진 게오르크가 영국 국왕으로 런던에 오게 됩니다. 그렇게 영국의 하노버 왕조가 시작됩니다. 독일어 '게오르크'가 영어 '조지'로 변하면서 '조지 1세'가 되는 순간입니다.

휴가 중 약속을 파기하고 런던으로 달아난 헨델에게는 운명의 순간이었습니다. 배반했던 군주를 다시 만나야 했으니까요. 자신의 과오를 만회하기 위해서 조지 1세에게 바쳤던 음악이 〈왕국의 불꽃놀이〉, 〈수상 음악〉 같은 곡들입니다. 후에 하노버 왕조가 스코틀랜드 씨족의 반란을 진압한 사건을 칭송하기 위해서 만든 음악이 바로 〈보라, 마카베우스가 오는도다〉입니다. 마카비 전쟁의 승리 모티브를 당대 사건에 붙였습니다.

사실 이 사건은 씨족 반란을 잉글랜드 군대가 일방적으로 살육한 사건입니다. 영화 〈브레이브 하트〉에 나오는 것처럼 맞대결을 벌였던 상황도 아니었습니다. 지금도 잉글랜드와 스코틀랜드의 인구는 열 배 차이가 납니다. 이 사건을 스코틀랜드 사람들은 학살의 아픔으로 기억하지만, 헨델은 마카비 전쟁으로 영광을 표현했습니다. 만약 스코틀랜드 씨족들이 잉글랜드 군대를 무찔렀다면 더 적절한 모티브가 아니었을까요? 그런데 실제로는 그 반대의 상황을 이 음악으로 표현한 겁니다.

우리가 하나님의 영광, 승리, 성취, 회복이라고 말하는 것들, 그래서 갈망하는 것들 중에 누군가의 눈물과 아픔을 희생한 대가로 얻어야 하는 것은 없을까요? 제 기억 속에도 헨델의 음악과 같은 의도를 설교로, 간증으로, 기도 제목으로 쏟아 내는 것을 들었던 일들이 무척 많습니다. 이런 시대이기에 우리는 광야로, 회복을 대망하는 바로 그곳으로 가야 하는 것입니다.

6강 ─────────────────────────────────────

하시딤의
출현과
유대교의 변화

광야에 있는 쿰란 동굴

세례 요한은 광야에서 주의 길을 예비했습니다. 예수께서는 광야로 나가서 시험을
받으셨습니다. 광야는 어떤 곳일까요? 이사야는 '광야'를 예언했고, 마카비 시대에는
혹독한 시련 속에서 광야로 나가는 무리들이 있었습니다. 계절의 변화가 나무의
나이테를 선명하게 만드는 것처럼, 하나님의 예언과 성취는 광야의 적막함 속에서
흔적을 만들어 나갑니다. 절망의 시간을 보내고 있다면, 그것은 우리의 나이테가
하나 더 늘어나는 시간이 아닐까요.

강의 목표

신약 시대에 등장하는 다양한 유대 종파들이 어떻게 분열되고 형성되었는지 그 과정을 살펴봅니다.

이르되 나는 선지자 이사야의 말과 같이 주의 길을 곧게 하라고 광야에서 외치는 자의 소리로라 하니라 요 1:23

1. 거친 파도의 시작

제2성전을 건립한 이후부터 주전 175년까지 유대 사회는 비교적 평온한 시간을 보냈습니다. 그러나 주전 175년에 안티오코스 4세가 즉위하면서 유대인들은 극심한 핍박을 경험하게 되었습니다. 이른바 '거친 파도'가 밀려온 겁니다. 이 거친 파도는 유대교를 형성시켰고, 그 흔적을 유대 사회에 선명하게 남겼습니다. 그것이 신약 시대까지 이어집니다.

주전 175년 전후로 지중해를 둘러싼 국제 정세가 급변하기 시작합니다. 카르타고를 무찌르고 절대 강자로 부상한 로마가 유대 지역에도 손을 뻗치기 시작했고, 반대편에서는 옛 페르시아 제국의 영토를 회복한 파르티아 왕국이 로마를 향해 접근하고 있었습니다. 그 사이에 낀 셀레우코스의 안티오코스 4세는 살아남아야 했습니다. 그 결단이 바로 헬레니즘 문명으로 국제화를 시도하며 시대의 조류에 발맞추려는 정책이었습니다.[55]

> 그 후 안티오코스 왕은 온 왕국에 영을 내려 모든 사람은 자기 관습을 버리고 한 국민이 되어야 한다고 했다. 1마카 1:41, 공동번역

엄밀히 말해서 안티오코스 4세가 유대교 신앙을 금지했던 것은 그 종교를 말살하려는 의도라기보다 헬레니즘으로 통일하려고 했다는 것이 좀 더 정확한 표현일 겁니다. 하나의 사상으로 사회를 결속시키고, 경제적으로 안정을 꾀하려고 했습니다. 그래서 유대 속주에 이전처럼 자율권을 부여하지 않고, 친셀레우코스 성향의 유대인 엘리트들

을 통해 사회를 변화시키려고 시도합니다.

대표적인 예가 3세기에 프톨레마이오스로부터 세금 징수권을 확보하여 유대 사회의 실세 역할을 했던 토비아스 가문입니다. 이 가문은 프톨레마이오스가 약화되기 시작하자 신속하게 셀레우코스 쪽으로 정치 노선을 옮기면서 여전히 예루살렘의 실세 노릇을 했습니다.

대제사장 가문은 어땠을까요? 5강에서 다룬 대제사장의 변화를 보면 이해가 편합니다. 잠깐 복습하자면 친프톨레마이오스 대제사장이었던 오니아스 3세(주전 204~175)가 있었지만, 셀레우코스 왕조는 그를 폐위시키고 그의 형제이자 열렬한 헬레니스트였던 야손(주전 175~172)을 대제사장에 임명합니다.

둘 다 사독 계열이었지만 이때부터 대제사장직이 외세에 의해 좌지우지되기 시작합니다. 이어서 비사독 계열의 메넬라오스(주전 172~162)가 대제사장에 임명됩니다. 야손에 의해 예루살렘은 그리스 폴리스처럼 변했고, 토비아스 가문의 입맛에 맞는 메넬라오스는 성직매매로 대제사장이 됩니다.

이렇게 유대 사회가 변질되어 갈 때 등장했던 경건한 사람들이 바로 '하시딤'이었습니다. 이들은 하스몬 가문을 중심으로 주전 167년에 마카비 혁명을 일으키고, 주전 164년 12월 25일에 예루살렘 성전을 탈환하여 하누카를 지키게 됩니다. 주전 142년 하스몬 가문의 시몬이 정치적 독립까지 쟁취했지만, 주전 63년 로마의 폼페이우스에 의해 다시 예루살렘이 함락되면서 신약 시대는 로마의 지배하에 놓이게 되었던 겁니다. [56]

주전 175년부터 신약 시대까지 대제사장은 권력의 시녀가 되었습니다. 당연히 하시딤 무리의 반발이 있었지만, 유대의 엘리트들은 예루살렘 외곽에 '다윗의 도시'라는 요새를 만들어서 헬레니즘화의 전초기지로 삼았습니다. 우리로 따지면 조선총독부에 해당됩니다. 그들은 주전 167년부터 제우스 숭배를 강요하며 할례, 율법, 안식일 준수를 금지시켰습니다. 그리고 보면 종교가 변질되는 것은 외부의 문제 때문일까요, 내부의 문제 때문일까요? 교회가 타락하는 것은 외부의 문제 때문일까요, 내부의 문제 때문일까요?

결국 지방 사제였던 마타티아스가 다섯 아들을 데리고 마카비 전쟁을 일으켰습니다. 그의 아들은 요한, 시몬, 유다(마카비), 엘르아살, 요나단이었습니다. 전쟁에 '마카비'라는 이름이 붙은 이유는 이 전쟁에서 가장 큰 역할을 했던 셋째 아들 유다의 별명이 마카베오(망치)였기 때문입니다. 그러니 유대 종교를 비판하며 갈릴리에 나타난 예수께서 요한, 시몬, 유다 같은 제자들을 대동하셨을 때 유대인들은 그분을 어떻게 바라봤을까요?[57]

2. 마카비 전쟁과 대제사장의 변화

마카비 전쟁 당시 대제사장들의 변화를 보면 이 시기 유대 종파가 어떻게 형성이 되었는지가 한눈에 들어옵니다. 앞에서 오니아스 3세, 야손, 메넬라오스, 알키모스로 이어지는 대제사장직의 변화 과정을 살펴보았습니다. 대제사장의 정통성이 상실되고, 품격이 변질되면서 경건을 추구하는 하시딤이 출현했지요. 마카베오상에는 이렇게 언급됩니다.

40"만일 우리 모두가 이미 죽어간 형제들을 본받아, 우리의 관습과 규칙을 지키느라고 이방인들과 싸우지 않기로 한다면 멀지 않아 그들은 우리를 이 지상에서 몰살시키고 말 것이다." 41그 날, 그들은 다음과 같이 결의했다. "우리를 공격하는 자가 있으면 안식일이라도 맞서서 싸우자. 그래야만 피신처에서 죽어간 우리 형제들처럼 몰살당하는 일이 없을 것이다." 42그러자 일부 하시딤 사람들이 모여와서 그들과 합세했다. 그들은 용감한 사람들이었고 모두 경건하게 율법을 지키는 사람들이었다. 1마카 2:40~42, 공동번역

앞서 언급했던 것처럼 하시딤은 '경건한 자'라는 의미로서, 구약 성경으로부터 그 개념이 유래되었습니다. 조상으로부터 내려온 토라를 엄격하게 지키는 자들을 의미합니다(1마카 2:27). 이들은 주전 175년 변질되는 유대교에 반발해서 출현했고, 무엇보다 조상으로부터 내려온 경건을 지키려고 했습니다.

이 하시딤은 하나의 종파라기보다는 경건을 열망하며 나타난 무리였습니다. 이들은 후에 등장하는 여러 종파의 모태가 됩니다.58) 그래서 위의 구절을 보면 '일부 하시딤'이라는 문구에 주목해야 합니다. 그들 중 마카비 전쟁에 가담한 무리들이 있고, 그렇지 않은 무리도 있기 때문입니다.

마카비 전쟁이 일어났을 때 셀레우코스는 이에 맞설 경제적, 정치적 여력이 없었습니다. 인접국 로마와 파르티아 세력이 팽창하고 있었기 때문입니다. 그래서 유대인들이 하누카를 기념하는 선에서 전쟁을 마무리하려고 했습니다. 주전 162년 메넬라오스 후임으로 알키모스를 대제사장직에 앉히려고 했던 겁니다.

연대(주전)	대제사장	출신	정치 이슈
204~175년	오니아스 3세	사독	안티오코스 3세(222~187년)
			파네이온 전투(200년, 셀레우코스 지배)
			셀레우코스 4세(187~175년)
175~172년	야손	사독	안티오코스 4세(175~163년) 하시딤 출현
172~162년	메넬라오스	비사독	마카비 전쟁(167~164년)
162~159년	알키모스	아론	요나단이 알키모스를 살해
159~152년	대제사장 공석 (종파 분열)	-	셀레우코스의 내분 심화 (안티오코스 5세, 데메트리우스 1세, 알렉산더
152~142년	요나단	하스몬	발라스, 데메트리우스 2세 등)
142~134년	시몬	하스몬	유대의 정치적 독립
134~104년	요한 히르카누스 1세	하스몬	사마리아 점령, 그리심 성전 파괴(129년) 주변 지역 점령 후 할례 강요(107년)

[표5] 마카비 전쟁과 대제사장의 변화

알키모스가 사독 계열이 아니라 아론 계열이었기 때문에 유대인들의 반응은 엇갈렸습니다. 마카비 전쟁이 끝났으니 이 정도로 마무리하자는 사람들이 있던 반면, 끝까지 사독 계열의 대제사장을 세워서 정통성을 회복해야 한다는 사람들도 있었습니다. 이때 셀레우코스는 안티오코스 4세가 죽고, 왕위 계승의 문제로 내분에 빠졌습니다. 마카베오서는 당시 셀레우코스의 권력을 노리던 데메트리우스(Demetrius)와 대제사장 알키모스에 대해 이렇게 기록합니다.

5데메드리오(데메트리우스)가 알키모스를 의회에 초청하여 유다인들의 태도와 계획에 관해 물었을 때에 알키모스는 자기의 무모한 계획을 성취할 좋은 기회가 왔다고 생각하여 다음과 같이 대답하였다. 6"유다 마카베오가 이끄는 하시디(하시딤)인이라는 유다인들은 전쟁을 일삼고 폭동을 일으키며 국가의 안녕 질서를 교란하고 있습니다. 7그렇기 때문에 나도 내 조상 때부터 내려오는 영예, 즉 대사제직을 빼앗기고 이렇게 찾아왔습니다." 2마카 14:5~7, 공동번역

이는 162년 알키모스와 데메트리우스의 정치적 관계를 보여 줍니다. 뒤에서 살펴보겠지만, 이 대화에서 '하시딤인이라는 유다인'이라는 언급은 하시딤의 일부가 마카비 전쟁에 합류했다는 의미입니다.[59] 이런 입장의 차이들은 나중에 어떤 결과로 이어졌을까요? 예루살렘을 탈환한 이후에 유대 사회의 지형을 어떻게 바꾸어 놓았을까요?

3. 하시딤과 하스몬 가문의 분열

마카비 전쟁을 승리로 이끌 수 있었던 비결은 하시딤 그룹이 합세함으로써 유대인들에게 전쟁의 명분을 제공했기 때문입니다. 하스몬 가문이 로마 원로원과 외교적인 관계를 맺어 정치적으로 셀레우코스에게 압박을 가한 것도 있지만, 보다 실제적으로 유대인들을 전쟁에 가담시킨 원동력은 하시딤이 제공한 '경건'에 있었습니다.

셀레우코스는 알키모스라는 협상 카드를 제안합니다. 이 제안이 하시딤의 분열을 가져왔습니다. 알키모스가 사독 계열이 아니었기 때문입니다. 하스몬 가문과 일부 하시딤은 이 제안을 받아들였지만, 하시딤 그룹의 다른 무리들은 이 제안을 거부하고 의의 교사라는 사독

계열의 인물을 필두로 광야로 나갔습니다. 바로 이들이 유대 역사에 등장하는 쿰란 공동체입니다.

유대 분파 중 하나인 에세네파와 쿰란 공동체가 같은 그룹일까요? 여전히 학자들 사이에서는 논쟁이 있습니다. 앞으로 더 자세히 살펴보겠지만 에세네파가 넓은 의미의 '분파' 개념이라면, 쿰란 공동체는 사해 옆에 있었던 '지역' 개념으로 보면 좋을 것 같습니다.[60]

광야로 나가는 무리가 있었다는 것은 유대인들 사이에서도 정통성을 갈망한 이들이 있었다고 볼 수 있습니다. 결국 주전 159년 하스몬 가문의 요나단이 대중들의 지지를 얻기 위해 알키모스를 살해했습니다. 주전 159~152년 사이에 유대 역사에서는 대제사장이 공석이 되는 사상 초유의 사태가 벌어집니다. 이 7년 동안 우리가 아는 바리새파, 사두개파, 에세네파 같은 유대 분파들이 형성되기 시작합니다.

주전 152년부터는 요나단이 대제사장을 겸직했고, 그가 죽자 형제 시몬이 그 자리를 계승한 후 주전 142년에 독립을 쟁취했습니다. 정치적 독립이 해결되자 유대인들에게 종교의 정통성은 부차적 문제가 되었습니다. 대제사장은 권력의 시녀가 되고 말았습니다. 광야의 에세네파와 기존 종교는 분리되었고, 이런 구도는 예수께서 오실 때까지 유지되었습니다.

이번 강의를 시작하며 세례 요한이 '광야에서 외치는 자의 소리'라고 증언하는 구절을 읽었습니다. 세례 요한은 광야에서 주의 길을 예비했고, 예수께서는 광야에서 시험을 받으셨습니다. 유대인들에게 광야는 단순한 지역을 의미하지 않습니다. 하나님의 회복에 대한 약속이 이루어지는 공간입니다.

종교가 변질되어 인간의 눈으로 보기에는 절망적인 상황이어도 하나님께서 선지자들에게 약속하신 계획은 진행되고 있었습니다. 우리는 신약에서 그 예언의 성취를 확인하게 됩니다. 이것이 하나님의 신실하심입니다. 비록 우리 눈에는 모든 것이 단절된 것처럼 보여도 결국 하나님의 약속은 이루어질 것이고, 하나님의 계획은 꾸준히 진행되고 있었습니다.

4. 회복의 의미

마카비 전쟁과 대제사장직의 변화, 정치적 독립, 유대 종파의 분리에 대해 조망해 보았습니다. 오랜 기간 던졌던 회복에 대한 질문을 당시 유대인들이 어떻게 받아들였는지도 보았습니다. 수백 년 만에 나라가 정치적으로 독립한 사건은 얼마나 감격이었을까요? 그 독립을 얻기까지 목숨을 건 하시딤의 저항이 있었습니다.

그러나 정치적 독립을 얻었을 때 하시딤의 일부 사람들과 정통성을 유지해 왔던 사독 계열이 광야로 나갔다는 점은 충격처럼 다가옵니다. 에세네파가 '독립의 잔치'에서 멀어졌다면, 혹은 배제되었다면 이런 역사를 조망하는 우리는 이런 고민이 들 수밖에 없습니다.

'하나님이 의도하신 회복은 정치적인 독립인가, 아니면 그분과 동행하는 것인가? 에스라-느헤미야 시대로부터 이어진 회복의 흐름은 어떤 사람들에게 이어져 왔는가?'

분명 유대 사회는 정치적으로 더 나은 현실이 도래했지만, 신앙적으로는 경건이 변질되어 가는 것에 대해 무감각해졌습니다. 이것이 예수님의 시대까지 연장되고, 권력의 하수인들이 예수님을 죽이려고 하는 원인이 됨을 잘 알고 있습니다. '독사의 자식들'(마 12:34)이라고 저주하셨던 예수님의 음성이 지금 우리에게도 메아리가 되어 현실 속에서 울립니다. 문명의 이기 속에서 경건의 능력은 상실한 채 경건의 모양만 갖춰 가는 우리를 향한 경고일지도 모릅니다.

5. 한 걸음 더: 신구약 중간기의 사마리아인

마카비 시대를 정리하면서 빼놓지 말아야 할 부분이 사마리아 사람에 관한 이야기입니다. 신약 시대에 유대인들에게 멸시당했던 사마리아 사람은 어떻게 탄생하게 되었는지 그 역사를 간략히 살펴보겠습니다.

사마리아 성전을 약탈하는 아시리아 병사, 대영박물관

(1) 아시리아 시대

솔로몬 사후, 이스라엘은 사마리아를 중심으로 하는 북왕국과 예루살렘을 중심으로 하는 남왕국으로 갈라졌습니다. 아시리아는 주전 722년에 북이스라엘을 완전히 멸망시켰습니다. 이때 북이스라엘의 수도 사마리아도 함락되어 파괴되었습니다. 아시리아 병사들이 사마리아 성전의 신상(神像)들을 약탈하는 장면을 보면 얼마나 우상 숭배가 심했는지 알 수 있습니다.

아시리아의 왕 에살핫돈(Esarhaddon)은 북이스라엘 사람들에게 강제 혼합 정책을 펼쳤습니다. 피지배 민족들을 섞어서 정체성을 흐리게 만들면 결집해서 반란을 일으킬 일이 적기 때문입니다. 그래서 많은 북이스라엘 사람들을 아시리아 제국의 다른 곳으로 이주시켰고, 또 다른 민족들을 사마리아로 이주시켰습니다. 그 결과 남유다가 바벨론에 의해 함락될 무렵인 주전 586년에는 이미 북이스라엘의 정체성이 상당히 흐려졌습니다.

(2) 페르시아 시대

유대인들이 바벨론에 포로로 잡혀간 뒤, 유대 땅은 사마리아 속주에 편입되었습니다. 그런 까닭에 유대인들이 포로지에서 귀환하여 제2성전을 건립하려고 했을 때, 사마리아 사람들이 강하게 반대했습니다. 사마리아를 중심으로 속주가 이루어졌는데, 예루살렘에 성전을 건립하면 지역의 구심점이 나뉘기 때문입니다. 그렇지만 하나님께서는 스룹바벨을 통해 제2성전을 건립하게 하셨고, 에스라와 느헤미야를 통해 유대인들의 정체성을 세우셨습니다. 이 과정에서 유대인과 사마리아 사람들은 완전히 분리되었습니다.

(3) 알렉산드로스 시대

페르시아 시대 이후 알렉산드로스가 팔레스타인을 지배할 때 사마리아 사람들은 세겜(그리심 산)을 수도로 삼았습니다. 요한복음 4장의 배경으로 예수께서 수가 성 여인과 대화를 나누셨던 곳입니다. 예수께서 "이 산에서도 말고 예루살렘에서도 말고"라고 하셨을 때, 그 산이 그리심 산이었습니다. 아래의 기록은 알렉산드로스가 당시 사마리아 사람들에게 질문하는 장면입니다. 이를 통해 그들의 정체성이 얼마나 혼잡했는지를 알 수 있습니다.

> 알렉산더(알렉산드로스)는 그들은 도대체 누구길래 자신들도 유대인들처럼 대우해 주기를 간청하는지 물었다. 그러자 그들은 자기들은 히브리인들(the Hebrews)인데, 시돈인(Sidonians)들이라고 불린다고 대답했다. 알렉산더는 또다시 그들이 유대인(the Jews)이냐고 물었다. 그들이 자기들은 유대인이 아니라고 대답하자 그는 이렇게 말했다. "내가 그런 면세 특권을 준 것은 유대인들뿐이다. 그러므로 내가 다시 돌아올 때, 이 일에 대해 철저히 알아본 후에 내 생각에 옳은 대로 할 것이다." 요세푸스, 『유대 고대사』 11.8.6.

여기서 보듯이 이미 사마리아 사람들은 유대인들과는 구별된 사람들로 변해 있었습니다. 이들에게 북이스라엘 열 지파의 개념은 사라졌습니다. 도리어 시돈(페니키아)인들의 지배를 받던 이방인이었습니다.

(4) 마카비 시대

셀레우코스 왕가가 팔레스타인의 지배권을 확보한 뒤, 안티오코스 4세는 예루살렘에 헬레니즘을 강요합니다. 당시의 사마리아 사람들은 이렇게 언급됩니다.

> 1그 후 얼마 안 되어 안티오쿠스 왕은 아테네의 원로 한 사람을 유다인에게 보내어 그들에게 조상 때부터 내려오는 율법을 버리고 하느님의 율법을 따르는 생활 규범을 버리라고 강요하였다. 2그리고 예루살렘의 성전을 더럽히고 그 성전을 올림피아의 제우스 신에게 봉헌하게 하고 그리짐(그리심) 산의 성소는 그 지방 사람의 소원대로 나그네의 수호신인 제우스에게 봉헌하게 하였다. 2마카 6:1~2, 공동번역

여기서도 확인할 수 있는 것은 헬레니즘의 파도가 밀려들자 예루살렘에서는 저항이 일어났지만, 그리심 산에서는 제우스에게 봉헌하는 것을 기꺼이 감당했다는 사실입니다. 사마리아 지역은 이미 혼합된 종교관을 가지고 있었던 것을 알 수 있습니다.

(5) 하스몬 시대

주전 142년 마카비 가문의 시몬이 정치적 독립을 쟁취한 후 하스몬 왕조가 시작되었습니다. 주전 134~104년에 왕위에 있었던 요한 히르카누스 1세는 사마리아 지역을 점령한 후 강제로 할례를 받게 했습니다. 요세푸스는 그 사건을 이렇게 기록합니다.

> 사마리아 사람들은, 알렉산더가 대제사장 야두아(Jaddua)의 사위가 되는 마낫세(Manasseh)를 위해 군대 장관 산발랏(Sanballat)을 시켜서 예루살렘의 성전을 본떠서 그리심 산에 세운 성전 주위에 살고 있었다. 히

르카누스는 이들에게 할례를 행하게 하고, 유대 율법을 지키는 것을 조건으로 사마리아에서 살게 했다. 이에 사마리아 사람들은 조상의 뼈가 묻힌 고향을 떠나가기 싫었기 때문에 할례를 받았으며, 유대인의 삶의 방식을 따랐다. 요세푸스, 『유대 고대사』 13.9.1.

이 부분을 보며 안타까움을 느낍니다. 주전 167년 안티오코스 4세가 헬레니즘을 강요하자 저항했던 사람들이 반세기 후 사마리아 사람들에게 똑같은 짓을 되풀이했기 때문입니다. 거룩한 목적이라면 무엇이든 용납되는 것일까요? 이것을 어떻게 받아들일 수 있을까요?

누가복음 9장에는 하늘에서 불이 떨어져 사마리아 사람들이 불타기를 바랐던 제자들의 마음이 언급되어 있습니다. 또 마가복음 7장에 나오는 수로보니게(페니키아) 여인을 개처럼 취급하는 표현도 당시 유대인들이 얼마나 사마리아 사람들을 혐오했는지 엿볼 수 있는 대목입니다.

이런 역사를 헤아려 본다면 신약 시대의 사마리아 사람들을 이해할 수 있습니다. 예수께서는 사마리아 여인에게 그리심 산에서도 말고, 예루살렘에서도 말고, 아버지께 영과 진리로 예배를 드려야 한다고 말씀하셨습니다. 그 말씀의 본질은 '선한 사마리아인'의 비유에 담겨 있습니다.

(6) 신약 시대

이렇게 이스라엘의 열두 지파 중 열 지파가 소멸되었고, 유다 지파와 베냐민 지파만이 명맥을 유지하게 되었습니다. 이런 상황을 헤아리면 바울의 자기 고백이 예사롭지 않습니다.

4그러나 나도 육체를 신뢰할 만하며 만일 누구든지 다른 이가 육체를 신뢰할 것이 있는 줄로 생각하면 나는 더욱 그러하리니 5나는 팔일 만에 할례를 받고 이스라엘 족속이요 베냐민 지파요 히브리인 중의 히브리인이요 율법으로는 바리새인이요 빌 3:4-5

바울은 자신이 참된 이스라엘 사람임을 이렇게 강조했습니다. 여기서 구약으로부터 이어지는 회복의 관념을 엿볼 수 있습니다. 빌립보서 3장의 맥락은 바울이 자기 조건을 자랑하는 것이 아니라 진정한 회복, 곧 진정한 이스라엘이 예수 그리스도를 통해 완성된다는 것을 표현하려는 의도가 있음을 보여 줍니다. 다음 구절은 그 회복을 분명하게 보여 줍니다.

말씀이 육신이 되어 우리 가운데 거하시매(장막을 치시매) 우리가 그의 영광을 보니 아버지의 독생자의 영광이요 은혜와 진리가 충만하더라 요 1:14

사도 요한은 말씀이 우리 가운데 '장막을 치셨다'고 말합니다. 하나님이 우리 속에서 자신의 임재를 드러내십니다. 그리스도인들이 진정으로 위대한 이유는 바로 여기에 있습니다.

7강

에세네파와
쿰란 공동체

그리스-로마 시대의 연극배우들, 대영박물관

그리스 사람들은 연극에 열광했습니다.
많은 극작가들이 활동했고, 그 작품들은
지금까지 회자되는 고전이 되었습니다.
'연극을 하다'라는 말을 예수님께서도 여러 번
말씀하셨습니다. '위선', '외식하다'라는 말이
'연극하다'의 의미입니다. 과연 유대 종교인들은
모두 위선자들일까요? 마태복음 5장에서는
실제로 바리새인들이 가장 의로운 자들로
평가되었습니다. 종교인들을 향한 예수님의
의도는 무엇일까요? 이를 살펴보기 위해서
우리는 광야에 대해 알아보아야 합니다.

강의 목표

광야에서 형성된 무리들로부터 에세네파가 어떻게 등장했는지 그 기원을 살펴봅니다.

외치는 자의 소리여 이르되 너희는 광야에서 여호와의 길을 예비하라 사막에서 우리 하나님의 대로를 평탄하게 하라 사 40:3

1. 유대 종파의 분열

신약 시대 유대교에는 세 개의 주요 종파가 있었습니다. 에세네파, 사두개파, 바리새파입니다. 이것은 서로 다른 '유대교들'이 아니라 유대교라는 공통분모에서 파생된 '종파들'입니다. 이들이 공유하는 것은 페르시아 시대 이후에 확립된 성전과 율법입니다. 요세푸스는 유대교를 변호하면서, 유대인들에게도 그리스처럼 철학이 있었음을 다음과 같이 소개합니다.

> 유대인들은 오랜 세월 동안 그들 나름대로의 독특한 3개의 철학 종파를 가지고 있었다. 즉 에세네파, 사두개파, 바리새파의 세 종파가 있었다. 요세푸스, 『유대 고대사』 18.1.2.

요세푸스는 오랜 세월 유대 사회에 세 개의 종파가 있었다고 기록하지만, 사실 종파 자체가 페르시아 때부터 등장한 것은 아닙니다. 마카비 전쟁 무렵에 대제사장 직분이 변질되면서 분파들이 나뉘기 시작했습니다. 대제사장이 공석이던 주전 159~152년에 유대 종교의 정통성을 갈망하며 광야로 나간 무리들이 있었고, 권력 주변에서 맴돌던 무리들도 있었습니다.

주전 152년경 사독 계열의 하시딤들은 하스몬 가문의 요나단을 변절한 대제사장으로 여겼습니다. 이들이 의의 교사를 중심으로 광야로 나가 '에세네파'를 이룹니다. 반면 하스몬 가문에 잔류했던 제사장과 주변의 엘리트들은 '사두개파'가 되었습니다.

'바리새파'는 이 둘과는 다른 자리에 토대를 둡니다. 바리새는 히브리어 파루쉼(구별)에서 유래된 명칭인데, 불의함으로부터 정결하게 구별된다는 의미입니다. 이들은 민중들 속에서 영향력이 큰 집단으로 자리매김을 하게 됩니다.[61]

세 종파의 배경과 특징을 요세푸스의 저작만큼 풍부하게 설명해 주는 사료도 없습니다. 유대인들은 그를 변절한 역사가로 인식하며 그 기록을 신뢰하지 않았지만, 1948년 무렵 사해 사본이 발견되어 그의 기록과 대조하게 되면서 그 역사성이 입증되었고, 그 이후 고고학계에서 요세푸스의 작품은 필수 요소가 되었습니다.[62] 그렇다면 요세푸스는 세 종파 중 에세네파를 어떻게 설명하고 있을까요?

2. 에세네파의 출현

에세네파는 하시딤 그룹 중에서도 경건의 순수성을 지키기 위해 광야로 향했던 '남은 하시딤'이었습니다. 요세푸스의 저작과 당대 문헌들을 보면, 에세네파가 바랐던 회복의 중심에 하나님에 대한 경건과 이웃에 대한 정의가 있음을 알 수 있습니다.

하시딤은 '경건한 자들'이라는 의미인데, 이 명칭의 그리스어 '아사이노이' 혹은 '에세노이'에서 '에세네'라는 명칭이 파생되었습니다.[63] 이들은 대제사장 공백기였던 주전 159~152년경에 형성되었을 가능성이 큽니다. 사독 계열의 제사장 중에서 의의 교사가 중심이 되어 쿰란에서 형성된 공동체를 쿰란 공동체, 더 크게는 에세네파라고 부를 수 있겠습니다. 명칭의 유래를 살펴보더라도 하시딤과 에세네파는 밀접하게 관련되어 있음을 알 수 있습니다.

9왕(데메트리우스)은 이스라엘 민족의 배반자 알키모스를 대사제로 임명하여 바키데스와 함께 보내며 이스라엘 사람들에게 복수하라고 명령하였다. 10이렇게 하여 그들은 대군을 이끌고 출발하여 유다 땅에 도착하였다. 바키데스는 유다와 그 형제들에게 평화의 사절을 보냈다. 그러나 그것은 속임수였다. 11유다와 그의 형제들은 적이 대군을 이끌고 오는 것을 보고 그들의 평화 제안을 믿지 않았다. 12그러나 율법학자단(율법학자들의 한 그룹)은 알키모스와 바키데스에게 가서 일을 공정하게 처리해 달라고 요구했다. 13이스라엘 쪽에서 처음으로 화평을 제의한 사람들은 하시딤(그 하시딤)이라고 하는 경건파 사람들이었다. 14그들은, "아론의 후예 한 사람이 사제로 군대와 함께 와 있습니다. 그러니 우리에게 아무런 해도 끼치지 않을 것입니다." 하고 말하였던 것이다. 1마카 7:9~14, 공동번역

안티오코스 4세가 죽은 뒤, 데메트리우스와 알렉산더 발라스(Alexander Balas)는 셀레우코스 왕권을 놓고 대립합니다. 이때 율법학자단(율법학자들의 한 그룹)은 데메트리우스와 결탁해서 알키모스를 대제사장으로 임명하는 것에 동의했습니다. 바로 이 사람들(그 하시딤)이 바리새인들의 시초가 되었습니다.

반면 하스몬 가문의 요나단은 알렉산더 발라스와 공모를 하고 있었습니다. 그는 주전 159년 알키모스를 살해하여 대중적인 지지를 얻으려고 했습니다. 이때 요나단 편에 섰던 제사장 그룹은 사두개파를 형성했습니다. 그리고 이런 현실을 받아들이지 못한 그룹은 광야로 나가게 되는데 이들이 에세네파였습니다. [64]

3. 에세네파의 가르침

페르시아 시대 이후 유대 사회에 유대교가 형성되기 시작했습니다. 이때가 주전 5세기에 해당됩니다. 같은 시기에 그리스에서는 철학자들이 등장했고, 주전 4세기에 이르러 플라톤이나 아리스토텔레스 같은 인물들도 나타났습니다. 알렉산드로스가 열어젖힌 헬레니즘 시대를 거쳐, 주전 2세기 지중해의 다른 자리에 위치한 유대 사회에서는 에세네파, 사두개파, 바리새파 같은 종파들이 형성되었습니다.

이를 다른 나라 사람들이 본다면 유대 철학의 분파들로 보일 겁니다. 요세푸스는 유대교를 그리스 철학에 비유하면서 그들의 종교를 그리스에 필적할 만한 수준으로 격상시킵니다. 그는 신의 섭리를 부인했던 사두개파를 에피쿠로스 학파에 비유했고, 바리새파를 스토아 학파에, 에세네파를 신비주의 종파였던 피타고라스 학파에 비유했습니다. [65]

실제로 유대 종파들은 그렇게 면모를 갖추어 나갔습니다. 특히 초기 에세네파의 중심이었던 의의 교사가 스스로에게 붙인 명칭은 '하야하드(the community)'였습니다. 즉 이들은 스스로를 '바로 그 (이스라엘) 공동체'라고 불렀습니다. [66] 신구약 중간기의 중심 질문을 다시 떠올려 봅시다.

(1) 하나님은 여전히 존재하시는가?
(2) 우리는 여전히 하나님의 백성인가?
(3) 우리에게 필요한 회복은 무엇인가?

에세네파는 자신을 율법의 정통성을 지키며 시내 산 언약을 계승하는 공동체라고 생각했습니다. 선지자들로부터 이어진 하나님의 백성이라고 믿었던 겁니다. 특히 그들은 미래에 반드시 종말이 있으며 그 직전에 구원이 이루어질 것이라고, 자신들이 하나님의 참된 이스라엘 백성이라고 믿었습니다. 그래서 이들로부터 나타난 것이 임박한 종말 사상이었습니다.

(1) 묵시 사상

유대의 묵시 사상은 에세네파로부터 시작됩니다. 이들에게 근거가 된 것은 네 제국의 환상이 기록되어 있는 다니엘서입니다. 그들은 다니엘의 환상 속 세 번째 제국(그리스)이 몰락하고, 네 번째 제국(로마)이 등장하는 것을 눈여겨보았습니다. 실제로 에세네파가 등장하던 시기는 알렉산드로스가 세운 제국이 그의 후계자들에 의해 쪼개지고, 동시에 급부상하는 로마에게 위협을 받고 있었던 시기였으니 이 예언의 성취가 임박한 것처럼 보였을 겁니다.

역사가 요세푸스도 이를 알고 있었습니다. 그 이유는 다니엘 9장 24~27절에 소개된 '70이레'의 예언 때문입니다. 복잡하지만 간추려 설명하자면, 당시 일부 유대인들은 제2성전이 건립되고, 느헤미야에 의해 성벽이 중건된 이후 490년(70년×7년=70×이레)이 지나면 종말과 심판이 있고, 메시야가 도래하리라는 믿음을 갖고 있었습니다. 요세푸스는 이 당시 많은 이들이 다니엘의 예언을 알고 있었고, 그 시대의 변화에 주목하고 있었다고 기록합니다.

놀랍게도 결국 우리 나라는 다니엘의 환상대로 안티오코스 에피파네스(4세)에 의해 이런 일들을 당하게 된다. 더욱이 놀라지 않을 수 없는 것은 이 일들이 실제로 발생하기 훨씬 전에 다니엘이 이것을 예언하고 글로 남겼다는 점이다. 다니엘은 이 밖에도 우리 나라가 로마 정부에 의해 폐허가 될 것이라는 점도 예언하였다. 요세푸스, 『유대 고대사』 10.11.7.

다니엘서를 읽은 사람이라면 누구나 그 뒤에 어떤 예언이 따라오는지 알 겁니다. 돌덩이가 네 번째 제국을 부서뜨리는 이야기입니다. 그렇지만 요세푸스가 『유대 고대사』를 기록하던 주후 90년대는 로마가 극강의 세력을 갖추고 있었던 팍스 로마나(Pax Romana) 시대였습니다. 유대 사회는 이미 주후 70년 로마에 대항하다가 멸망당했기 때문에 굳이 로마의 심기를 건드릴 필요가 없었습니다. 그래서 그는 이렇게 얼버무립니다.

다니엘은 돌의 의미를 왕에게 설명해 주었으나 나는 과거와 현재의 일만 기술하는 것이 임무일 뿐 미래의 일에 대해서는 이야기할 필요가 없으므로 이에 대해서는 언급하지 않도록 하겠다. 요세푸스, 『유대 고대사』 10.10.4.

이런 시기였기에 에세네파는 임박한 종말을 믿었고, 구약의 율법 연구에 매진하면서 많은 주석서를 남겼습니다.

하나님께서 인간으로 하여금 이 땅을 지배하게 창조하셨고, 두 영을 규정하여 그에게 나누어 주셨으니, 그분께서 예정된 날에 심판하러 오실 때까지 그 안에서 거닐게 된다. 이것은 진리의 영과 악마의 영을 두고 하는 말이다. 빛의 샘에는 진리의 근원이 있으나 어둠의 샘으로부터는 악마의 근원이 유래한다. 1QS 3:18~19

1QS는 쿰란 공동체의 문서로서 '공동체 규율서'에 해당됩니다. 이 기록을 보면 에세네파는 이 세상은 종말이 있을 때까지 빛과 어둠의 투쟁이라고 생각했습니다. 빛과 어둠의 투쟁은 앞서 살펴본 페르시아 종교의 기본 축입니다. 에세네파 사람들은 자신들만 종말의 심판으로부터 살아남을 수 있기 때문에 에세네파에 가입하여 하나님의 뜻에 합당한 온전한 삶을 살며, 천사들과 함께 하늘의 예배에 참여해야 구원을 받을 수 있다고 가르쳤습니다.

(2) 예정론[67]

요세푸스는 유대 종파 중에서 에세네파를 가장 모범적인 종파라고 생각했습니다. 그들이 하나님의 섭리와 예정을 철저히 믿었다고 보았기 때문입니다.

에세네파는 만물이 하나님께 기인한다고 믿었다. 그들은 영혼의 불멸을 가르쳤으며, 의(義)의 보상을 받기 위해 끊임없이 노력해야 한다고 생각했다. 그들은 하나님께 바친 것을 성전에 보낼 때에는 제사를 드리지 않았다. 왜냐하면 그들은 그들 나름대로의 더 순결한 정결 예식이 있기 때문이었다. 이런 까닭으로 그들은 성전에서 격리되어 스스로 제사를 드렸다. 그러나 에네세파의 삶은 다른 이들보다 더 나았다. 그들은 의를 추구하는 데 있어서는 덕(virtue)을 추구하는 어떤 이들보다 뛰어났다는 점은 우리의 칭송을 받아 마땅하다. 헬라인, 야만 인을 막론하고, 앞으로도 상당 기간은 그들을 따라갈 만한 자들은 결 코 나타나지 않을 것이다. 이것은 모든 것을 공유하는 그들의 제도를 볼 때 분명해진다. 그들은 모든 재산을 공유하기 때문에 아무리 큰 부 자라 하더라도 아무 것도 가지지 않은 무일푼의 사람보다 더 자기의 재산을 가지고 즐길 수 없었다. 요세푸스, 『유대 고대사』, 18.5.18.

바리새파나 사두개파와 에세네파의 결정적 차이는 예정론입니다. 사두개인들은 예정과 섭리를 믿지 않았고, 바리새인들은 혼합된 형태 를 취했기 때문입니다. 에세네파 사람들은 최후의 승리는 하나님의 예정이라고 믿었습니다. 이것이 세상을 보는 그들의 관점입니다. 공 동체 규율서의 다른 부분도 이것을 증언합니다.

빛의 길(선인)과 그 반대의 어둠의 길(악인)이 있다. 종말의 때에 심판을 통해 어둠의 자녀들을 심판하고 선인들이 승리한다. 1QS 4:15~20

에세네파의 예정론은 다른 유대인들에게도 큰 영향을 미쳤습니 다. 특히 이들의 영혼 불멸, 내세, 섭리, 예정에 대한 이해는 유대교 신 앙의 기준이 되었습니다(『유대 고대사』, 16.11.8.). 에세네파는 광야에서 머 물렀지만, 그들의 신앙은 유대 사회에 상당한 영향을 미친 것입니다.

(3) 예배
에세네파는 변절한 대제사장으로 인해서 악의 세력이 절정에 달 한 시대에 살고 있다고 생각했습니다. 그들은 예루살렘 성전이 불법적인 대제사장에 의해 더럽혀졌다고 믿어서 예루살렘 성전 제사에 참여하기를 거부했습니다.

그들은 자신들의 공동체를 성전으로 이해했고, 공동체에서는 동물의 희생 제물도 드리지 않았습니다. 그 대신 입술의 제물인 기도와 찬양에 전념했습니다. 또한 그들이 공동체에서 예배를 드릴 때, 영적인 존재(천사)들과 함께한다고 믿었습니다. 에세네파의 성전 개념은 신약에서 말하는 성전의 의미와 유사합니다.

> 범죄의 죄와 불순종의 죄를 속죄하기 위해, 번제의 살코기나 희생 제의의 기름보다 나은 이 땅을 위한 열망을 위해, 규정에 따라 입술로 드리는 제사는 정의의 향내와 같으며, 온전한 삶은 흡족하고 자유로운 선물과 같다. 1QS 9:4~5

에세네파의 예배 형태를 통해서 가시적인 건물 성전과 제의를 거부하고, 신앙을 영적으로 승화시키는 과정을 볼 수 있습니다. 이것은 기독교의 예배와 상당히 유사한 형태를 보이고 있습니다.

(4) 공동체

요세푸스는 유대교의 표준이 하나님을 향한 경건과 이웃을 향한 정의라고 생각했습니다(『유대 고대사』, 16.2.3.). 유대 종교인들과 예수께서 논쟁을 하실 때, 율법을 새롭게 정의하신 대목이 연상됩니다. 에세네파 공동체는 스스로를 '바로 그 이스라엘 공동체'라고 생각했고, 이들은 신약의 교회 모습과 상당히 비슷합니다.

에세네파는 입교를 원하는 기간 동안 성실성을 입증받으면 공동체에 들어올 수 있고, 정화의 세례 의식에 참여할 수 있다. 새로운 회원은 공동 식사에 참여하기 전에 먼저 중대한 맹세를 해야만 한다. 그는 하나님을 경외하고, 또 인간에 대한 정의를 준행한다는 서약을 해야 한다. 요세푸스, 『유대 전쟁사』 2.8.7.

이런 요세푸스의 기록은 쿰란 공동체의 공동체 규율서에도 동일하게 언급되어 있습니다.

온 마음과 온 생명을 다하여 하나님을 찾고, 그분이 보시기에 선한 것과 바른 행실을 행한다. 그분이 모세와 그의 모든 종, 예언자들에게 명하셨듯이. 또한 그분이 선택하신 모든 것을 사랑할 것이며, 그분이 버리신 모든 것을 미워할 것이고, 모든 사악한 것을 멀리하나, 모든 선한 사업에는 매달릴 것이며, 신실함과 정의와 공의를 그 땅에서 행한다. 1QS 1:1~5

에세네파는 광야에서 유대교의 표준으로 자리를 잡습니다. 그들의 기본 교리, 예배, 공동체를 보면서 어떤 생각이 드시나요? 초기 기독교와 상당히 유사하다는 점을 발견할 수 있습니다. 이를 통해 우리가 믿는 기독교 신앙은 역사와 무관한 진공 상태에서 발생한 것이 아니고, 시대의 흐름 속에서 형성되었다는 것을 생각해 볼 수 있을 겁니다.

아울러 구약과 신약이 '광야'라는 공간을 통해 보존되고 연결된 흔적도 발견하게 됩니다. 우리의 신앙은 그렇게 역사적으로 연결되어 온 유산이라고 할 수 있습니다. 학자들이 에세네파와 기독교가 시대

적으로 연결되었다고 보는 이유입니다. [68]

4. 에세네파와 신약 성경

분명 요세푸스의 기록을 보면 유대 종파 중에서도 에세네파가 가장 모범적으로 보이는데, 왜 성경에는 그들이 언급되지 않을까요? 여러 학자들이 그 부분에 저마다 답을 달았습니다. 가령 바리새파와 사두개파는 예수와 충돌을 빚었지만, 에세네파는 모범적이었으므로 굳이 신약에서 언급할 필요가 없었다고 말합니다. [69]

또 성경에서 바리새인과 서기관을 구별하는 것에서 착안하여, 독자적인 무리로 등장하는 서기관이 에세네파였을 것으로 보기도 합니다. [70] 혹은 에세네파가 광야에 은둔한 종파였기 때문에 예수님의 무리와 접촉하지 않았을 수도 있을 겁니다. 정확한 답을 제시하기는 어렵지만 적어도 에세네파가 신약 성경과 밀접하게 관련된 분파임에는 틀림없어 보입니다.

에세네파의 교리는 세례 요한을 떠올리게 합니다. 묵시와 경고, 심판으로 인한 회개의 메시지라든지 정결의 세례는 에세네파와 상당히 닮아 있습니다. 더구나 세례 요한은 성전을 중심으로 하는 유대 종교를 비판하며 광야에 있었습니다. 당시 유대인들이라면 이런 세례 요한을 에세네파로 인식하지 않았을까요? [71]

나아가 에세네파는 선지자와 율법에 정통해 있었고, 종말 사상을 갖고 있었습니다. 하나님이 장차 심판하실 것이기에, 에세네파는 죄에서 돌아서야 한다고 주장했습니다. 세례 요한이 사람들에게 회개의 메시지를 전한 것도 비슷한 맥락으로 볼 수 있을 겁니다.

> 8그러므로 회개에 합당한 열매를 맺고 9속으로 아브라함이 우리 조상
> 이라고 생각하지 말라 내가 너희에게 이르노니 하나님이 능히 이 돌
> 들로도 아브라함의 자손이 되게 하시리라 10이미 도끼가 나무 뿌리에
> 놓였으니 좋은 열매를 맺지 아니하는 나무마다 찍혀 불에 던져지리
> 라 마 3:8~10

> 요한은 의로운 인물이었다. 그는 유대인들에게 서로 정의를 행하고
> 살 것과 하나님 앞에서 경건하게 살 것을 강조하면서, 그렇게 하고 와
> 서 세례를 받으라고 주장하였다. 의를 행하지도 않은 채 그저 죄만을
> 씻기 위해서 세례를 받는 것은 아니라는 것이었다. 이미 의로 인해 영
> 혼은 완전히 정결케 되었음을 믿고 이제는 몸을 정결케 하기 위해서
> 세례를 받는다고 생각하는 사람만이 물로 세례를 받을 수 있다는 태
> 도였다. 요세푸스, 『유대 고대사』 18.5.2.

복음서 기록들을 요세푸스의 기록과 비교해 보아도 역사성이 충
돌되지 않습니다. 이렇게 신구약 중간사 연구는 신약을 입체적으로
볼 수 있는 시선을 제공해 줍니다.

유대인들에게 광야는 정통성이 보존되고 유지된 공간으로 이해되
었습니다. 그런 까닭에 복음서는 세례 요한을 광야와 연결을 시켰고
(요 1:23), 예수께서 40일간 광야에서 시험을 받으시는 기록도 넣었습니
다(마 4:1). 또한 사도 바울이 회심한 후에 굳이 광야로 대표되는 '아라
비아'를 다녀온 이유 역시 자신의 정통성을 드러내는 수단으로 볼 수

있습니다. [72)]

> 또 나보다 먼저 사도 된 자들을 만나려고 예루살렘으로 가지 아니하
> 고 아라비아로 갔다가 다시 다메섹으로 돌아갔노라 갈 1:17

이제 신약 시대의 광야와 관련하여 다른 측면을 재조명해 보겠습니다. 마카비 전쟁이 벌어졌을 때, 많은 하시딤이 가담을 했었습니다. 그 후 광야로 나갔던 무리들은 종교의 정통성을 갈망했었습니다. 주전 63년에 로마가 유대를 점령한 후에는 더 많은 사람들이 광야로 나갔습니다. 그렇다면 신약 시대 광야의 무리들을 모두 에세네파로 볼 수 있을까요?

> 이제 유대 땅은 온통 강도들로 들끓게 되었다. 강도떼들은 저마다 두
> 목을 왕으로 세우고 백성들에게 온갖 못된 짓을 다 하였다. 이 강도
> 떼들은 어느 정도 로마군에게도 타격을 주었으나 주로 동족들에게
> 많은 피해를 입혔다. 이들의 강도 짓은 오랜 기간 동안 백성들을 괴롭
> 혔다. 요세푸스, 『유대 고대사』 17.10.8.

광야에 머물던 에세네파는 종교적인 집단이었지만, 모든 광야의 무리들이 에세네파는 아니었습니다. 광야는 로마 제국으로부터 정치적 독립을 이루는 것이 회복이라고 생각하는 이들이 거하던 장소이기도 했습니다. 요세푸스는 이들을 '강도'로 규정하고 있습니다. 대표적으로 갈릴리 사람 유다, 시몬, 아트롱게스 등이 이끄는 무리들이 있었는데 이들은 로마 군대에 의해 진압되었습니다.

그들이 한번은 여리고에서 식량과 무기를 운반하는 로마군 1개 수송 부대를 공격한 일이 있었다. 그들은 부대를 인솔하는 백인대장 아리우스(Arius)를 공격하는 한편, 정예 보병 40명을 쓰러뜨렸다. 이에 나머지 병사들은 놀란 나머지 동료들의 시체를 버려두고 도망을 치다가 왕의 군대를 이끌고 도와주러 온 그라투스 덕분에 목숨을 건진 적도 있었다. 요세푸스, 『유대 고대사』 17. 10. 7.

광야는 회복을 다르게 여겼던 에세네파와 독립을 열망한 무리들이 공존하는 장소였습니다. 그래서 신약 성경에서 '광야'가 언급될 때에는 문맥의 행간을 봐야 합니다. 회개와 세례, 시험과 관련되었다면 종교적으로 볼 수 있습니다. 그런데 그런 맥락 없이 단순히 유대인들이 예수님을 광야에서 추종하는 장면이라면 정치적인 관점으로 이해했다고 볼 수 있습니다. 광야에서 벌어진 오병이어 기적을 볼까요?

14그 사람들이 예수께서 행하신 이 표적을 보고 말하되 이는 참으로 세상에 오실 그 선지자라 하더라 15그러므로 예수께서 그들이 와서 자기를 억지로 붙들어 임금으로 삼으려는 줄 아시고 다시 혼자 산으로 떠나 가시니라 요 6:14~15

왜 예수님은 그 무리를 떠나셨을까요? 그들의 요구에 휩쓸렸다면 앞에서 언급한 갈릴리 사람 유다, 시몬, 아트롱게스 같은 경우들처럼 로마군이 출동해서 진압되었을 겁니다. 이렇듯 광야가 다른 의미를 추구하는 집단들이 공존하는 곳이라면, 광야에 모인 군중들의 의도를 잘 읽어 내야 합니다. 그래야 예수님 주변 수많은 무리들의 의도도 읽어 낼 수 있기 때문입니다.

5. 결론

에세네파는 신약 성경과 밀접한 관련이 있습니다. 유대인들의 눈에 세례 요한은 에세네파로 보였을 겁니다. 그렇다면 사람들은 예수님을 어떻게 인식했을까요? 광야에 모였던 사람들마다 의도가 달랐듯이 예수님에 대한 인식도 달랐음을 그분은 잘 알고 계셨습니다. 예수님이 제자들에게 "사람들이 인자를 누구라 하느냐"(마 16:13)라고 물어보셨을 때, 사람들은 다양한 의견을 내밀었습니다. 그때 베드로는 그 유명한 신앙 고백을 예수님께 드렸습니다.

에세네파는 스스로를 '바로 그 공동체'라고 생각했습니다. 에세네파의 공동체 규율과 비슷하게도 초대교회는 성전과 회당을 벗어나 에세네파와 비슷한 형태를 가졌습니다. 스스로를 영적인 이스라엘 백성으로 생각하기도 합니다. 이렇게 에세네파와 기독교는 서로 다른 집단이지만 유사한 점도 많습니다. 하나님께서 교회를 세우기 위해서 신구약 중간기에 이런 배경을 예비하셨다고 볼 수 있습니다.

한편 광야는 독립을 열망하는 사람들의 무대이기도 했습니다. 주후 6년에 로마의 세금 정책에 반대해서 반란을 일으켰던 갈릴리 유다 역시 광야에서 활동했고, 다른 반란의 두목들도 광야에서 무리들을 이끌었습니다. 이들은 로마군에 의해 제압을 당했는데, 이런 사례를 유대인들도 잘 알고 있었습니다(행 5:37). 이에 대해 요세푸스는 이런 기록을 남깁니다.

갈릴리 유다와 사둑은 유대인들이 전에는 알지도 못했던 철학 체계를 도입하여 유대국을 온통 무서운 폭동으로 가득 차게 만들었으며 장차 큰 불행을 자초할 기틀을 다져 놓았다. 젊은 층들이 이 철학 체계에 오염되어 유대국이 결국은 파멸하기에 이르렀기 때문이다. 요세푸스, 『유대 고대사』 18.1.1.

이 부분은 우리에게 준엄한 교훈을 가져다줍니다. 당시 광야에는 여러 무리들이 공존했고, 그곳에 몰려든 유대인들도 저마다의 의도를 가지고 원하는 무리들을 찾아다녔습니다. 그중 어떤 무리는 참된 이스라엘 공동체를 추구했던 반면, 어떤 무리는 유대 전쟁을 일으켜 공동체를 파멸로 인도하기도 했습니다. 그러므로 지금 우리는 어떤 길을 가고 있는지 돌아보아야 합니다. 이것을 아는 것과 모르는 것은 전혀 다른 결과를 만듭니다.

어떤 길은 사람이 보기에 바르나 필경은 사망의 길이니라 잠 14:12

8강

사두개파의
출현과 영향

〈환전상과 그의 아내〉, 캥탱 마시, 1514

플랑드르 화가 캥탱 마시(Quentin Matsys)의
그림에는 많은 이야기가 숨어 있습니다. 그림의
배경이 된 도시 안트베르펜은 당시 가장 번성한
상업 도시였고 동시에 기독교 도시였습니다. 환전
및 금융을 통해 수입을 올리는 남편, 그 옆에서 기도
책을 펴 놓고 곁눈질하는 아내, 오른편 문틈에서
수군거리는 사람들, 볼록 거울에 비친 십자가
모양의 창문과 그 앞에 있는 사람의 모습 등은 당시
사람들의 이중적인 태도를 보여 주고 있습니다.

강의 목표

　사두개파가 어떻게 형성되었고, 어떤 특징을 갖고 있는지 살펴봅니다.

　　이는 사두개인은 부활도 없고 천사도 없고 영도 없다 하고 바리새인은 다 있다 함이라 행 23:8

1. 신구약 중간사를 통해 복음서 행간 읽기

앞에서 다룬 두 개의 전쟁과 관련된 이중 카테고리를 떠올려 봅시다. 예수님 시대가 마카비 전쟁으로부터 사상적 영향을 받았다면, 복음서가 기록되고 초기 기독교가 형성된 시기는 유대 전쟁의 영향을 받았습니다.

유대 전쟁 이후에 예수님 시대를 기록해야 했다면 정치적인 상황과 무관하지 않았을 겁니다. 가령 마태복음을 유대 전쟁 이후에 유대인 독자들을 위해 예수님을 소개한 서신서로 읽으면 또 다른 통찰을 얻을 수 있을 겁니다. 이중 카테고리를 통한 사고력의 힘입니다. 일례로 마태복음의 유명한 본문을 살펴볼까요?

> 13예수께서 ①빌립보 가이사랴 지방에 이르러 제자들에게 물어 이르시되 사람들이 인자를 누구라 하느냐 14이르되 ②더러는 세례 요한, 더러는 엘리야, 어떤 이는 예레미야나 선지자 중의 하나라 하나이다 15이르시되 너희는 나를 누구라 하느냐 16시몬 ③베드로가 대답하여 이르되 ④주는 그리스도시요 살아 계신 하나님의 아들이시니이다 17예수께서 대답하여 이르시되 ⑤바요나 시몬아 네가 복이 있도다 이를 네게 알게 한 이는 혈육이 아니요 하늘에 계신 내 아버지시니라 18또 내가 네게 이르노니 너는 베드로라 내가 이 반석 위에 내 교회를 세우리니 음부의 권세가 이기지 못하리라 마 16:13~18

① 빌립보 가이사랴는 평범한 지명이 아닙니다. 앞으로 헤롯 가문을 다루며 살펴보겠지만, 이곳은 유대인들의 영토 최북단에 위치한

지역입니다. 우리로 따지면 압록강 같은 곳입니다. '빌립보'는 이 지역을 통치했던 분봉왕 헤롯 빌립의 이름에서 나온 명칭이고, '가이사랴'는 로마 황제 카이사르에서 왔습니다. 북쪽 경계 지역을 로마 황제와 분봉왕의 이름으로 세운 것입니다.

유대 땅은 하나님이 주인이십니다. 그런데 대제사장은 물론 종교인들과 귀족들도 정통성이 변질되었습니다. 본문은 이스라엘의 신앙이 압록강까지 내몰린 뉘앙스를 이런 명칭으로 표현하고 있습니다. 마태는 이 구절에서 그 땅의 실제 주(主)는 누구인지 묻습니다.

② 사람들 중에서 일부는 예수를 세례 요한이라고 생각했다고 합니다. 이는 에세네파처럼 이해했다는 사회적 통념을 표현하는 겁니다.[73] 세례 요한은 광야에서 회개 전파 활동을 했고, 에세네파도 광야에서 생활했습니다.

③ 예수님이 이 세상에 오셨을 때 주로 사용하신 언어는 그리스어가 아니라 아람어, 혹은 히브리어였을 겁니다. 그렇다면 평소 예수님은 베드로를 '베드로'라고 부르지 않으셨습니다. 그리스어 베드로보다는 히브리어 '게바'를 사용하셨을 겁니다. 더구나 원래 이름은 '시몬'이었습니다. 다만 마태복음은 그리스어로 기록된 책이기에 '시몬 베드로'라고 표현한 겁니다.

④ 예수님의 질문에 베드로가 대답합니다. "주(예수)는 그리스도시요 살아 계신 하나님의 아들이시니이다" 이 고백의 앞 글자만 따면 '물고기'라는 뜻의 헬라어 '익두스'가 됩니다. 초대교회에서 물고기는 단

순히 생선을 의미하는 것이 아니었습니다. 신앙을 표현하는 그들만의
은어였습니다.

⑤ 바요나 시몬에서 바요나는 두 가지 방법으로 해석할 수 있습니
다. 먼저 '바+요나'의 아람어 2음절로 보면 '요나의 아들'이라는 의미입
니다. 한편 1음절 '바요나(Barjona)'는 유대 문헌에도 등장하는 그들만의
은어였습니다.[74] 어떤 의미일까요?

바요나는 무력으로 로마에 대항하려는 사람들을 가리키는 은어입
니다. 그렇다면 예수께서 '바요나 시몬'이라고 말씀하신 한마디는 베
드로가 종전까지 가졌던 가치관이 무엇이었으며, 예수 그리스도를 통
해 어떻게 인생이 변했는지를 보여 주는 놀라운 구절입니다. 이것은
'예수님의 재판' 부분에서 더 상세히 다루겠습니다.

이렇게 신구약 중간사의 맥락은 신약 성경을 볼 때, 문자 너머의
역사까지 보여 줍니다. 이제 본격적으로 사두개파에 대해서 살펴보겠
습니다.

2. 사두개파의 출현

신구약 중간사를 연구하는 데 가장 큰 어려움 중의 하나는 사료가
많지 않다는 점입니다. 에스라, 느헤미야, 요세푸스 문헌이라는 퍼즐
조각으로 전체를 재구성해야 합니다. 그런 까닭에 연구자들은 신구약
중간사의 내용을 100% 정확하게 단정 지을 수 없습니다. 실제로 에세

네파가 쿰란 공동체인지도 100% 단정 지을 수 없고, 그렇게 보일 뿐입니다. 또 왜 신약 성경에 에세네파가 언급되지 않는지도 추정할 뿐입니다.

사두개파의 기원 역시 개연성으로 접근해야 합니다. '사두개'라는 명칭은 '사독' 계열에서 유래되었을 것으로 보는 학자들이 있는가 하면, 히브리어 차도크(의롭다)로부터 파생되어 그리스어 '사도카이오이'라는 단어에서 생겨난 것으로 보는 학자들도 있습니다.[75]

구약 성경을 보면 솔로몬 시대부터 대제사장은 사독 계열로 지정되었습니다(왕상 2:35). 포로기 이후 유대 공동체도 이 전통을 계승했습니다(스 7:1~5). 구약의 사독에 해당되는 단어는 70인역에서 '사두개'로 번역되었고, 이 명칭이 예수 시대까지 이어집니다. 이런 어원상의 근거를 사두개파의 기원으로 유력하게 봅니다.[76]

그렇지만 어원과 실제 역사를 비교했을 때 혼란이 생기게 됩니다. 주전 159~152년 대제사장 공백기에 사독 계열 사람들은 의의 교사를 중심으로 광야로 나갔기 때문입니다. 그들은 에세네파를 형성했지 사두개파는 아니었습니다.

> 계약을 보존하고 있는 제사장들, 즉 사독의 아들들의 지도 아래 여러 유대인들이 광야에 모였다. 1QS 5.2, 9.

7년의 대제사장 공석 기간에 에세네파가 등장했고, 그들로부터 구별(분리)된 사람들이 대중들에게 율법의 영향을 주었는데 그들은 바리새파가 되었습니다. 그렇다면 사두개파는 어떻게 그들의 정체성을 확립했을까요? 사독 계열로부터인지 혹은 의롭다는 의미로부터인지 정

연도(주전)	대제사장	출신	특징	사두개파와의 관련
204~175년	오니아스 3세	사독	셀레우코스의 지배	-
175~172년	야손	사독	헬레니즘 수용	-
172~162년	메넬라오스	비사독	권력자가 임명	-
162~159년	알키모스	아론	권력자가 임명	-
159~152년	-	-	대제사장 공석	유대 종파 형성
152~142년	요나단	하스몬	왕과 대제사장 겸직	권력과 결탁
142~134년	시몬			
134~104년	요한 히르카누스			사두개파 분화
104~103년	아리스토불루스			-
103~76년	알렉산더 얀네우스			바리새파 박해
76~67년	히르카누스 2세 (알렉산드라 여왕)		대제사장직 분리	바리새파 중용

[표6] 주전 2~1세기의 대제사장

확하게 말할 수는 없지만, 한 가지 분명한 것은 사두개파가 대제사장 '직'과 관련이 있다는 사실입니다. 대제사장 직분이 계승되는 정치적 변화를 살펴봅시다.

앞에서 다룬 내용이기 때문에 이제 흐름이 이해되실 겁니다. 7년의 대제사장 공석 이후 사두개인들은 하스몬 가문 근처에 있었던 것으로 보입니다. 그 후에 그들의 존재감이 드러나는 사료가 등장하는데, 바로 하스몬 가문 왕이었던 요한 히르카누스 때 발행된 동전입니다. 그

히르카누스 재위 시 발행 동전

는 사마리아를 점령한 후, 사람들에게 강제로 할례를 행했던 인물입니다. 그가 동전을 발행했는데, 거기에는 이렇게 새겨져 있습니다. "Yehonanan(John) the High Priest and the Council of the Jews."

이를 통해 당시 정황을 추론할 수 있습니다. 동전에는 '대사제 요한(히르카누스)과 유대인들의 원로회'라고 언급되었는데, 바로 이 원로회를 구성하는 엘리트 계층이 사두개파라고 볼 수 있습니다.[77] 이런 사실을 감안하면서 다른 기록들과 비교해 봅시다.

> 한편, 이때에 모딘(Modin)에 마타티아스(Mattathias)라는 사람이 살고 있었다. 그는 예루살렘 시민이요, 여호야립(Joarib) 계열의 대제사장이었다. 요세푸스, 『유대 고대사』 12.6.1.

> 6레위 사람 느다넬의 아들 서기관 스마야가, 왕과 지도자들과 제사장 사독과 아비아달의 아들 아히멜렉과 제사장과 레위 사람 가문의 지도자들이 지켜 보는 앞에서, 엘르아살과 이다말 가문 가운데서 한 집씩 제비를 뽑아, 그들의 이름을 기록하였다. 7첫째로 제비 뽑힌 사람은 여호야립이고, 둘째는 여다야이고, (중략) 18스물셋째는 들라야이고, 스물넷째는 마아시야이다. 대상 24:6~18, 새번역

하스몬 가문이 마카비 전쟁을 일으켰을 때 그들은 비사독 계열, 엄밀히 말해서 여호야립 계열이었습니다. 그럼에도 하스몬 가문은 왕과 대제사장을 겸직하게 되었고, 정치적 권력을 내세워 대중의 지지를 얻으려고 했습니다. 특히 요한 히르카누스는 한 발 더 나아갑니다. 그는 바리새파와 사두개파의 지지를 등에 업고 사마리아를 점령했습니

다. 그리심 산의 성소를 파괴하고, 강제로 할례를 받게 했습니다.

이런 강압적인 정책은 열성적인 사람들로부터 호응을 얻게 했습니다. 그러나 바리새파는 하스몬 가문이 사독 계열이 아니었으므로 대제사장직을 겸직하는 것은 경건하지 못하다고 선을 그었습니다. 속히 대제사장 직분을 내려놓아야 한다고 주장했습니다. 요한 히르카누스는 사두개파로 기울었고, 바리새파를 추방했습니다(『유대 고대사』, 13.10.5.).

이후 알렉산더 얀네우스 때에도 유대인들은 그가 사독 계열이 아니므로 제사를 주관하기에는 결격 사유가 있다고 말하면서 대제사장직에서 물러나야 한다고 소란을 피웠습니다. 그러자 그는 무려 6천 명의 유대인을 살해했습니다(『유대 고대사』, 13.14.2.). 그뿐만 아니라 바리새인들에게 모진 박해도 가했습니다.

> 알렉산더(얀네우스)는 첩들과 함께 잔치를 즐기면서 반대자(바리새인) 800명을 모든 예루살렘 주민이 보는 가운데 십자가에 매달라고 명령하였다. 게다가 그들이 아직 목숨이 끊어지기 전에 그들 앞에서 그들의 처자식의 혀를 자르라고 지시하였다. 이것은 그들(바리새인)이 알렉산더를 반대한 것에 대한 복수의 한 방편이었으나 그 처벌 방법은 너무나 비인간적이었다. 요세푸스, 『유대 고대사』 13.14.2.

반면에 알렉산드라 여왕은 사두개파를 배척하고, 바리새파를 등용했습니다. 왜냐하면 여성이었기에 대제사장을 스스로 겸직할 수 없었기 때문입니다. 그러나 주전 63년 로마가 유대를 점령하면서 권력은 다시 사두개파에게로 넘어갔고, 바리새파는 민중들 속으로 들어가 자신의 입지를 굳혔습니다. 이렇게 바리새파와 사두개파는 오랜 시간 대립해 온 종파였습니다.

3. 사두개파의 가르침

요세푸스는 요나단이 대제사장으로 있던 시기(주전 152~142)에 '바로 이때'라는 표현을 쓰며 바리새파, 사두개파, 에세네파를 언급합니다. 이 무렵, 즉 대제사장이 공석이던 주전 159~152년 즈음에 세 개의 종파가 분화된 것으로 보입니다.[78)]

> 바로 이때, 인간의 행위에 관해 서로 견해를 달리하는 유대주의 세 종파가 있었다. 그 세 종파는 각기 바리새파, 사두개파, 에세네파였다. 바리새파는 인간의 모든 행위가 아니라 일부 행위만이 운명(fate)의 작용이며, 일부의 인간 행위는 인간의 능력 안에 있는 것으로서 운명 앞에 무력하기는 하나 결코 운명에 의해 움직여지는 것이 아니라고 주장하였다. 한편 에세네파는 운명이 모든 것을 지배하며, 운명이 아닌 것은 인간사에 일어나지 않는다고 단언하였다. 이와 달리 사두개파는 운명이란 것은 존재하지 않으며, 인간사는 결코 운명에 달려 있지 않다고 이야기한다. 따라서 사두개파는 우리의 모든 행위는 우리의 능력 안에 있는 것으로 우리 자신이 선의 원인이 되기도 하고 우둔함으로 인해 악의 원인이 되기도 하는 것이라고 강조한다. 요세푸스, 『유대고대사』 13.5.9.

7년의 대제사장 공백기에는 이미 바리새파, 사두개파, 에세네파가 형성되어 위와 같은 신념 체계를 갖고 있었습니다. [79] 사두개파에 대한 언급을 보면 사도행전의 기록이 떠오릅니다. 사도행전에서 언급된 사두개인들 역시 운명이란 없으며, 내세와 부활, 초자연적인 영역을 부정합니다.

> 6바울이 그 중 일부는 사두개인이요 다른 일부는 바리새인인 줄 알고 공회에서 외쳐 이르되 여러분 형제들아 나는 바리새인이요 또 바리새인의 아들이라 죽은 자의 소망 곧 부활로 말미암아 내가 심문을 받노라 7그 말을 한즉 바리새인과 사두개인 사이에 다툼이 생겨 무리가 나누어지니 8이는 사두개인은 부활도 없고 천사도 없고 영도 없다 하고 바리새인은 다 있다 함이라 행 23:6~8

요세푸스와 사도행전이 진술하는 사두개파의 모습은 일치합니다. 요세푸스는 이런 사두개파의 특징을 『유대 전쟁사』에서 더 자세히 다룹니다.

> 사두개인들은 운명을 철저히 배척한다. 하나님은 세상과 멀리 떨어져 존재하며, 어떤 면에서는 악과의 연관성이 있을 수도 있거나, 또는 단지 방관하기만 한다는 것이다. 그들은 선과 악은 인간의 선택에 달려 있으며 어떤 선택을 하는가는 각자의 의지에 따라 정해진다고 주장한다. 또한 그들은 영혼의 사후 불멸과 저세상에서의 상벌 사상에 대해 부정적 입장을 취한다. 요세푸스, 『유대 전쟁사』 2.8.14.

사두개파, 바리새파, 에세네파를 비교하며 여러분은 어떤 느낌이 드시나요? 한 걸음 더 나아가서 만일 이들이 지금 존재한다면 어떤 부류로 비유할 수 있을까요? 유대 종파들이 2천 년 전에 있다 사라진 유대 분파에 불과하다고 생각하면 '지식'에 머물 뿐이지만, 현실과의 접점을 발견한다면 그것은 '지혜'이고, 역사의 통찰일 겁니다.

4. 역사 속의 사두개파

(1) 사두개파의 교리

사두개파가 등장한 배경에는 헬레니즘의 영향을 무시할 수 없습니다. 주전 175년부터 유대 사회에 헬레니즘 물결이 거세게 밀려들었습니다. 하나님의 도시 예루살렘은 순식간에 그리스 폴리스 중 하나가 되었습니다.

성전과 회당이 중심이던 사회에 김나지움이 들어서면서 귀족의 자녀들은 회당보다 김나지움으로 발길을 돌렸습니다. 권력과 부, 지위를 대물림하기 위해서였습니다. 그들은 국제 공용어였던 그리스어를 구사하는 데 전혀 어려움이 없었고, 외세로부터 확고한 지위를 얻게 되었습니다. 이것은 신약 시대까지 고스란히 이어집니다.

이제는 사두개파의 교리에 대해서 살펴보자. 사두개파는 영혼은 몸과 함께 죽는다고 생각하였다. 그들은 율법이 규정하고 있는 것 외에는 그 어떤 것도 준수하려고 하지 않았다. 그들은 그들이 자주 찾아가는 철학 교사들과 논쟁을 벌이는 것을 일종의 덕으로 간주하였다. 그러나 이들의 교리는 일부에 의해서만 받아들여졌다. 그렇지만 그들 대부분이 고관들이었다. 비록 그들이 대부분 고관들이었다 하더라도 그들 스스로는 아무것도 할 수가 없었다. 그들이 행정 장관이 되면, 어떤 때는 타의에 의해서나 어쩔 수 없어서 그렇게 되는 경우가 많았기는 하지만, 바리새파의 교리로 기울어지지 않을 수가 없었기 때문이다. 왜냐하면 그렇지 않을 경우에는 백성이 그들을 용납하지 않았기 때문이었다. 요세푸스, 『유대 고대사』 18.1.4.

요세푸스는 사두개파를 그리스 철학과 비교했을 때, '에피쿠로스'에 가깝다고 말한 바 있습니다. 이렇게 사두개파는 엘리트 계층을 이루었고 사회의 요직을 차지했습니다. 그렇지만 유대 민중들에게 보편적인 신앙이라고 보기는 어렵습니다. 민중들에게는 바리새파가 훨씬 큰 영향을 미쳤습니다. 그래서 사두개파는 바리새파에 비해서 민중들의 지지가 약했습니다.

거칠게 나누자면 사두개파가 권력 주변에 있고 사대주의자였다면, 바리새파는 민중들 속에 있었고, 민족주의자들이었습니다. 물론 두 종파 모두 유대인들에 대한 영향력을 절실히 필요로 하는 것은 마찬가지였습니다. 그래야 자신들의 세력이 더 커지기 때문입니다. 그런 관점으로 보면 다음 구절은 의미심장하게 다가옵니다.

요한이 많은 바리새인들과 사두개인들이 세례 베푸는 데로 오는 것을 보고 이르되 독사의 자식들아 누가 너희를 가르쳐 임박한 진노를 피하라 하더냐 마 3:7

사두개파와 바리새파는 역사 속에서 견원지간(犬猿之間)이었지만 마태복음에 나란히 기록되는 이유는 분명합니다. 민중의 지지가 공통적으로 필요로 했기 때문입니다. 그래서 예수께서는 다음과 같이 말씀하셨습니다.

> 예수께서 이르시되 삼가 바리새인과 사두개인들의 누룩을 주의하라 하시니 마 16:6

복음서를 읽다 보면 '바리새인과 사두개인'을 병행해서 표기할 때가 있고, 혹은 '서기관과 바리새인', '바리새인' 단독으로 표기할 때가 있습니다. 이렇게 기록하는 것은 문맥에서 미묘하게 다른 뉘앙스를 전하는 겁니다. 그런 맥락을 파악해서 본문 속으로 들어가면 그 상황을 더 가까이 들여다볼 수 있습니다.

(2) 사두개파와 유대교

에세네파, 바리새파, 사두개파의 교리를 비교해 보면 차이가 나는 부분이 많습니다. 아래의 표를 보면 사두개파는 정치적으로 사대주의자였지만, 율법에 대해서는 대단히 보수적이었습니다. 모세오경 외에는 어떤 것도 인정하지 않았습니다. 영혼의 불멸, 내세, 천사와 악마조차 믿지 않았습니다.

우리는 여기에서 고개를 갸우뚱하게 됩니다. 그들은 구약에 나오는 부활, 욥기의 악마, 다니엘의 천사들을 알면서도 이것이 명시적으로 나타나지 않았다는 이유로 그것을 믿지 않았습니다. 하나님의 섭리에 대해서도 마찬가지였습니다.

종파	에세네파	바리새파	사두개파
이름의 뜻	경건	구별	의로움
섭리관	모든 것이 운명	운명+우연이 섞임	모든 것이 우연
활동지	광야	도시	도시
주요 경전	모세오경	모세오경+전통	모세오경
율법 해석	개혁주의	실용주의	보수주의(근본주의)
정치 성향	분리주의	민족주의	사대주의
내세관	사후 불멸	사후 불멸(윤회)	사후 불멸 부정

[표7] 유대 종파의 비교

그럼에도 사두개파를 유대 종파로 인정하는 것은 율법을 공통분모로 하고 있기 때문입니다. 다만 율법(토라)을 공통분모로 하면서도 헬레니즘의 영향으로 인해 세 종파는 전혀 다른 모습으로 변했습니다.[80]

(3) 사두개파가 주는 교훈

에세네파, 바리새파, 사두개파의 율법 해석에 초점을 맞춰 봅니다. 에세네파는 사두개파처럼 모세오경만을 인정했습니다. 그렇다면 에세네파와 사두개파가 비슷한 삶을 살았을까요? 모두가 아는 것처럼 전혀 그렇지 않았습니다.

우선 바리새파는 모세오경과 전통을 함께 중시했습니다. 전통은 시대적인 영향 아래서 해석한 '구전 율법'입니다.[81] 보통 랍비들이 율법을 해석했는데, 예수님 시대 직전에 있었던 힐렐 학파와 샴마이 학파 간의 논쟁은 바리새인들 사이에서 일어났던 대표적인 해석 논쟁입니다. 예수님은 이것들을 장로들의 전통이나 유전이라고 표현하셨습니다.

에세네파와 사두개파는 모세오경만 받아들였습니다. 하지만 둘은 같은 율법을 가지고도 그 삶의 모습은 전혀 달랐습니다. 왜냐하면 에세네파는 율법을 시대에 맞게 해석하는 개혁적인 태도를 가진 반면, 사두개파는 문자에 갇힌 사람들이었기 때문입니다.

사두개파는 영혼, 천사, 부활, 내세, 섭리 등 어떤 것도 믿지 않았습니다. 어떤 면에서는 보수적으로 보이지만, 하나님의 섭리와 역사도 믿지 않는 태도를 보면 '문자주의자'로도 보입니다. 이렇듯 독실하게 믿는 것처럼 보이지만 실제로는 융통성 없이 문자에만 사로잡힌 사람들을 지금도 흔하게 볼 수 있습니다.

동시에 그들은 외세를 의지하는 사대주의자들이었습니다. 자녀들을 회당이 아닌 김나지움에 보내고 그리스 언어와 문화를 가르쳤습니다. 그들이 권력과 부를 대물림하는 모습에서 기시감을 느낍니다. 현대의 이신론(理神論)이 떠오릅니다. 성경이 중요하다면서, 삶 속에서는 어떠한 초자연적인 개입도 받아들이지 않고, 우연이 세상을 지배한다고 믿는다면 이들의 신앙의 정체는 뭘까요?

요세푸스는 사두개파가 토라를 기반으로 하고 있지만, 실제로는 야훼를 믿지 않는 불신자들이나 다름없다고 여겼습니다.[82] 그의 기록이 우리의 그늘진 모습을 보여 주는 건 아닌지 생각해 보게 됩니다.

다니엘이 이 모든 일들을 하나님께서 보여 준 대로 기록하였다. 그 예언이 어떻게 성취되었는가를 본다면 에피쿠로스 학파(the Epicurean)가 얼마나 잘못 생각하고 있는가를 알게 될 것이다. 그들은 섭리(provi-

dence)를 인간의 삶 밖으로 내동댕이친다. 요세푸스, 『유대 고대사』 10.11.7.
에세네파와 마찬가지로 바리새파 사람들도 서로 친밀한 관계를 형성
하여 공동체의 결속에 높은 가치를 두는 반면, 사두개인들은 서로 무
심하게 대하며 동족들과의 교류에서도 이방인을 대하듯 냉정한 태도
를 보인다. 요세푸스, 『유대 전쟁사』 2.8.13.

5. 결론

사두개파의 결말은 어땠을까요? 주후 70년에 벌어진 제1차 유대
전쟁 이후 이들은 흔적도 없이 사라졌습니다. 요세푸스에 따르면 반
란이 시작된 66년부터 이들은 마치 침몰하는 배에서 빠져나가듯이 유
대 땅을 떠났다고 합니다. 분명 종교 지도자들이었고, 사회 엘리트들
이었고, 오직 율법을 외치는 사람들이었지만 위기가 닥치자 조국을
등집니다.[83] 그리고 역사에서 완전히 사라졌습니다.

에세네파는 광야에 머물다가 로마군의 진압으로 소멸되었습니다.
마사다 요새는 주후 74년까지 에세네파가 최후에 항전을 하던 장소
였습니다. 그 후 에세네파의 신앙은 초대교회에서 비슷하게 나타납
니다.

반면 바리새파는 유대 전쟁이 끝난 주후 90년에 얌니아 회의를 개
최했고, 구약의 정경을 확정하면서 랍비 유대교로 나아갈 준비를 했
습니다. 그들은 토라를 중요시하면서도 끊임없이 성경을 현실에서 어
떻게 적용할지 고민했습니다. 이런 고민으로 주후 90년부터 유대교를
재건했습니다. 이렇게 재건된 랍비 유대교는 바리새파의 방식을 기초

로 하지만 더 이상 바리새라는 명칭을 쓰지 않는 이유는 유대 전쟁 이후 바리새파만 남았기 때문입니다.

오늘날도 문자주의가 진정한 신앙인 것처럼 여기는 사람들이 많이 있습니다. 엄밀히 말해서 문자 그대로 믿는다기보다는 문자의 껍데기를 붙들고 있으면서, 섭리 대신 우연을 믿고, 사대주의에 사로잡혀 있는 것입니다. 요세푸스는 그런 믿음을 불신앙이라고 말했습니다.

한 가지 반드시 짚고 넘어가야 할 부분이 있습니다. 주전 2세기 중반에 형성되어 뚜렷하게 대비되는 특징을 가진 세 종파가 신약 시대까지 200년간 자신들만의 특징을 유지할 수 있었던 이유는 김나지움과 회당으로 대비되는 '교육'의 영향입니다. 철저한 교육을 통해 세 종파의 특징은 주전 2세기에도, 주후 1세기에도 동일하게 유지되었습니다.

우리의 신앙은 자녀 세대의 신앙과 동일할까요? 같은 용어를 쓰고, 같은 공간에 있지만, 그 내용까지 동일한지는 머뭇거리게 됩니다. 우리의 신앙이 우리 자신을 넘어 자녀 세대까지 오랜 세월 유지되기 위해서 무엇에 진심을 다해야 할지 생각해 보게 됩니다.

9강

바리새파의
출현과 영향

〈세금〉, 티치아노, 1516

기록된 최초의 신약 성경은 서간문 형태로
제작되었기에 역사적 정황과 밀접한 관련을 가집니다.
다시 말해 서간문으로서 독자, 저자, 정황이 있기에
역사와 무관하게 해석될 수 없다는 말이지요. "가이사의
것은 가이사에게"라는 말씀이 나오는 구절 역시
마찬가지입니다. 예수님을 찾아와서 이 동전의 형상에
대해서 물어보는 바리새인들의 의도는 무엇일까요?

강의 목표

　바리새파의 기원과 특징을 통해 신약 시대에 등장한 바리새인들을 살펴봅니다.

　이르되 가이사의 것이니이다 이에 이르시되 그런즉 가이사의 것은 가이사에게, 하나님의 것은 하나님께 바치라 하시니 _{마 22:21}

1. 서간문으로서의 신약 성경

복음서는 주후 1세기 유대 전쟁을 전후로 기록되었습니다. 이것이 교회의 정경으로 채택된 것은 주후 397년 카르타고 종교회의 때였습니다. 본래는 1세기에 살던 저자와 독자들의 소통을 위해 쓰였던 서간문이 복음서였습니다. 그런 까닭에 네 개의 복음서는 독자에 맞춰 '예수의 모습'을 다르게 묘사합니다.

일례로 마태복음을 들 수 있습니다. 마태복음은 유대인 독자들을 대상으로 쓰였습니다. 당시 유대인들은 수백 년간 압제를 경험하면서 단절의 고통, 회복에 대한 갈증을 느꼈을 겁니다. 이런 그들에게 참된 이스라엘 백성임을 증명할 수 있는 가장 좋은 방법은 아브라함으로부터 이어지는 '족보'였습니다(마 1장). 비록 현실은 유대 전쟁의 패배로 인해 절망적이었지만, 하나님은 여전히 그들의 하나님이시고 그들은 그분의 백성이라는 메시지는 마태복음을 접하는 독자들에게 희망을 주었을 것입니다.

이렇게 다른 독자들과 다른 맥락으로 인해 4복음서가 만들어졌습니다. 그런 까닭에 우리가 신약 성경을 볼 때, 21세기 관점으로 신약을 보는 것이 아니라 중간기로부터 이어져 온 신약의 맥락에 우리의 자리를 옮겨 놓아야 합니다. 마태, 마가, 누가는 공통적으로 "가이사의 것은 가이사에게, 하나님의 것은 하나님께 바치라"(마 22:21, 막 12:17, 눅 20:25)라는 구절을 언급합니다. 이 내용은 예수께서 바리새인들과 나누신 대화에 등장합니다. 우리의 시선을 그 시대로 옮겨 놓지 못한다면 이 구절은 마치 세금도 잘 바치고, 교회에 헌금도 잘 바치라는 의미처럼 오용될 수 있습니다. 이 맥락을 어떻게 이해할 수 있을까요?

2. 바리새파의 출현

신구약 중간사를 이중 카테고리로 바라보면 마카비 전쟁부터 유대 전쟁까지를 한 흐름으로 파악할 수 있게 됩니다. 주전 175년은 헬레니즘의 거친 파도가 밀려들기 시작했던 때였습니다. 하시딤이 출현했고, 마카비 전쟁이 일어났으며, 대제사장의 공백기도 발생했습니다. 또한 세 개의 유대 종파가 형성되었습니다. 그렇다면 마카비 전쟁이 시작된 주전 167년부터 대제사장직이 공석이 되던 주전 159년 사이에 하시딤이 어떻게 분열이 되었는지부터 살펴보겠습니다.

> 41그 날, 그들은 다음과 같이 결의했다. "우리를 공격하는 자가 있으면 안식일이라도 맞서서 싸우자. 그래야만 피신처에서 죽어간 우리 형제들처럼 몰살당하는 일이 없을 것이다." 42그러자 일부 하시딤 사람들이 모여와서 그들과 합세했다. 그들은 용감한 사람들이었고 모두 경건하게 율법을 지키는 사람들이었다. 1마카 2:41~42

주전 167년 마카비 혁명이 일어나서 무력 충돌이 발생했을 때 '일부 하시딤 사람들'이 이 혁명에 동참했다고 나옵니다. 이 일부 하시딤 사람들을 '하시딤의 한 그룹'으로 볼 수 있습니다. 따라서 하시딤에는 여러 그룹들이 있었고, 바리새파는 율법에 대해 견해를 달리하던 하시딤의 한 그룹으로 볼 수 있을 겁니다.[84]

> 12그러나 율법학자단은 알키모스와 바키데스에게 가서 일을 공정하게 처리해 달라고 요구했다. 13이스라엘 쪽에서 처음으로 화평을 제

의한 사람들은 하시딤이라고 하는 경건파 사람들이었다. 1마카 7:12~13

앞에서도 살펴보았던 이 본문은 셀레우코스 왕조가 마카비 전쟁을 무마하기 위해서 아론 계열의 알키모스를 대제사장으로 내세우며 중재안을 제시했을 때 하시딤이 그 제안을 수용하는 장면입니다. 원문에는 여기에 정관사가 붙어 있기 때문에 '그 하시딤'으로 읽어야 하는데, 다른 하시딤과 구별되는 바로 그 하시딤이 바리새인들의 기원이 되었습니다. 즉 이들은 하시딤 중에서도 율법의 견해를 달리해서 중재안을 수용하고 화평을 제의했던 사람들이었습니다.

'바리새'라는 명칭은 히브리어 파루쉼(분리)이라는 말에서 유래되었습니다. [85] 부정으로부터의 분리를 뜻하며, 분리의 목적은 '정결'이었습니다. 제의적 정결이 제사장의 역할이라면, 일상에서의 정결은 평신도들을 향해 바리새인들이 지향한 목표였습니다. 이렇게 바리새파 운동은 하시딤의 종교적 부흥을 대중에게로 확산시켰습니다.

서기관은 바리새인과 같은 사람들일까요? 분명 복음서는 서기관과 바리새인을 병행해서 표기하기도 합니다. 그러나 서기관의 범주는 굉장히 넓습니다. 서기관은 기록을 맡은 사람을 뜻합니다. 따라서 왕궁의 서기관부터 회당의 서기까지 특정한 부류를 지칭하기는 어렵습니다.

이 서기관이라는 직책은 포로기 이전부터 존재했고 포로기 이후에는 율법을 기록, 연구, 보존하는 사람들을 부르는 통칭처럼 자리를 잡습니다. 모든 서기관이 바리새인은 아니지만, 대부분의 바리새인은 서기관이었다고 할 수 있을 겁니다. 왜냐하면 그들은 율법을 연구, 보존하고 가르쳤기 때문입니다.

그러므로 신약 성경에서 서기관과 바리새인이 함께 등장하면 '율법학자'를 가리키고, 바리새인과 사두개인이 함께 등장하면 '산헤드린 공회'를 지칭하는 것으로 볼 수 있습니다. 이런 사실을 염두에 두면 성경의 맥락을 더 자세히 보게 될 겁니다.[86]

마카베오상 7장에서 보듯이 바리새파는 민중을 기반으로 정치에 영향을 주었고, 대중에게 율법에 대한 영향력을 행사하게 되었습니다. 하스몬 왕조가 정치적으로 독립을 한 주전 142년 이후 요한 히르카누스가 사두개파를 중용하면서 바리새파는 권력에서 밀려났지만, 그럼에도 대중들에게 미치는 영향력은 확고했습니다.

3. 사두개파와의 역사적 갈등

앞에서 요한 히르카누스 때 사두개파가 바리새파를 밀어내고 주요 정치권력을 장악했던 사건을 살펴보았습니다. 바리새파가 밀려난 것은 사독 계열이 아닌 하스몬 가문이 대제사장직을 차지하는 것에 대해 반대했기 때문입니다.

요한 히르카누스가 바리새인들을 추방하는 정도에 그쳤다면, 알렉산더 얀네우스는 이 문제로 6천 명의 유대인(바리새인)들을 살해했습니다. 그뿐만 아니라 예루살렘 주민들이 보는 앞에서 8백 명의 바리새인을 잔인하게 십자가에 처형하기도 했습니다. 이런 일들을 거치면서 바리새인과 사두개인은 돌아올 수 없는 강을 건너게 됩니다.

이후 왕위에 오른 알렉산드라 여왕은 바리새파를 등용했고, 사두개파를 배척했습니다. 권력의 운명이 뒤바뀌게 된 것입니다.

알렉산더는 자기의 아내 알렉산드라에게 왕위를 물려주고 세상을 떠났다. 그는 유대인들이 그녀의 말을 가장 잘 따르리라고 확신했는데, 그의 아내는 잔혹했던 자신과 달랐으며 율법 위반을 거부함으로써 백성들에게 호감을 주었기 때문이다. 그러자 바리새인들이 점차로 알렉산드라의 권력에 참여하게 되었다. 그들은 다른 이들보다 더 경건하다고 인정을 받았던 유대인의 한 집단으로서 율법을 아주 엄격하게 준수하였다. 알렉산드라는 남을 지배했지만 정작 그녀 자신은 바리새인들에 의해 지배되었다. 요세푸스, 『유대 전쟁사』 1.5.1~2.

알렉산드라는 여성이어서, 왕과 대제사장을 겸직할 수 없었습니다. 이로 인해 갈등을 빚지 않았고, 바리새파가 정치적인 권력도 갖게 되었습니다. 그러나 주전 63년 로마의 폼페이우스에 의해 예루살렘이 함락되면서 유대 사회의 권력은 귀족들에게 넘어갔고, 다시 사두개파가 권력을 되찾게 되었습니다. 이제 마카비 전쟁부터 유대 전쟁까지 바리새파가 어떻게 변천되어 왔고, 랍비 유대교로 이어지는지 그 과정을 시기별로 좀 더 상세히 알아보겠습니다.

4. 바리새파의 변천과 랍비 유대교

(1) 헤롯 대왕 및 분봉왕 아켈라오 시기

성경에는 '헤롯'이라는 이름이 많이 나옵니다. 베들레헴에서 영아 학살을 지시했던 인물도 헤롯이고, 세례 요한을 죽인 인물도 헤롯이고, 교만하여 벌레에게 먹혀 죽은 인물도 헤롯입니다. 이들은 같은 인물이 아니고, 한 가문에 속한 다른 인물들입니다. 헤롯 가문을 정리하면 상당 부분이 이해가 되실 겁니다.

먼저 주전 37년부터 4년까지 유대를 통치했던 헤롯은 다른 헤롯들과 구별하기 위해서 학자들이 '헤롯 대왕(Herod the Great)'이라고 부릅니다. [87)

헤롯 대왕이 다스리던 시기와 그 아들 아켈라오 및 분봉왕들이 다스리던 시기, 곧 예수께서 공생애를 시작하시기 직전까지는 바리새파에게 수난의 시기였습니다. 율법을 중요하게 여기던 바리새파와 달리 헤롯 대왕은 친로마 권력자였기 때문입니다. 헤롯 대왕은 로마로부터 통치권을 받은 후 유대 사회에 헬레니즘 문화를 급속하게 퍼트립니다. 당연히 바리새파와 충돌할 수밖에 없었고, 그러자 자신의 정책에 반대하는 바리새인들을 학대했습니다.

헤롯 대왕은 죽은 후 나라를 아들들에게 나눠 주었는데, 이들을

연대	통치자	주요 사건
주전 37년	헤롯 대왕	헬레니즘화 vs 바리새인
4년	헤롯 가문	분봉왕들 임명
주후 6년	코포니우스 총독	호구조사, 갈릴리 유다 등장
26년	본디오 빌라도 총독	바리새인과 갈등, 반란 세력 성장
48년	티베리우스 알렉산더 총독	갈릴리 유다의 아들 처형, 반란 세력 본격화
66년	플로루스 총독	유대 전쟁 시작, 바리새파 분리
90년	-	얌니아 회의, 랍비 유대교 전환
210년경	-	미쉬나 기록

[표8] 신약 시대 주요 유대 통치자와 사건

'분봉왕'이라고 부릅니다. 그의 아들 아켈라오는 부친을 능가할 정도로 바리새파를 모질게 억압했습니다. 이 과정을 요세푸스가 자세히 소개합니다. 바리새인들이 모진 시간을 보내며 억압을 받았던 이유는 그들이 율법을 수호하며, 하나님이 유일한 주(主)라는 사실을 지키려고 했기 때문입니다. 결국 그런 바리새파의 종교적 열정이 폭발한 사건이 일어납니다. 바로 주후 6년에 있었던 호구조사 사건입니다.

(2) 호구조사 시행

주후 6년은 유대 역사에서 굉장히 중요한 해입니다. 우선 예루살렘을 포함한 유대 지역을 다스리던 분봉왕 아켈라오가 추방되고, 흔히 총독으로 불리는 유대 장관이 파견되기 시작한 해입니다. 1대 총독은 코포니우스(Coponius)였고, 주후 26~36년에 파견된 총독이 바로 그 유명한 본디오 빌라도(Pontius Pilatus)였습니다.

로마 황제는 주후 6년 유대 사회에 호구조사를 명령했습니다. 시리아 총독 키레니우스(Quirinius, 구레뇨)가 이를 실행했는데, 세수를 파악해서 세금을 효율적으로 거두려는 의도를 갖고 있었습니다. 요세푸스가 쓴 『유대 전쟁사』는 호구조사를 이렇게 회고합니다.

> 코포니우스 재임 기간 중에 '유다'라는 갈릴리 사람이 유대 지역 주민들을 선동해서 폭동을 일으켰다. 그는 로마인들에게 계속해서 세금을 바치는 것과 하나님이 아닌 유한한 인간을 주인으로 여기는 일은 악행이라고 주장했다. 이 유다는 다른 종파들과는 전혀 다른 독특한 자신의 종파를 설립한 현자였다. 요세푸스, 『유대 전쟁사』 1.5.4.

요세푸스는 이 호구조사로 인해 반란이 커지기 시작해서 정확히 60년이 지난 주후 66년에 유대 전쟁이 일어난 것으로 보고 있습니다. 특히『유대 전쟁사』의 어조는 눈여겨볼 만합니다. 이 저술은 주후 77년 유대 전쟁이 끝나고 전후 처리가 이루어진 시기에 쓰였습니다. 요세푸스로서는 수많은 유대인들을 위해 정치적인 변호를 해야 했었습니다. 그래서 폭동을 일으킨 갈릴리 유다가 다른 유대 분파와는 다르다고 선을 긋고 있습니다. 그들에게 전쟁의 책임을 전가해야 나머지 유대인들의 피해를 막을 수 있었던 겁니다.

반면 주후 94년에 기록된『유대 고대사』에서는 다른 뉘앙스를 엿볼 수 있습니다.『유대 고대사』에서 설명하는 호구조사는 이렇습니다.

유대인은 처음에는 세금 부과 소식을 듣고 악의로 받아들였으나 보에투스의 아들 대제사장 요아사르의 설득에 넘어가 더 이상 반대하지 않고 그대로 받아들이기로 했다. 그들은 대제사장에게 설득당해 자신들의 재산 상태를 보고했다. 그러나 가말라(Gamala) 시에는 유다(갈릴리 유다, Judas)라는 골란인(Gaulonite)이 살고 있었다. 유다는 바리새인 사둑과 함께 백성들에게 반역을 일으킬 것을 선동했다. 유다는 유대인들에게 말했다. "이런 세금의 부과는 노예가 되는 것과 다를 바가 없습니다. 그러므로 우리 모두의 자유를 지키도록 합시다." 그들은 백성들이 스스로 자신들의 유익을 위해서 협력하지 않는다면 하나님께서도 결코 도우시지 않을 것이라고 주장했다. 그러나 백성들이 힘을 합쳐 큰일을 이루려고 할 때는 하나님께서 틀림없이 도우실 것이라고 말했다. 이에 유대인들은 그의 말을 기쁨으로 받아들였으며, 이런 대담한 반역의 시도는 점차 무르익기 시작했다. 그리하여 이들로 인해 온갖 불행이 불어닥쳤으며, 유대국은 이들의 교리로 인해 크게 오염되기에 이르렀다. 요세푸스, 『유대 고대사』 18.1.1.

『유대 전쟁사』보다 늦게 쓰인 『유대 고대사』는 훨씬 더 자세히 갈릴리 유다와 호구조사를 언급하고 있습니다. 두 책을 썼던 정치적인 상황이 달랐기 때문입니다. 『유대 고대사』에서는 세금을 바치는 문제와 관련해 유대인들의 신앙관을 구체적으로 언급합니다.

당시의 세금은 단순히 돈을 납부하는 차원이 아니라 바치는 대상을 주(主)라고 인정하는 행위였으므로 반대했다고 말합니다. 동시에 하나님이 도우실 거라는 내용은 마카비 전쟁을 떠올리게 합니다. 이런 맥락에서 요세푸스는 갈릴리 유다를 언급하고 난 후 유대의 세 종파와 갈릴리 유다의 종파를 언급합니다. 위의 단락과 이어지는 그다음 단락은 이렇습니다.

유대 철학의 4번째 종파의 창시자는 갈릴리 유다(Judas the Galilean)였다. 이 종파는 다른 모든 면에서는 바리새파와 같았으나 자유에 대한 신념과 불가분의 관계를 맺고 있었다는 점만이 달랐다. 이들은 하나님만이 그들의 지배자요, 주인이라고 주장했다. 그들은 어떤 위협 앞에서도 하나님 외에는 그 누구에게도 주(主)라고 하지 않았다. 요세푸스, 『유대 고대사』 18.1.6.

여기서는 갈릴리 유다가 이끄는 분파가 다른 종교 분파들과 다르다고 선을 긋고 있지 않습니다. 오히려 갈릴리 유다의 무리가 바리새파 중에서도 열성적인 면모를 갖고 있었던 것처럼 보입니다. 마치 하시딤 중에서 마카비 전쟁에 참여했던 사람들이 있었던 것처럼 말이지요. 바리새파는 하나님에 대해 이런 태도를 갖고 있었습니다. 그 후에는 어떻게 변했을까요?

(3) 본디오 빌라도 시기

주후 26년 유대 총독으로 부임한 본디오 빌라도는 임기 초반부터 유대인들과 갈등을 겪었습니다. 『유대 고대사』에는 그의 부임 초기 사건이 다음과 같이 소개됩니다.

> 유대 율법을 말살하기 위하여 예루살렘을 로마 군대의 겨울 숙영지로 삼았다. 가이사랴에 주둔한 로마 군대를 예루살렘으로 이동시키면서 카이사르의 상(像)이 그려진 깃발을 들고 예루살렘에 입성했다. 이것은 유대인들에게 큰 반발을 불러일으켰다. 유대인들은 어떤 상도 율법에서 금했으므로 전임 총독들은 깃발을 들고 예루살렘에 입성하지 않았다. 바리새인들은 빌라도에게 몰려가서 카이사르의 상을 제거해 달라고 간청했지만, 빌라도는 그것이 황제에게 욕이 된다는 이유로 거절했다. 빌라도는 병사들에게 무기를 소지하게 해서 이 유대인들을 죽일 것을 명령했다. 요세푸스, 『유대 고대사』 18.3.1.

그러자 유대인들은 다음과 같은 반응을 보였습니다.

> 그러나 유대인들은 땅에 엎드려 목을 길게 빼고는 율법을 범하느니 차라리 달게 죽겠다고 대꾸했다. 빌라도는 유대인들의 율법을 지키려는 굳은 결의에 크게 감동되어 즉시 카이사르의 상을 예루살렘에

서 가이사랴로 옮겨 가라고 지시했다. 요세푸스, 『유대 고대사』, 18. 3. 1.

이를 보며 이상하단 생각이 들었습니다. 율법을 수호하던 유대인들, 특히 바리새인들을 우리는 '외식하는 자'로 이해해 왔는데 역사 속에 그려진 그들은 실제로 목숨을 걸고 율법을 지키고 있었습니다. 그래서인지 예수께서도 때로는 바리새인들의 의로움을 인정해 주셨습니다(마 5:20). 그렇게 예수님 시대가 지나고 난 후 유대 사회는 어떻게 변했을까요?

(4) 티베리우스 알렉산더 시기

사도행전에는 바울의 여정과 관련하여 벨릭스(Felix)와 베스도(Festus) 총독이 등장합니다. 유대 역사를 보면 벨릭스는 주후 52~59년, 베스도는 주후 59~62년에 파견되었으니 주후 30년대에 활동한 예수님과는 20~30년 차이가 납니다.

벨릭스의 선임 쿠마누스(Cumanus)는 주후 48~52년에 파견되었고, 그 선임이 티베리우스 알렉산더(Tiberius Alexander)로 주후 46~48년에 파견되었습니다. 요세푸스는 알렉산더 총독 당시의 사건을 소개하는데, 유대 사회에 큰 영향을 준 갈릴리 유다와 관련된 일이었습니다.

> 그 후 파두스의 후임으로 티베리우스 알렉산더가 총독으로 부임해 왔다. (중략) 그런데 이때 갈릴리 유다의 아들들이 처형되는 사건이 발생했다. 우리가 앞에서 살펴본 대로 그는 키레니우스가 유대의 재산을 조사하라는 명령을 내렸을 때 유대인들을 선동해서 폭동을 일으킨 바로 그 유다의 아들들이 처형을 당한 것이다. 알렉산더 총독은 유

다의 아들들인 야고보와 시몬을 십자가에 달아 처형시켰다. 요세푸스,
『유대 고대사』 18.4.5.

이 사건을 계기로 유대 사회에서 로마에 대한 반란은 가시화되기 시작했습니다. 벨릭스가 부임한 주후 50년대에는 무력 투쟁을 하는 '시카리'라는 무리가 등장했고, 무력의 움직임이 표면적으로 나타났습니다. 그리고 마침내 주후 66년 대규모 반란이 일어나서 유대 전쟁까지 이어졌습니다.

(5) 유대 전쟁 이후

티투스는 주후 70년에 유대 전쟁을 진압합니다. 그는 반란 지도자들을 로마로 잡아가서 개선식을 거행했습니다. 로마의 랜드마크인 콜로세움 옆에 이 '티투스 개선문'이 있는데, 그 내부에는 유대 전쟁의 장면이 생생하게 새겨져 있습니다.

유대 전쟁이 유대인들의 역사에 남긴 흔적은 뚜렷합니다. 유대 반란이 시작된 주후 66년에 사두개인들은 유대 사회에서 탈출했고, 광야의 에세네파는 로마 군대에 의해 진압당했습니다. 마사다 요새는 에세네파의 마지막 거주지였는데, 이들은 주후 74년 집단 자결로 역사에서 사라집니다. 그렇다면 바리새파는 어떻게 됐을까요?

주후 90년 랍비 요하난 벤 자카이(Yohanan ben Zakkai)는 얌니아(Yavne)로 가서 바리새인들을 모아 종교회의를 개최했습니다. 그 유명한 얌니아 회의입니다. 이 바리새인들을 중심으로 소멸하기 직전의 유대교가 명맥을 이어 나가게 되었습니다. 이들은 구약의 정경을 확립하고, 유대교를 '랍비 유대교'로 재편했습니다. 기존 유대교는 성전

과 율법을 중심으로 존속되었는데, 성전이 파괴되었으므로 다른 형태로 변화를 모색해야 했기 때문입니다.

랍비 유대교는 파괴된 성전 대신 '회당'과 율법을 중심축으로 삼았습니다. 요하난 벤 자카이를 계승한 가말리엘 2세(Gamaliel of Yavne)는 사도 바울의 스승이었던 가말리엘의 손자였는데, 그는 '카디시 기도문'을 확립합니다. 열여덟 개의 항목으로 이루어진 이 기도문은 유대인들이 2천 년간 회당에서 사용하는 표준 기도문이 되었습니다. 엘리 위젤의 소설 『나이트』를 보면 아우슈비츠에서도 유대인들이 이 기도문을 암송하고 있었을 만큼 오랜 시간 유대인들의 삶을 형성하는 중요한 기도문이었습니다.

열두 번째 기도문에는 '이단(minim)'에 관한 언급이 있는데, 이들이 바로 '나사렛 종파'로 알려진 그리스도인들을 지칭합니다.[88] 이단들이 회당에 출입할 수 없도록 저주하는 내용이 이 기도문에 포함되면서 유대교는 랍비 유대교로 역사 속에서 명맥을 이어 나가는 동시에 기독교와 완전히 분리되어 다른 길을 가게 됩니다.

5. 바리새파의 특징

(1) 율법과 전통

사두개파와 달리 바리새인들은 율법(토라)과 함께 전통도 중요하게 여겼습니다. 전통이란 무엇일까요? 쉽게 말해 율법의 해석입니다. 가령 율법은 "안식일을 기억하여 거룩하게 지키라"(출 20:8)라고 말씀하는데 이것을 어떻게 구체적으로 지킬 수 있을까요? 이런 율법에 대한 해

설이 중간기 시대부터 나오기 시작했고, 예수께서도 이를 '유전과 전통'이라고 하셨습니다. 이 전통이 주후 210년 무렵 성문화되었고 이를 '미쉬나'라고 부릅니다. 요세푸스는 이런 바리새파의 특징을 다음과 같이 서술합니다.

> 바리새파는 모세의 율법에 기록되지 않은 조상 전래의 수많은 규칙들을 백성들에게 부과하여 지키도록 하였다. 바로 이런 이유 때문에 사두개파는 이 규칙들을 인정하지 않았던 것이다. 사두개파는 성문화된 모세 율법은 의무적으로 꼭 지켜야 하나 조상 전래와 유전은 꼭 그럴 필요가 없다고 주장하였다. 사실상 이 유전들 사이에는 수많은 불일치와 논란의 소지가 많았다. 그럼에도 불구하고 바리새파는 대중들의 지지를 획득할 수 있었던 반면에 사두개파는 부자들에게만 영향력을 행사할 수 있었다. 요세푸스, 『유대 고대사』 13.10.6.

복음서에 언급된 바리새파의 특징이 서서히 입체적으로 보이기 시작하실 것입니다. 이어서 또 다른 특징도 살펴봅니다.

(2) 운명과 자유의지

에세네파가 운명(섭리)을, 사두개파가 자유의지를 철저히 믿었던 것과 달리 바리새파는 운명과 자유의지를 균형적으로 대했습니다. 에세네파와 사두개파의 중간 지점 어딘가에 있었다고 할 수 있습니다. 그래서 그들은 하나님의 섭리를 의지하면서도 동시에 스스로 선한 삶을 살고자 했습니다.

바리새파는 엄격한 율법 해석으로 유명하다. 바리새인들은 가장 먼저 종파를 형성한 자들로 모든 것을 운명과 하나님의 섭리로 여긴다. 의로운 행위를 하는가 하지 않는가는 주로 인간 스스로에게 달려 있기는 하지만 각각의 행위들은 또한 운명과도 연관되어 있다는 것이다. 바리새인들에 의하면 모든 영혼은 불멸하지만 오직 선한 영혼들만 다른 육체로 다시 태어나며 악한 자들의 영혼은 영원한 형벌의 징계를 받는다. 에세네파와 마찬가지로 바리새파 사람들도 서로 친밀한 관계를 형성하여 공동체의 결속에 높은 가치를 둔다. 요세푸스, 『유대고대사』 2.8.13.

(3) 영혼 불멸과 부활

바리새파는 죽음 뒤에도 다른 시간이 있다고 생각했습니다. 그들이 가졌던 내세관은 이렇습니다.

바리새파는 하나님의 뜻을 행하는 것이 하나님을 기쁘시게 하는 것이나, 인간의 의지는 악을 행할 수도 있고 선을 행할 수도 있는 것이라고 믿었다. 그들은 또한 영혼에는 불멸의 힘이 있어서 몸이 흙 속에 파묻혀도 이 세상에서 선하게 살았는지 악하게 살았는지에 따라 상벌을 받게 되는데, 선하게 살았을 경우에는 소생하여 다시 살 수 있는 능력을 받게 되고 악하게 살았을 경우 영원한 감옥에 갇히게 된다고 믿었다. 이런 교리들 때문에 바리새파는 유대인들에게 큰 영향력을 행사할 수 있었다. 유대인들은 하나님께 제사를 드릴 때나 기도를 할 때나 희생을 드릴 때 바리새인들이 시키는 대로 하였다. 바리새파는 삶의 모습에서나 가르침에 있어서 온전한 덕이 있었기 때문에 백성들은 그들을 크게 존경하였다. 요세푸스, 『유대 고대사』 18.1.3.

선한 영혼들이 다른 육체로 다시 태어난다는 주장은 헬레니즘을 거치면서 바리새인들 속에 형성된 전통이 되었습니다. 이런 민간 신앙은 페르시아의 영향을 받은 흔적입니다. 당시 사람들은 윤회한다면 3일 이내여야 한다고 생각했습니다. 그런 맥락을 '나사로 사건'에서 발견할 수 있습니다. 마르다는 나사로가 살아난다면 3일 이내여야 한다고 생각했습니다. 그래서 예수께서 일부러 4일째에 나타나셨을 때 굉장히 실망하고 슬퍼합니다.

예수께서는 민간 신앙이 아니라 그것을 뛰어넘는 더 큰 진리를 발견하도록 일부러 4일째가 되기를 기다리셨던 것입니다. 예수께서 3일 만에 나사로를 살려 주시는 것과 그들 인식의 한계를 벗어나는 4일째 나타나서 살리시는 것은 전혀 다른 의미입니다. 곧 예수님은 단순히 문제를 해결해 주시는 분이 아니라 우리의 생각과 한계까지 뛰어넘는 분임을 보여 주는 것입니다.

6. 가이사의 것은 가이사에게, 하나님의 것은 하나님에게

지금까지 바리새파의 면모를 파악해 보았습니다. 단순히 '바리새인들은 위선자'라는 도식적 생각에서 벗어나 입체적이면서도 역사적인 맥락으로 그들을 이해할 수 있게 되었습니다. 그렇다면 앞서 읽었던 "가이사의 것은 가이사에게, 하나님의 것은 하나님께 바치라"라는 구절도 다시 읽히게 될 것입니다.

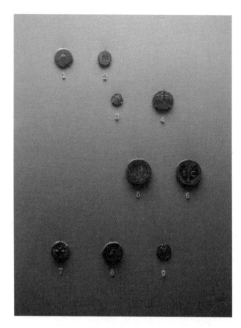

로마 시대의 동전,
대영박물관

　예수께서는 바리새인들과 논쟁을 벌이면서 그들에게 동전을 꺼
내라고 말씀하셨습니다. 그들이 본 동전은 로마 황제 티베리우스가
발행한 동전입니다. 동전 앞면에는 'TI-CAESAR AUGUSTUS'라고 새
겨져 있는데, 티베리우스 카이사르 아우구스투스 즉 '신의 아들 티베
리우스'라는 의미입니다. 동전 뒷면에는 'PONTIF MAXIM(PONTIFEX
MAXIMUS)'이라는 문구가 새겨져 있으며 그 의미는 '대제사장이 평화를
내리노라'입니다. 즉 신의 아들로서 로마의 평화를 수여한다는 종교
적 의미를 가지고 있습니다.

　예수께서 이 대화를 바리새인들과 나누셨고, 그 장소는 성전이었
습니다. 흥미로운 점은 당시 종교인들이 성전에서는 소위 '거룩한 돈'
이라는 '세겔'만 사용했다는 겁니다. 이 세겔은 성전 안에서만 통용됩

니다. 그래서 '세속적'인 데나리온은 반드시 성전에서 환전을 해야 했습니다. [89] 세겔은 성전 밖에서는 통용되지 않았기에 환전상이 필요했던 겁니다.

바리새인들은 예수를 책잡으려 했지만, 도리어 예수님의 말씀을 통해 그들의 어두운 내면이 폭로되었습니다. 그들이 꺼낸 동전은 데나리온이었습니다. 세겔만 써야 하는 성전에서 그들의 주머니는 데나리온으로 채워져 있었습니다. 그들은 정말 누구를 의지한 걸까요? 하나님의 이름을 부르지만 하나님과 헌금 사이에서 진심은 숨길 수가 없었던 것 같습니다.

한 걸음 더 나아가 예수께서는 이들의 품속에 있는 동전을 보게 하십니다. 이 동전에는 단순한 화폐 이상의 의미가 담겨 있습니다. 갈릴리 유다를 살펴봤다면 왜 바리새인들을 비롯한 유대인들이 호구조사에 반대해야 했는지, 데나리온 동전은 말하고 있습니다. 즉 동전에는 로마 황제가 주(主)라는 의미가 담겨 있기 때문이었습니다.

"너희 선배 바리새인들은 하나님이 주라는 사실을 지키기 위해서 헤롯 대왕 때도, 아켈라오 때도, 갈릴리 유다 때도, 그리고 불과 몇 년 전 빌라도 때도, 목숨을 걸었는데 지금 너희는 무엇을 위해 목숨을 거는가? 너희의 주인은 하나님인가, 아니면 로마 황제인가?"

예수님은 지금 바리새인들을 향해 묻고 계십니다. 아니, 어쩌면 이것은 오늘 우리를 향한 질문일 수도 있을 겁니다. 그렇다면 진짜 우리의 주는 누구인가요? 진정 예수님의 물음 앞에 하나님이 나의 주라고 자신 있게 대답할 수 있나요?

10강 ————————————————————

헤롯 가문과 유대 엘리트 계급

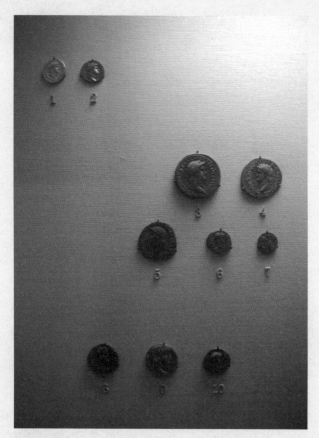

유대 분봉왕들이 발행한 동전, 대영박물관

대영박물관에는 로마 동전뿐 아니라 유대의 분봉왕들이
발행한 동전들도 볼 수 있습니다. 그 말은 곧 성경에
등장하는 인물들이 실제로 동전을 발행했으며,
실존하는 인물이었다는 말입니다. 우리는 21세기
관점으로 2천 년 전을 도식화해서 설명하곤 하지만,
그 시대를 살아가던 아무개들에게는 현실이었고,
맥락이었고, 삶이었습니다. 그들의 관점을 가질 때
성경의 의미는 보다 선명히 우리에게 열리게 됩니다.

강의 목표

혜롯 가문을 정리하고, 이 내용이 신약에서 어떻게 입체적으로 해
석될 수 있는지 살펴봅니다.

그리스도 안에서 인정함을 받은 아벨레에게 문안하라 아리스도불로
의 권속에게 문안하라 롬 16:10

1. 유대인의 왕과 헤롯 가문

유대 사회는 종교와 정치 두 축에 의해 지배되었습니다. 먼저 종교적으로는 유대 최고의 사법 기구인 산헤드린 공회가 있었습니다. 또한 정치적으로는 헤롯 가문과 파견된 총독이 있었습니다. 이 두 축에 의해 유대 사회는 유지되었습니다. 이 내용들을 기계적으로 암기하면 돌아서면 잊어버리지만, 우리가 잘 아는 신약 성경의 이야기들에 닿으면 두고두고 그 내용이 생각날 겁니다.

먼저 머릿속에 '헤롯' 하면 떠오르는 내용은 무엇인가요? 아마도 여러 에피소드들이 떠오를 겁니다. 신약 성경에는 많은 헤롯들이 등장합니다. 헤롯 대왕으로 지칭되는 헤롯 외에도 헤롯 안디바, 헤롯 아켈라오, 헤롯 빌립, 헤롯 아그립바 1세, 헤롯 아그립바 2세 등 수많은 헤롯이 나오지요. 신약 성경은 이들 모두를 헤롯으로 표기하는 경우가 많아서 누가 누구인지 구별하기가 쉽지 않습니다. 물론 그 시대를 살던 사람들에게는 상식에 불과했을 겁니다. 우리도 이들의 족보가 이해된다면 신약 성경이 훨씬 선명하게 다가올 겁니다.

우선 다른 헤롯들과 구분하기 위해 베들레헴에서 영아들을 학살한 인물을 '헤롯 대왕'이라고 부릅니다. 이는 존경의 표현이 아니라 다른 인물들과 구별하기 위한 용어입니다. 그의 아들들도 성경에서 '헤롯'으로 표기되는데 분봉왕들이었습니다. 분봉왕은 왕이 아니라 영주에 해당하는 지위였으니 이들이 '유대인의 왕'이 되기를 얼마나 원했을까요?

그런 시대에 예수께서 유대인의 왕으로 오셨으니 얼마나 사회적인 파장이 컸을까요? 예수께서 베들레헴에서 태어나실 때, 동방의 천

문학자들은 별을 보며 유대인의 왕을 쫓아서 유대 땅으로 왔습니다.

> 1헤롯 왕 때에 예수께서 유대 베들레헴에서 나시매 동방으로부터 박
> 사들이 예루살렘에 이르러 말하되 2유대인의 왕으로 나신 이가 어디
> 계시냐 우리가 동방에서 그의 별을 보고 그에게 경배하러 왔노라 하
> 니 3헤롯 왕과 온 예루살렘이 듣고 소동한지라 마 2:1~3

이 장면의 헤롯 왕이 헤롯 대왕입니다. 그는 로마 황제로부터 승인 받은 실제 '유대인의 왕'이었습니다. 그런데 베들레헴에서 '다른' 유대인의 왕이 태어났다는 소식에 그는 화들짝 놀랐습니다. 아직 그의 아들 아켈라오에게 왕위를 승계하지도 않았는데 왕이 탄생했답니다. 그래서 그즈음 베들레헴에서 태어난 영아들을 학살합니다. 이것을 파악한다면 헤롯 대왕은 단순한 악인이 아니라 시대적인 인물로 보는 것이 좀 더 정확할 것입니다.

예수께서는 3년간 활동하면서 자신이 유대인의 왕임을 드러내셨습니다. 그러니까 민중들이나, 심지어 제자들마저도 믿음을 논하기 전에, 그들은 예수에 대해서 정치적으로 상상할 수밖에 없었습니다. 당시의 아무개들은 그런 시대를 살았기 때문입니다.

이런 정황은 십자가와 연결됩니다. 십자가는 로마 시대에 정치적인 반란자들을 처형하기 위한 도구였습니다. 그렇다면 결국 예수께서는 종교범이 아니라 정치범으로 처형당하신 것이 됩니다. 복음서에는 빌라도가 예수께 질문하는 장면이 나옵니다.

> 1무리가 다 일어나 예수를 빌라도에게 끌고 가서 2고발하여 이르되

우리가 이 사람을 보매 우리 백성을 미혹하고 가이사에게 세금 바치는 것을 금하며 자칭 왕 그리스도라 하더이다 하니 3빌라도가 예수께 물어 이르되 네가 유대인의 왕이냐 대답하여 이르시되 네 말이 옳도다 눅 23:1~3

뚜렷하게는 아닐지라도 그 시대가 어렴풋하게 파악이 되셨을 겁니다. 이제 시대 속으로 더 깊이 들어가 보겠습니다.

2. 로마의 통치 방식

지금까지 신구약 중간기의 유대 사회를 지배했던 페르시아, 그리스, 프톨레마이오스, 그리고 셀레우코스 시대를 살펴보았습니다. 주전 63년부터 유대는 새로운 강자 로마의 지배를 받게 됩니다. 로마는 충성(Euergetism)과 특권(Prestige)의 관계 속에서 속주를 지배하고 통치했습니다.

관용 정책이라는 큰 틀에서 페르시아, 그리스, 로마 모두 속주의 자치를 인정했다는 공통점이 있지만 로마의 지배 방식은 약간 달랐습니다. 페르시아는 총독을 파견하고 속주의 문화를 인정했습니다. 그래서 이 시기에는 '문명의 공존'이 이루어졌습니다. 알렉산드로스는 그리스 철학과 문명을 확장시켜서 세계 시민화 정책을 취했습니다. 이 헬레니즘 시기는 문명의 공존을 넘어서 '문명의 융합'이 이루어졌습니다.

이와 달리 로마는 속주와 후견자-피보호자(patronage-clientela)의 관계를 맺었습니다. 즉 속주의 엘리트에게 특권을 주는 대가로 속주로부터 충성을 얻었습니다. 이 속에는 세금, 치안, 복종이 포함됩니다. 이런 관계를 유지하며 로마의 속주들은 로마화(Romanization)가 이루어집니다. 이것은 주후 3세기 말 디오클레티아누스(Diocletianus) 황제까지 유지됩니다.

사실 고대에 로마화 현상은 대부분의 속주에서 원하던 바였습니다. 로마 시민권과 문명의 혜택을 얻을 수 있기 때문이었습니다. 그런데 유독 유대 사회에서는 반란이 끊이지 않았는데, 그 이유는 종교 때문이었습니다.[90] 유대인들은 신정 정치(Theocracy)를 오랫동안 유지했기 때문에 로마 황제를 신으로 숭배하는 것에 저항감을 드러냈습니다. 그럼에도 로마 황제들은 이런 특성을 인정해 주었는데, 어떻게 유대 전쟁까지 일어나게 된 걸까요?

3. 헤롯 가계도

아래는 헤롯 가문의 가계도[91]입니다. 이 관계를 이해한다면 신약성경의 많은 부분이 이해되실 겁니다. 또 이 가계도와 요세푸스의 기록을 대조하면 익숙했던 성경의 사건들이 생생하게 다가올 겁니다.

(1) 안티파테르

안티파테르(Antipater the Idumaean)는 헤롯 가문의 시초입니다. 그는 혈통적으로 이두매 사람입니다. 헤롯을 포함한 자손들도 이두매 혈통인 셈입니다. 그리스어 '이두매'는 히브리어로 '에돔'입니다. 구약 흐름

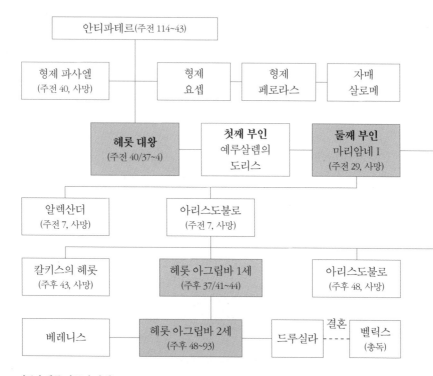

[표9] 헤롯 가문의 가계도

의 연장선으로 말하자면, 에서의 후예 에돔 족속이 로마의 권력을 등에 업고 야곱의 후예인 유대 사회를 지배한 겁니다.

　에돔은 구약 시대에 이스라엘을 괴롭혔던 민족입니다. 그래서 오바댜 선지자는 에돔의 심판을 강력히 선포했습니다. 그들은 주전 586년 바벨론 3차 침공 때, 바벨론 편에서 예루살렘을 멸망시켰던 민족입니다. 바벨론의 느부갓네살은 예루살렘의 점령을 앞두고 나머지 정복을 에돔 족속에게 맡기고, 이집트 원정을 떠났습니다. 이런 악연이 5백 년 후 다시 로마 시대에 재연이 된 겁니다.

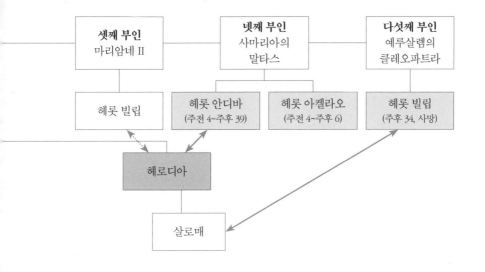

| **셋째 부인**
마리암네 II | **넷째 부인**
사마리아의
말타스 | **다섯째 부인**
예루살렘의
클레오파트라 |

헤롯 빌립

헤롯 안디바
(주전 4~주후 39)

헤롯 아켈라오
(주전 4~주후 6)

헤롯 빌립
(주후 34, 사망)

헤로디아

살로매

이두매 사람 안티파테르는 부유한 상인이었고, 탁월한 정치적 수완을 발휘했습니다. 카이사르가 갈리아 원정을 떠났고, 동방에서는 폼페이우스가 주전 63년에 예루살렘을 탈환했습니다. 이들이 주전 59년 1차 삼두 정치(카이사르, 폼페이우스, 크라수스)를 결성했을 때, 안티파테르는 폼페이우스에게 충성을 다짐했습니다.

주전 49년 카이사르는 루비콘강을 건너 폼페이우스와 내전을 벌였습니다. 주전 48년 내전 당시 안티파테르는 빠른 태세 전환을 해서 카이사르를 도왔고, 폼페이우스는 암살을 당합니다. 이로 인해 주전 47

년에 카이사르는 유대의 통치권을 안티파테르에게 넘겨주었습니다.

주전 43년에 안티파테르가 죽자 그는 자신의 아들들이었던 파사엘과 헤롯 대왕을 분봉왕 자리에 앉혔습니다. 이때부터 헤롯 대왕의 정치적 수완이 유감없이 발휘됩니다. 안테파테르가 죽자 하스몬 혈통이었던 히르카누스, 안티고누스가 권력을 잡을 뻔했지만 헤롯은 그들은 물론 형 파사엘까지 제거하고 유대 통치자의 자리에 등극합니다.

> 안티파테르는 폼페이우스에 의해 무너진 예루살렘의 성벽을 재건하고, 각지에서 저항하는 소요를 진압하려고 했다. 왜냐하면 반란을 일으키는 자들의 야욕에 넘어간다면 그것은 히르카누스(하스몬 혈통)를 왕으로 만드는 것이며, 나아가 카이사르의 적으로 만드는 행위이므로 모든 반란들을 진압했다. 안티파테르는 큰 아들 파사엘에게 예루살렘을 맡겼고, 아직 젊었던 둘째 아들 헤롯에게도 같은 지위를 주어 갈릴리로 파견했다. 요세푸스, 『유대 전쟁사』 1. 10. 4.

이렇게 헤롯 대왕은 권력의 정점에 오릅니다. 그는 어떻게 자신의 존재감을 과시했을까요?

(2) 헤롯 대왕

로마의 1차 삼두 정치 때 안티파테르가 줄을 잘 서서 실세에 등극했다면, 헤롯은 2차 삼두 정치 때 불리한 운명을 잘 극복한 사람이었습니다. 줄리우스 카이사르가 주전 44년 3월 15일에 암살되자 주전 43년에 2차 삼두 정치(옥타비아누스, 안토니우스, 레피두스)가 결성되었습니다.

처음에 헤롯은 안토니우스 편에 가담했습니다. 그러나 주전 31년

9월 2일 안토니우스와 클레오파트라 연합 군대가 악티움 해전에서 옥타비아누스에게 패하자, 안토니우스에게 줄을 섰던 사람들은 그야말로 패배의 막중한 책임을 져야 했습니다. 이때 헤롯은 정치적인 수완을 발휘해서 유대인의 왕에 오르게 됩니다.

헤롯에게는 아홉 명의 아내가 있었습니다. 가계도에는 그중 눈여겨봐야 할 다섯 명의 부인만 소개했습니다. 한 가지 팁을 드리자면 이름보다는 '몇 번째' 부인인지 순서를 이해하면 더 오래 기억에 남을 것입니다.

우선 헤롯은 이두매 사람이었기에 혈통이 큰 약점이었습니다. 에돔 족속으로서 유대인들을 통치해야 했기에 두 번째 부인을 하스몬 혈통의 여인으로 맞이합니다. 그러나 아내가 많다는 것은 그만큼 왕위 계승에 갈등이 생길 여지도 크다는 것을 의미합니다. 실제로 하스몬 혈통의 두 번째 부인은 다른 부인들로부터 견제를 받습니다.

이 일에 가장 주도적인 것이 네 번째 부인이었습니다. 이 여인의 모함으로 헤롯은 두 번째 부인을 주전 29년에 처형했으며, 그 하스몬 혈통을 물려받은 알렉산더와 아리스도불로 역시 주전 7년에 처형합니다. 이때 처형된 하스몬 왕자의 자녀가 사도행전에 나오는 헤롯 아그립바 1세입니다. 물론 성경에는 헤롯이라고만 나오니 구분하기가 쉽지 않습니다. 그의 형제는 칼키스의 헤롯, 아리스도불로, 그리고 헤로디아였습니다. 그렇다면 요세푸스의 기록을 참고하면서 헤롯 대왕의 성격을 파악해 볼까요?

① 둘째 아들 헤롯은 원래 기질이 활동적이어서 갈릴리 수많은 반란자들을 체포해서 죽였고, 이런 공적이 시리아 총독에게 알려지면서

가장 인정받는 사람이 되었다. 파사엘도 자기 동생이 유명해지자 선의의 경쟁을 통해 자신의 명성을 쌓고자 했다. 그는 함부로 권력을 남용하는 일이 없이 예루살렘 주민들에게 선정을 베풀었다. 요세푸스, 『유대 전쟁사』 1.10.4. .

② 헤롯이 말했다. "황제시여, 저는 안토니우스에 의해 왕이 된 자로서, 안토니우스를 위해 최선을 다했으며, 악티움 패전 이후에도 안토니우스에게 군사 동맹자로서 최선을 다해 충성을 바쳤습니다. 그러나 저는 안토니우스와 함께 전쟁에서 패했고, 왕관을 내려놓았습니다. 그리고 저는 구원의 희망을 가지고 폐하께 나왔습니다. 부디, 저의 충성이 누구에게 대한 충성이었냐를 보지 마시고, 한 번 충성하면 끝까지 충성을 바쳤던 것을 판단받고 싶습니다." 요세푸스, 『유대 전쟁사』 1.20.1.

③ 헤롯 왕은 자신의 영토마다 신전을 지은 후에, 이것으로 그에게 복속된 지역이 황제를 위한 것임을 선언했고, 많은 도시들에 황제를 위한 기념물을 세웠다. 요세푸스, 『유대 전쟁사』 1.21.4.

이스라엘에 그리스식 건물들이 들어서는 것은 율법을 지키는 유대인들의 비위를 상하게 한 행위였다. 기념비에 새겨진 형상(image)들은 십계명을 어기는 것이었기 때문이었다. [92] 요세푸스, 『유대 고대사』 15.8.1.

④ 헤롯은 짐승같이 잔인한 인간이었으며, 의(義)와는 담을 쌓은 사람이었으나 누구보다 운이 좋은 인물이었다. 왜냐하면 일개 평민으로

서 왕의 지위까지 올라갔을 뿐만 아니라 이루 헤아릴 수 없는 수많은 위험에 직면했음에도 모든 위험을 극복하고 장수했기 때문이다. 그러나 헤롯 자신은 적들을 물리쳤으므로 운이 좋았다고 할 수 있을는지 모르지만 그의 가정과 자식들의 문제를 두고 볼 때에는 매우 불행하였다. 요세푸스, 『유대 고대사』 17.8.1.

요세푸스의 기록을 통해 헤롯을 좀 더 입체적으로 파악하게 되었습니다. 그렇다면 이 헤롯이 죽은 이후에 아들들은 어땠을까요?

(3) 헤롯 아켈라오

이제 시선을 헤롯 대왕 사후로 옮겨 보겠습니다. 생전에 그는 부인이 여럿이었기에 아들들 간에 상당한 갈등이 있었습니다. 권력 승계에 따른 암투 때문입니다. 헤롯을 이을 유력한 인물은 네 번째 부인의 아들이었던 헤롯 아켈라오였습니다. 그는 로마에 가서 유대인의 왕으로 승인을 받으려 했습니다.

그런데 형제였던 헤롯 안디바가 로마로 뒤따라갑니다. 아켈라오는 절대로 왕이 되면 안 된다고 반대하지요. 유대 엘리트들도 로마에 가서 아켈라오의 폭정을 고발했습니다. 로마 황제는 헤롯 아켈라오, 헤롯 안디바, 헤롯 빌립에게 유대 영토를 쪼개서 그 지역을 다스리는 분봉왕(영주) 칭호를 주었습니다. 이로 인해서 분봉왕들은 '유대인의 왕'이 되려고 혈안이 되었습니다.

예수님의 비유 중에 "어떤 귀인이 왕위를 받아가지고 오려고 먼 나라로 갈 때에"(눅 19:12)로 시작하는 이야기는 바로 이런 맥락에서 하신 말씀입니다. 물론 그 귀인이 분봉왕을 지칭하는 것은 아니지만, 당시 유대인들에게 굉장히 익숙한 관행을 토대로 비유를 말씀하셨던 것입니다. 아켈라오와 관련된 요세푸스의 언급은 이렇습니다.

① 아켈라오는 7일간 부친 헤롯을 위해 애곡할 정도로 장례에 지극한 정성을 보였다. 일부 유대인들은 헤롯을 위해 애곡하는 기간에 금독수리상을 끌어내리다가 헤롯에 의해 처형당한 바리새인들을 위해 애곡했다. 그러자 백성들은 함께 모여 아켈라오를 찾아가 이같이 요구했다. "마티아스와 그 일행의 원수를 갚고 싶으니 우선 헤롯 왕이 대제사장으로 임명한 자를 해임시키고, 대제사장직을 수행하기에 더 적합한 자를 대제사장으로 임명해 주시기 바랍니다." 아켈라오는 이들의 끈질긴 요구에 기분이 몹시 상했으나 자신의 왕위 계승 문제로 카이사르의 승인을 얻기 위해 곧 로마를 방문할 계획이었기 때문에 이들의 요구를 들어주면서 백성들을 설득하고자 했다. 요세푸스,『유대고대사』 17.9.1.

② 아켈라오와 안디바가 로마에 도착했을 때, 유대 사신들 역시 로마에 도착해서 아켈라오를 신랄하게 고발했다. "아켈라오가 성전에서 동족 3,000명을 학살할 때, 저희는 그가 어떤 인물인지를 한눈에 알아보았습니다. (중략) 저희들이 원하는 것은 유대국을 왕정이나 그와 유사한 정치 체제 속에 묶지 마시고 시리아에 병합시켜 로마가 파견하는 시리아 총독의 관할을 받게 해 달라는 것 외에 다른 것은 없습니다." 요세푸스,『유대 고대사』 17.11.2.

③ 카이사르는 유대 사신들을 돌려보냈다. 그로부터 며칠 뒤 아켈라

오에게 유대 전 왕국이 아니라 헤롯이 다스렸던 영토의 반을 다스리는 분봉왕으로 임명하면서 선정을 베풀면 후에 왕으로 격상시켜 주겠다고 약속했다. 요세푸스, 『유대 고대사』 17.11.4.

④ 아켈라오는 자기 분봉국 유대로 돌아오자마자 요아사르가 반란에 협조했다는 이유로 그를 대제사장직에서 해임시키고 그의 동생 엘르아살을 대제사장으로 임명했다. 요세푸스, 『유대 고대사』 17.13.1.

⑤ 아켈라오 통치 제10년에 아켈라오의 형제들 및 유대 장로들은 백성들을 학대하는 그의 야만적 독재 행위를 견디다 못해 카이사르에게 그를 고소하였다. 왜냐하면 아켈라오가 온유한 태도로 선정을 베풀라는 카이사르의 명령을 어긴 것을 그들은 잘 알고 있었기 때문이었다. 카이사르는 아켈라오를 고소한 자들의 비난과 아켈라오 자신의 답변을 종합해서 생각한 후에 아켈라오를 추방했고 그의 재산을 몰수했다. 요세푸스, 『유대 고대사』 17.13.2.

결국 아켈라오는 주후 6년에 폐위되었고, 그 자리에 로마 총독이 파견되었습니다. 그렇다면 정치적으로 아켈라오의 발목을 잡았던 헤롯 안디바를 살펴봅시다.

(4) 헤롯 안디바

헤롯 안디바는 아켈라오와 친형제인 동시에 권력을 놓고 다투던 사이였습니다. 그는 세례 요한을 옥에 가두어 참수시켰던 인물이고, 예수님과 법정에서 대면하기도 했습니다. 요세푸스는 그를 어떻게 기록할까요?

① 바로 이때 헤롯의 또 다른 아들인 헤롯 안디바도 유대 왕국을 자기 손에 장악할 목적으로 로마로 향해하였다. 아켈라오에 이어 안디바도 로마로 향하자 모든 친척들이 예루살렘에서 반역을 일으켰다. 그 이유는 안디바에 대한 호의 때문이 아니라 아켈라오에 대한 미움 때문이었다. 그들은 독립을 쟁취하거나 혹은 로마의 직접적인 지배를 받고 싶어 했으나 그것이 무리임을 알고 있었기에, 차라리 아켈라오보다는 안디바가 낫다고 생각해서 모든 친척들이 안디바의 편을 들게 되었다. 요세푸스, 『유대 고대사』 17.9.4.

② 분봉왕 헤롯은 아래와 같은 이유로 주변국 아레타스와 다투게 되었다. 분봉왕 헤롯은 아레타스 왕의 딸과 결혼하여 오랫동안 무리 없이 살았다. 그런데 분봉왕 헤롯이 로마를 방문하는 동안 이복 형제의 아내 헤로디아를 사랑하게 되었다. 헤로디아는 하스몬 왕가의 혈통인 아리스도불로의 딸이었으며, 아그립바 대왕의 누이였다. 분봉왕 헤롯은 헤로디아에게 결혼하자고 당돌하게 제의하였다. 그러자 헤로디아는 분봉왕 헤롯의 청혼을 받아들였다. 그런데 여기 한 가지 결혼 조건이 있었다. 그것은 분봉왕 헤롯이 아레타스의 딸과 이혼한다는 조건이었다. 헤롯 안디바는 그렇게 약속을 한 후에 로마에서의 일을 마치고 귀국했다. 이 결혼 문제로 인해 분봉왕 헤롯과 아레타스 왕 사이에 전쟁이 일어났고, 헤롯은 크게 패하고 말았다. 이에 헤롯은 이 사실을 티베리우스 황제에게 알렸고, 황제는 아레타스의 행동에 크게 분노하여 시리아 총독에게 아레타스를 공격하도록 지시했다. 요세

푸스, 『유대 고대사』 18.5.1.

③ 일부 유대인들은 헤롯이 아레타스에게 패배한 것은 하나님의 심
판이라고 생각했다. 왜냐하면 헤롯이 세례 요한을 살해한 죄에 따른
하나님의 형벌이라고 생각했기 때문이다. 요한은 의로운 인물이었
고, 요한의 말을 듣고 감동한 사람들은 구름 떼처럼 요한에게 몰려들
었다. 그러나 분봉왕 헤롯은 요한의 영향력이 커진 것을 보면서 그가
반역을 일으키지나 않을까 걱정하여 그를 처형하여 후환을 없애는
것이 상책이라고 생각했다. 요세푸스, 『유대 고대사』 18.5.2.

④ 티베리우스의 총애를 받는 분봉왕 헤롯은 도시를 하나 건설하고
그곳을 디베랴(Tiberias, 티베리우스 황제의 도시) 시라고 불렀다. 디베랴 시
는 묘지를 파내고 건설한 도시였기 때문에 그런 곳을 주거지로 이용
하는 것은 유대의 율법을 범하는 것임을 헤롯은 잘 알고 있었다. 유대
율법은 이런 곳에 거주하는 자들은 7일간 부정하다고 하고 있기 때문
이다(민 19:11). 요세푸스, 『유대 고대사』 18.2.3.

⑤ 헤로디아는 아그립바가 자기 남편보다 더욱 높은 지위를 차지한
것을 보고 시기심이 생겼다. 아그립바가 도망을 칠 때 빚도 제대로 갚
지 못할 줄 알았는데 높은 지위와 큰 재산을 가지고 금의환향하자 배
가 아팠던 것이다. 헤로디아는 아그립바가 '유대인의 왕'으로 행진하
는 모습을 보고 자신이 초라하다고 느끼기 시작했다. 이에 헤로디아
는 분봉왕 헤롯에게 로마로 가서 아그립바와 같은 지위를 얻어 오라
고 충동질을 했다. "당신도 아그립바 못지않은 사람이예요. 그런데,

빚쟁이를 피해 도망친 놈이 유대인의 왕이 되어 돌아왔는데 당신은 지금 무엇을 하고 있는 거예요?" 요세푸스, 『유대 고대사』, 18.7.1.

⑥ 분봉왕 헤롯은 편한 것을 좋아했기 때문에 헤로디아의 요구를 들으려고 하지 않았고, 로마에 가서 어떤 위험을 당할지 모르기 때문에 헤로디아의 요청을 억누르려고 했다. 그러나 헤로디아는 뒤로 빼면 뺄수록 그를 더욱 세게 몰아붙였고, 왕(King)이 되기 위해서는 수단과 방법을 가리지 말아야 한다고 했다. 결국 그들은 만반의 준비를 갖추고 로마를 향했다. 한편 아그립바는 그들이 무슨 의도로 로마로 향하는지 알아차리고 자신도 로마로 갈 채비를 했다. (중략: 로마에서 아그립바가 분봉왕 헤롯을 모함함) 그리하여 가이우스는 헤롯에게서 그의 분봉국을 빼앗아 아그립바의 영토에 병합시키는 한편 헤롯의 재산을 몰수하여 아그립바에게 주었다. 가이우스 황제는 헤롯과 헤로디아를 유대에서 영원히 추방시키기로 결정했다. 요세푸스, 『유대 고대사』, 18.7.2.

헤롯의 가계도를 기억하면 기록에 '헤롯'이라는 명칭이 등장할 때, 맥락 속에서 그가 어떤 헤롯인지 구분할 수 있게 됩니다. 이것은 성경에서 헤롯을 접할 때도 마찬가지입니다.

아켈라오와 비교하면 헤롯 안디바의 성격은 어떤가요? 그는 갈릴리 지역을 통치하던 분봉왕이었습니다. 반면 헤로디아는 하스몬 혈통을 가진 여인이었습니다. 가계도를 보면 헤로디아는 헤롯 대왕 셋째 부인의 아들 헤롯 빌립과 결혼합니다.

여기서 우리는 행간을 읽어 내야 합니다. 헤롯 안디바는 분봉왕으로서 아레타스 출신의 외국인 아내를 두고 있었지만, 유대인의 왕이 되고 싶어 했습니다. 헤로디아는 하스몬 혈통의 여인이었지만 그의 남편은 분봉왕조차 되지 못한, 권력에서 밀려난 인물이었습니다.

헤롯 안디바와 헤로디아는 서로가 아쉬운 부분을 해결해 줄 매력적인 카드로 보였을 것입니다. 그렇지만 그 카드를 얻기 위해서는 이혼을 해야 했습니다. 그래서 헤롯 안디바와 헤로디아는 불법적인 결혼을 감행했습니다. 그 결과 어떤 일이 벌어질까요? 가계도에서 볼 수 있는 것처럼 헤롯 대왕의 다섯 번째 부인의 아들이었던 헤롯 빌립은 하스몬 혈통을 얻기 위해서 살로매와 결혼을 합니다. 도대체 몇 촌 지간인가요?

헤롯 안디바와 헤로디아가 결혼한 것을 음란함으로 생각하기 쉽지만, 당시의 정황은 오히려 권력에 미쳐 돌아가는 광기로 볼 수 있습니다. 그들의 광기를 지적한 인물이 세례 요한이었습니다. 여기서 그리스도인의 마땅한 행실을 생각해 보게 됩니다. 그리스도인은 세상의 광기와 탐욕에 대해 선명한 기준을 제시할 수 있어야 합니다. 그러나 광기와 탐욕이 오히려 우리 속에 가득해서 거짓, 세습, 횡령, 부정, 음란으로 점철되어 있다면 교회는 그 기능을 잃어버린 것이 아닐까요? 세례 요한은 오늘 우리에게도 준엄하게 경고합니다.

결국 헤롯 안디바 역시 분봉왕에서 추방됩니다. 그것은 하스몬 혈통을 가진 헤롯 아그립바 1세에 의해서였습니다.

(5) 헤롯 아그립바 1세

사도행전 12장을 보면 헤롯 아그립바 1세는 벌레가 먹어 죽었다고 기록되어 있습니다. 유대 문헌을 연구하는 어떤 학자는 그가 죽은 사인이 천공으로 인한 위궤양이었을 것으로 예측했는데 정말 놀랐습니다. 이에 따르면 헤롯 아그립바는 헬리코박터균으로 사망했는데, 인류가 발견한 지 몇백 년 안 된 세균을 2천 년 전에 '벌레'로 표현했기 때문입니다. 그는 왜 그렇게 되었을까요? 헤롯 아그립바 1세와 관련된 기록들을 살펴봅니다.

① 아그립바는 천성적으로 남에게 선물 주기를 좋아하는 성격에다가 사치스럽기까지 하였으나 모친이 살아 있을 때는 사치스럽다는 꾸중을 들을까 봐 조심했기 때문에 그런 모습을 보이지 않았다. 그러나 모친이 세상을 떠나고 제 마음대로 할 수 있게 되자 아그립바는 일상생활에서도 사치스러운 낭비를 일삼았을 뿐 아니라 남에게 지나치게 선물을 많이 주기에 이르렀다. 그리하여 아그립바는 얼마 못 가서 가난뱅이가 되었고, 빚쟁이들의 독촉을 받게 되었다. 아그립바는 부끄러움을 참지 못하고 자살하기로 결심했다. <small>요세푸스, 『유대 고대사』 18.6.1.</small>

② 분봉왕 헤롯과 헤로디아는 아그립바의 자살을 막기 위해 디베랴 시에 거처를 만들어 주고 생활을 보장할 수입원을 마련해 주기 위해 행정 장관으로 임명해 주었다. 그러나 이런 헤롯과 아그립바의 관계는 오래 가지 못했다. 한번은 잔치가 열렸을 때, 분봉왕 헤롯은 아그립바가 자기 덕분에 입에 풀칠하는 가난뱅이라고 했고, 아그립바는 이런 모욕을 참을 수 없어서 로마에 있을 때 매우 친하게 지내던 플라쿠스에게로 갔다. 당시 플라쿠스는 시리아 총독으로 와 있었다. <small>요세푸스, 『유대 고대사』 18.6.2.</small>

③ 그 무렵 아그립바가 분봉왕 헤롯 안디바를 고발하려고 디베랴에

왔다. 아그립바는 로마에 머물며 친목을 돈독히 쌓은 가이우스 황제의 신임을 입고 안디바를 고발하고자 한 것이다. 로마에 있을 때, 아그립바가 가이우스의 만찬에 참석해서 사람들이 보는 앞에서 손을 들고 기도하기를 티베리우스 황제가 얼른 죽고 가이우스가 세상의 지배자가 되는 날이 오기를 빈다고 했다. 시중드는 자 가운데 한 사람이 이 사실을 티베리우스에게 고했고, 황제는 크게 분노하여 그를 감옥에 가두었다. 그러나 6개월 후 티베리우스 황제가 죽고 가이우스가 황제에 오르면서 아그립바도 풀려나게 되었다. 요세푸스, 『유대 전쟁사』 2.9.5.

이렇게 하스몬 혈통이었던 헤롯 아그립바는 로마의 3대 황제 가이우스 칼리굴라(Gaius Caligula)와의 친분을 등에 업고, 유대인의 왕으로 유대 사회에 돌아오게 되었습니다. 그러니까 여러 헤롯들 중에서 헤롯 대왕과 헤롯 아그립바 1세만이 '유대인의 왕'으로 인정을 받게 된 겁니다.

4. 헤롯 아그립바 1세와 신약 성경

헤롯 아그립바 1세와 2세는 사도행전에 소개되어 있습니다. 1세는 '헤롯'으로, 2세는 '아그립바'로 표기되었기 때문에 잘 구분해야 합니다. 특히 이들은 사도들과 같은 시기에 활동했기 때문에 신약 성경을 더 깊이 이해하기 위해서 면밀히 살펴봐야 합니다.

헤롯 아그립바 1세의 모친 베레니스는 하스몬 혈통답게 클라우디

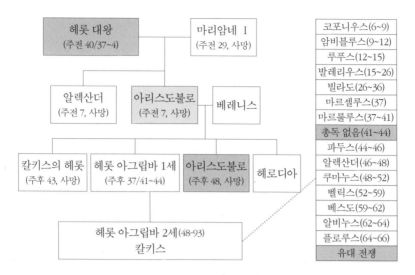

	코포니우스(6~9)
	암비블루스(9~12)
	루푸스(12~15)
	발레리우스(15~26)
	빌라도(26~36)
	마르셀루스(37)
	마르룰루스(37~41)
	총독 없음(41~44)
	파두스(44~46)
	알렉산더(46~48)
	쿠마누스(48~52)
	벨릭스(52~59)
	베스도(59~62)
	알비누스(62~64)
	플로루스(64~66)
	유대 전쟁

헤롯 대왕 (주전 40/37~4)
마리암네 Ⅰ (주전 29, 사망)
알렉산더 (주전 7, 사망)
아리스도불로 (주전 7, 사망)
베레니스
칼키스의 헤롯 (주후 43, 사망)
헤롯 아그립바 1세 (주후 37/41~44)
아리스도불로 (주후 48, 사망)
헤로디아
헤롯 아그립바 2세(48-93) 칼키스

[표10] 헤롯의 가계도와 유대 총독들

우스 황제의 모친과 가까운 관계였습니다. 하스몬 혈통의 자녀들은 유대의 권력을 장악하기 위해 일찍부터 로마에서 유학하며 로마의 권력자들과 인맥 관계를 형성하는 것이 보통이었기 때문입니다. 헤롯 아그립바 1세도 그랬습니다.

아그립바 1세의 정식 명칭은 마르쿠스 줄리우스 아그립바(Marcus Julius Agrippa)였습니다. 이 이름은 로마에서 공부하고, 권력자들과 친분이 있음을 과시하기 위함이었습니다.[93] 마치 한때 우리나라 사람들이 외국에서 활동하면서 인맥을 쌓기 위해서 이름을 John, Sam, Peter로 바꾸었던 소위 '검은 머리 외국인' 이야기를 떠올리면 이해가 편할 것입니다.

『유대 고대사』를 통해 요세푸스는 아그립바 1세가 클라우디우스 황제[94]와 가까운 사이였고, 특히 주후 17년 집정관을 지낸 플라쿠스와 절친한 관계였다고 밝힙니다. 플라쿠스가 집정관에서 물러난 후 시리아 총독으로 있었을 때, 아그립바 1세는 그를 찾아가 도움을 요청하기도 했습니다.

또 요세푸스는 아그립바 1세와 플라쿠스의 관계를 그의 동생 아리스도불로가 못마땅하게 여겼다는 사실도 전합니다(『유대 고대사』, 18.6.3.). 그러고 보면 한 형제였던 헤롯 아그립바 1세와 아리스도불로는 가치관이 상당히 달랐던 것 같습니다.

결국 로마 황실로부터 권력을 얻은 아그립바 1세는 주후 37년 헤롯 빌립의 영토를 계승했고, 39년에는 헤롯 안디바와 헤로디아를 유대에서 추방했습니다. 그리하여 41~44년까지 유대인의 왕으로서 유대를 통치했습니다. 그러나 주후 44년 벌레에 먹혀 죽고 맙니다(행 12:23). 그럼 왕위 계승에서 가장 가까운 인물인 아리스도불로는 권력을 차지했을까요?

5. 아리스도불로의 권속에게 문안하라

주후 44년 헤롯 아그립바 1세가 죽자 3년간 중단되었던 총독 파견이 재개됩니다. 그런데 헤롯 아그립바 1세의 아들이 분봉왕이 된 시점은 주후 44년이 아니라 48년부터였습니다. 아리스도불로가 죽은 해입니다. 이 사이에 어떤 일이 있었는지 정확하게 알 수는 없지만 가계도와 연도를 봤을 때 추정할 수 있습니다.

왜 헤롯 아그립바 1세가 죽은 후 4년간 분봉왕이 없었을까요? 혈통이나 서열 면에서 왕위 계승에 가장 가까웠던 인물은 아리스도불로였을 겁니다. 그러나 아그립바 1세가 권력을 탐하며 로마의 유력 인사들이나 시리아 총독 플라쿠스와 모종의 관계를 모색할 때, 그것을 만류할 만큼 다른 가치관을 가졌던 인물이 또한 아리스도불로였습니다. 그의 이름은 바울의 기억 속에 이렇게 남아 있습니다.

> 그리스도 안에서 인정함을 받은 아벨레에게 문안하라 아리스도불로의 권속에게 문안하라 롬 16:10
> Salute Apelles approved in Christ. Salute them which are of Aristobulus' household. 롬 16:10, KJV

대부분의 주석학자들은 로마서 16장 10절을 이렇게 해석합니다. '아벨레'는 로마에서 흔한 유대인 이름이었으며, 아벨레와 아리스도불로는 '황실의 인맥'과 관련되었기에 로마서 16장 10절에 연결되어 묶입니다. 그런 까닭에 이 아리스도불로는 아그립바 1세의 형제였을 것으로 봅니다. [95]

그렇다면 이 기록 속에는 많은 의미가 내포되어 있습니다. 바울은 아리스도불로의 '권속'이라고 표현하면서 그 가족들을 언급합니다. 아리스도불로와 그 가족들의 신앙과 가치관도 엿볼 수 있습니다. 이들은 현재 로마교회의 일원으로 바울에게 호명되고 있습니다. 이들이 로마에 머물게 된 배경은 하스몬 가문이 으레 그렇듯, 권력 승계를 위해 로마에서 유학을 했고, 로마의 유력 인사들과 인맥을 갖게 되었기 때문일 것입니다.

그러나 아리스도불로는 형 아그립바 1세가 유력자들과 어울리는 모습을 몹시 싫어했습니다(『유대 고대사』 18.6.3.). 그는 관직이나 권력에 대항해서 '은거하며'[96], 혹은 '평범하게'[97] 살다가 죽은 인물로 그려집니다. 주후 44년 헤롯 아그립바 1세가 죽었을 때 아리스도불로는 누구보다 권력 승계에서 가장 높은 서열을 갖고 있었습니다. 하지만 주후 48년 그가 죽고 나서야 분봉왕의 임기가 시작된 점을 고려해 본다면, 그는 자신에게 주어진 권력을 포기했던 것으로 보입니다.

아리스토불로는 일평생 부당한 권력에 저항하며, 고향으로 돌아가 권력에 오르는 것도 거부하고 평범하게 성도로 살다가 죽었습니다. 그를 기다리고 있었던 유대 땅과 유대 사회는 교회의 머리였던 그리스도를 십자가에 처형한 곳이었고, 권력자들이 유대인의 왕이 되기 위해서 '진정한' 유대인의 왕을 불의한 재판으로 죽인 곳이었습니다. 유학, 혈통, 권력 등 모든 조건을 갖춘 그였지만 그는 피 묻은 권력을 거부했습니다. 이런 뜻을 가졌던 그와 그의 가족들을 천국에서 꼭 만나 보고 싶습니다.

황실 인맥이라는 공통점으로 인해 아벨레와 아리스도불로가 로마서 16장 10절에 묶였는데, 이들은 그리스도 안에서 시험(test)을 받다가, 인정(approved)을 받은 것으로 해석해도 좋을 겁니다. 이들의 행실은 오늘 우리를 부끄럽게 합니다. 거짓, 세습, 횡령, 학력 위조, 부정 청탁, 비리, 뇌물, 음란 등 얼마나 많은 일들이 교회와 엮여 있습니까? 권력에 미쳐 날뛰는 세상, 어쩌면 그보다 더 광기에 휩싸인 현대 교회에 아리스도불로는 엄중하게 경고하고 있는지도 모릅니다. 혹시 우리도 유대인의 왕이 되기를 꿈꾸는 것은 아닌지 말입니다.

11강

유대 사회와
산헤드린 공회

〈음행 중에 잡혀 온 여인과 그리스도〉, 피테르 브뢰헬, 1565

예수님 시대에 유대 사회에서 가장 경건하고,
정의롭다고 '알려진' 산헤드린 공회에서
음행 중에 잡혀 온 여인을 돌로 치려고
합니다. 죄의 삯은 사망이고, 공동체에서
악을 멀리해야 하므로 율법의 요구대로
응하려는 순간입니다. 그러나 석연치 않은
부분이 많습니다. 율법의 가르침이라면, 왜
예수께서는 그녀를 변호하신 걸까요? 음행
중에 잡혀 온 여인이라면 '남자'는 어디에
있을까요? 혹시 '남자들'은 아니었을까요?

산헤드린 공회의 기원과 역할, 신약 시대 유대 사회에서의 위치를 살펴봅니다.

1예수께서 눈을 들어 부자들이 헌금함에 헌금 넣는 것을 보시고 2또 어떤 가난한 과부가 두 렙돈 넣는 것을 보시고 3이르시되 내가 참으로 너희에게 말하노니 이 가난한 과부가 다른 모든 사람보다 많이 넣었도다 눅 21:1~3

1. 유대 사회의 통치 기구, 산헤드린 공회

유대 사회는 페르시아 시대부터 대제사장을 중심으로 한 사제들이 권력을 가졌고, 헬레니즘 시대에는 그리스 도시 국가의 원로회(Gerousia) 형태처럼 종교 엘리트들이 좌지우지했습니다(주전 333~165).[98]

물론 주전 3세기에 토비아스 가문이 경제적인 실세로 부상했지만, 유대 사회는 여전히 종교 사회였던만큼 종교인들이 차지한 기득권은 상당했습니다. 마카비 시대를 거치면서 대제사장의 정통성이 변질되었음에도 권력자들이 이 직분을 장악하려고 했던 이유는 성전을 통해 엄청난 이권(利權)이 발생하기 때문이었습니다.

주전 63년에 로마의 지배를 받게 되면서 원로회 형태의 종교 엘리트들의 모임은 산헤드린이라는 기구가 되었습니다. 이것이 신약 시대까지 지속되었습니다. 산헤드린 공회는 종교와 사법을 총괄한 기구였고, 이 조직의 의장은 대제사장이 담당했습니다.[99] 미쉬나 같은 유대 문헌에 언급된 흔적들을 살펴본다면 신약 시대가 훨씬 입체적으로 눈에 들어올 겁니다.

2. 산헤드린의 형성과 역할

(1) 기원

요세푸스는 주전 57년 무렵 시리아 총독 가비니우스(Gabinius)가 시리아 속주 산하의 유대 지역을 다음과 같이 재편하였다고 기록합니다. 이는 산헤드린 공회의 기원을 보여 주는 장면입니다.

그 후에 가비니우스는 히르카누스를 예루살렘으로 데려와 성전을 돌 보도록 하며, 귀족에 의한 통치 방식으로 시민들을 다스리게 했다. 또 한 모든 백성을 다섯 개의 관할 관청으로 나누어 통치했다. 요세푸스,

『유대 전쟁사』 1.8.5.

가비니우스 총독은 예루살렘 성전을 중심으로 통치 기능을 발휘 하도록 권한을 주었습니다. 당시 종교 엘리트들이 성전을 기반으로 큰 이익을 누렸지만, 한편으로 정치 권력자의 영향에서 벗어나기 어 려웠습니다. 따라서 종교의 순수한 기능을 발휘하기 어려웠고 점차 변질될 수밖에 없었음을 짐작해 볼 수 있습니다.

또한 가비니우스는 5개의 '공회(council)'를 구성한 다음 유대를 다섯 지 역으로 구분하여 다스리게 했다. 결국 이 의회가 백성들을 다스리게 된 것이다. 제1의회는 예루살렘을, 제2의회는 가다라를, 제3의회는 아마투스를, 제4의회는 여리고를, 제5의회는 갈릴리의 세포리스를 다스리게 되었다. 이렇게 해서 유대인은 왕정에서 벗어나게 되었고 귀족 정치의 지배를 받게 되었다. 요세푸스, 『유대 고대사』 14.5.4.

『유대 전쟁사』와 달리 『유대 고대사』는 공회에 관해 훨씬 더 자세 하게 소개하고 있습니다. 이렇게 종교 엘리트 집단은 유대 사회에서 산헤드린이라는 형태로 자리 잡게 됩니다.

(2) 구성 및 기능
미쉬나의 '산헤드린' 항목을 보면 산헤드린 공회가 어떻게 구성되

는지 나와 있습니다. 인원이 70명으로 제한된 산헤드린 공회는 대제사장이 의장이 되고, 다수의 사두개인과 소수의 바리새인으로 구성되었습니다.

> 산헤드린 공회는 전임 대제사장들과 24반차의 대표들, 바리새인, 유력 가문의 대표들(사두개인)로부터 구성되었다. Sanhedrin, 4, 2.

앞에서 언급했듯이 로마와 속주의 관계는 충성과 특권을 토대로 이루어집니다. 그러다 보니 폼페이우스 이후부터 대제사장은 친로마 성향으로 세웠습니다.[100] 대제사장 산하의 엘리트 그룹은 권력을 부여받은 대가로 속주의 질서를 유지하고, 세금을 징수하는 것이 주된 역할이었습니다. 로마는 토지나 재산에 따라 차등으로 권력을 부여했는데, 더 많은 권력을 가지기 위해 지도자들이 얼마나 가혹하게 수탈했을지 상상하게 됩니다.

이런 구조로부터 유대 사회에 어떤 현실이 펼쳐질지 예측해 볼 수 있습니다. 분명 유대 사회는 율법을 기반으로 한 종교 엘리트가 장악하고 있었는데, 정작 산헤드린 공회는 신앙을 지키고 사회 정의를 세우는 기관이 아니라 권력의 시종에 불과했습니다. 세금을 효율적으로 수탈하는 기능으로 전락했던 것이 현실이었습니다.[101]

(3) 대제사장들의 변화

헤롯 가문의 기초를 놓은 안티파테르는 주전 47년부터 유대 사회의 실권을 갖습니다. 이 권력을 제도적으로 뒷받침했던 기구 역시 산헤드린 공회였습니다. 로마 시대에 종교가 권력의 지배를 받는 것이

심각할 정도였습니다. 정치와 종교의 결탁이 너무 심했기 때문입니다. 요세푸스의 기록에 따르면 최초의 대제사장이었던 아론 때부터 주후 70년 제2성전이 파괴될 때까지 대제사장직에 오른 사람은 모두 83명이라고 합니다.

아래의 표를 보면 모세 때부터 솔로몬 때까지 612년간 열세 명이 대제사장직에 올랐고, 솔로몬 때부터 바빌론 침공 때까지 466년간 열여덟 명, 포로 귀환 때부터 마카비 시대까지 414년간 열다섯 명이 대제사장직에 올랐습니다. 이에 반해 헤롯 대왕부터 유대 전쟁이 발생할 때까지 107년 동안 대제사장직에 오른 인물은 무려 스물여덟 명입니다(『유대 고대사』, 20. 10. 1.).

이것은 산헤드린 공회의 의장인 대제사장이 더 이상 유대 사회의 종교적인 구심점이 아니라 권력자에 의해 임명되고 폐위되는 권력의 하수인에 불과하다는 사실을 보여 줍니다.[102] 대제사장은 유대 사회의 지도자가 아니라 귀족들의 이익을 대변하고, 유지하는 최종 권한자였습니다.[103] 경건이나 존경과는 거리가 먼 직분이 되어 버린 것입니다. 마카비 전쟁이 벌어질 때만 해도 경건을 위해서 온 사회가 고민했던 것과는 참 다른 양상으로 흘러가 버렸습니다. 그렇다면 산헤드

분류	기간	대제사장	평균 임기	정치 상황
모세~솔로몬	612년	13명	47년	사사 시대
솔로몬~바벨론 침공	466년	18명	25.8년	왕국 시대(제1성전기)
포로 귀환~마카비 시대	414년	15명	27.6년	포로 귀환 시대
헤롯 대왕~유대 전쟁	107년	28명	3.8년	로마 시대

[표11] 요세푸스가 제시한 역대 대제사장 현황

린 공회는 구체적으로 어떤 역할을 했을까요?

(4) 산헤드린의 역할

로마가 속주와 관계 맺는 방식을 통해 산헤드린의 진짜 역할을 살펴보았습니다. 로마의 이런 통치 방식은 유대 사회를 위한 것이 아니라, 효율적으로 세수를 확보하면서도 속주와 관련된 골치 아픈 문제에는 개입하지 않으려는 의도입니다. 로마가 관용 정책을 취했던 이유는 나라가 관대하기 때문이 아니라 손에 피를 묻히지 않기 위해서였습니다. 산헤드린이 피 묻히는 역할을 대신했던 것입니다.

아마도 일제강점기를 생각하면 이해가 될 겁니다. 일본이 완전히 우리나라를 장악했더라면 우리는 똘똘 뭉쳐서 대항했을지도 모릅니다. 그러나 친일파에게 권한을 주고 손에 피를 묻히는 일을 대신하게 했습니다. 특권과 충성으로 엮인 로마의 정책과 비슷합니다.

로마는 반란과 관련된 정치적인 문제를 제외한 나머지 일들은 유대 엘리트에게 위임했습니다. 산헤드린 공회는 결국 세금을 효과적으로 징수하기 위해서 사회 제도를 정비합니다. 구체적으로 살펴보면 주전 63년 로마가 유대 사회를 속주로 만든 뒤 주전 47년에 25%의 토지 생산세를 부과합니다. 또 추가로 인두세, 간접세, 항만세 등 여러 세금을 부과했습니다.[104]

더 확실한 세수를 파악하기 위해서 주후 6년에 했던 정책이 바로 호구조사였습니다. 그뿐만 아니라 유대 사회는 종교 사회였기에 모든 유대인은 1%의 성전세와 십일조로 알려진 10%의 종교세를 바쳐야 했습니다. 거기에 절기마다 예루살렘에 가서 속죄 제사를 드리는 비용도 추가되었습니다.[105] 특정 물품이 원산지에서 유대 사회로 오는 동안 원가의 100배가 되었다면, 그 시대 세금 징수의 가혹함과 세리에 대한 혐오감이 어떠했을지 상상할 수 있습니다.[106)

이렇게 다양한 세금을 납부해야 했기에 징수를 위한 회계 장치가 필요했고, 세금을 납부하지 못했을 경우 대출이나 고리대금 같은 기록 및 금융 제도도 갖춰야 했습니다. 하나님의 땅인 유대 사회에서 한 명의 납세자로 살아가는 것은 다른 속주보다 더 무거웠습니다.

이런 유대 사회로부터 도망칠 수 있었을까요? 안식일, 정결 규례와 같은 율법은 유대인이 다른 사회에서 살아가는 것을 어렵게 만들었습니다. 사실상 개종 외에는 불가능했습니다. 본인의 의지와 상관없이 태어나면서 받았던 할례는 다른 사회에서는 '주홍 글씨'와 같았습니다. 출교당하는 것은 사형 선고나 다름없었기에 유대인들은 고통스러워하면서도 그 사회에서 살아가야 했습니다.

그렇다면 구체적으로 유대인들의 경제 현실은 어땠을까요? 미쉬나에서는 헤롯 가문이 출현한 이후, 산헤드린에서 시행한 채무 불이행에 대한 금융적 제도 장치를 다음과 같이 언급합니다.

> 정해진 기간 내에 채무를 지불하지 못할 경우 원금의 20%에 해당하는 벌금을 부과해야 했고, 이마저도 갚지 못할 경우 채권자에게 토지가 몰수되거나 노예로 전락하게 되었다. Baba Metzia 5. 11, Sanhedrin 3. 3.

이런 기록을 보면 왠지 유대 사회가 율법과 반대로 가는 느낌입니다. 모세오경에는 안식년이 일곱 번 반복된 이듬해 50년째인 '희년'에 모든 채무자의 채무를 탕감하도록 규정했습니다(레 25:1~17, 신 15:1~12, 31:10~13). 그것이 약자들을 대하는 율법의 정신입니다.

그렇지만 현실은 달랐습니다. 희년이 가까워 올수록 채권자들은 채무 빌려주기를 거부했습니다. 그래서 산헤드린이 고안한 것이 '프로스불(Prosbul)' 제도였습니다.[107] 이는 산헤드린 공회 앞에서 하는 맹세로서, 희년 후에도 채무를 갚겠다는 서약입니다(Shebi 10.3-8).[108] 사실상 율법을 무의미하게 만든 겁니다. 예수님 시대에도 이런 고리대금, 프로스불 제도는 관행처럼 남아 있었을 겁니다.

산헤드린이 만든 또 다른 제도가 성전에서 사용하는 화폐를 규정한 겁니다. 데나리온, 므나, 렙돈은 일상에서 통용된 화폐입니다. 그러나 성전에서는 이런 세속적인 화폐가 아닌 '거룩한' 화폐인 세겔을 쓰도록 규정했습니다. 과연 이런 규정이 경건을 위한 열망에서 비롯된 거라 볼 수 있을까요?

그런 까닭에 성전 입구에는 늘 환전상들이 있었습니다. 예수님이 성전에서 환전상을 내쫓으신 이유가 뭘까요? 단순히 성전에서 매매를 하면 안 되기 때문만은 아니었습니다. 산헤드린이 데나리온과 세겔의 환율 조작을 늘 계산기로 두드리고 있었고 이를 통해 유대 공동체가 병들어 가고 있었기 때문입니다.

3. 신구약 중간기의 산헤드린 공회

반복해서 강조하는 것처럼 페르시아 시대 이후 유대인들은 회복을 열망했습니다. 비록 외세의 침략을 당했고, 정치적인 체제가 회복되지 않았음에도 여전히 야훼는 그들의 하나님이었습니다. 그래서 그들은 여전히 자신들이 구약 시대의 백성으로부터 계승된 아브라함의 자손들, 참된 이스라엘임을 믿으려고 했던 겁니다.

그들이 이렇게 확신할 수 있었던 비결은 성전과 율법이라는 두 기둥이었습니다. 그러나 성전은 수탈의 장소가 되었고, 율법은 유명무실해졌습니다. 율법은 고리대금을 금지하고, 약자들을 보살피라고 말합니다. 에스라와 느헤미야가 율법을 낭독했던 것도 이런 정신을 회복하려는 의지를 담은 것이었습니다. 실제로 느헤미야는 고리대금업을 금지시켰습니다(느 5~6장).

이런 율법이 있음에도 불구하고 산헤드린 공회는 고리대금을 부활시켰고, 이것이 사회의 양극화 현상을 부추기는 빌미가 되었습니다. 회복의 실체인 예수께서 이 세상에 왔을 때, 성전과 율법은 형식만 남은 상태였습니다. 율법은 종교 지도자들의 권력을 유지하는 이데올로기가 되고 말았습니다. 그래서 예수께서는 종교인들과 대립했던 겁니다.

결국 산헤드린 공회는 예수님을 처형했습니다. 그들이 마음만 먹었다면 요한복음 8장에 등장하는 음행 중에 잡혀 온 여인처럼, 혹은 스데반처럼 예수를 종교범으로 간주해서 처형할 수도 있었습니다. 그러나 산헤드린은 예수를 종교범으로 처벌하지 않았습니다.[109] 오히려 로마 법정으로 보내서 정치범으로 처형하게 된 과정은 산헤드린의 교활함을 드러내는 대목입니다.

(유대 반란이 시작된 후) 그 후 그들(강도들)은 공문서 보관소에 불을 질러 채권자들의 서류를 없애 버렸다. 이것은 채무의 상환을 불가능하게 만드는 일이었으며, 부자들에게 빚을 진 곤란한 상황에 처한 가난한 자들과 같은 많은 채무자들을 자신들의 편으로 만들기 위한 행위였다.

서류 보관을 담당하던 자들이 도망쳤기 때문에 그들은 손쉽게 그곳에 불을 지를 수 있었다. 요세푸스,『유대 전쟁사』2.17.6.

주후 66년 로마에 대한 유대 반란이 시작되었을 때, 요세푸스는 먼저 부채 문서를 소각하는 일들이 일어났다고 기록합니다. 이 장면은 산헤드린이 존재해 온 지난 100년간 유대인들이 어떤 삶을 살았을지 가늠하게 되는 대목입니다.

4. 산헤드린과 신약 성경의 이해

우리는 성경을 일방적으로 주입하는 것에 익숙합니다. 그것도 당시 시대를 고려하는 것이 아니라 현대의 관점으로 윤리적인 교훈을 얻는 방식입니다. 그래서 '달란트 비유'라든지 '두 렙돈 이야기'의 진의도 왜곡되는 경우가 많습니다.

신약 성경은 역사의 맥락 속에서 기록되었기에 그 시대의 관점을 이해해야 합니다. 그 당시에도 경제 제도, 화폐 단위, 금융 시스템이 작동했습니다. 일방적으로 성경 본문을 윤리 문제와 결부시키지 않고 여러분과 함께 그 시대를 보기 위해서 그리스 시대의 한 에피소드를 준비했습니다. 당시의 금융, 회계, 이자, 화폐 같은 내용들이 이해되면 유대 사회를 보는 해석도 달라지게 될 겁니다.

(1) 헬레니즘 시대와 금융

인류 최초의 문명이었던 메소포타미아 문명에는 수메르 사람들이

고안한 문자가 있었습니다. 그들이 최초로 문자를 사용한 용도는 '영수증'이었습니다. 문명의 꽃을 피울 수 있었던 놀라움 이면에는 금융 시스템이 있었던 겁니다. 고조선 시대보다 더 오래 전에 메소포타미아 문명에는 금융 시스템이 있었고, 함무라비 법전에는 금융 거래로 인해서 생기는 분쟁을 해결하는 것을 명시하기도 했습니다.

제국의 경영을 위해서 거둬들이는 세금을 운용하기 위해서는 관리들의 치밀한 회계 시스템이 필수였습니다. 세금을 납부하지 못할 경우 채무 관계가 이루어져야 했으므로 정교한 금융도 필요했습니다. 고대 그리스 시대에 금융은 하나의 기술이 아니라 '사고 체계'라고까지 할 수 있었습니다.

주전 4세기 그리스 정치가 데모스테네스(Demosthenes)의 연설은 당시 사람들이 금융에 대해서 얼마나 해박한 식견을 갖고 있었는지를 보여 줍니다.[110] 그는 유산을 되찾기 위해 10년간 잃었던 소득에 대해 12%의 이자를 청구하는 연설을 다음과 같이 하고 있습니다. 주식, 금리, 회계에 관심이 많은 요즘처럼, 그 당시를 이해해 보면 재미있을 것입니다. 특히 달란트(탈렌트), 므나, 드라크마(데나리온) 같은 화폐 단위를 주의 깊게 보기 바랍니다.

배심원 여러분, 제 부친은 큰 사업을 하는 제작소 두 개를 남겼습니다. 하나는 병기 제작소인데, 여기서 일하는 노예 서른두세 명은 인당 최소 3므나, 대부분은 5~6므나의 가치가 나갑니다. 부친은 이 제작소에서 매년 30므나를 순이익으로 얻었습니다. 다른 하나는 노예 스무 명이 일하는 소파 제작소인데, 40므나를 빌려주고, 담보로 받은 것입니다. 여기에서 나온 순이익은 12므나였습니다. 돈으로 남긴 유산으로는 한 달에 이자 1드라크마가 나오는 대출 채권 1탈렌트가 있었는데, 이자를 모두 합하면 1년에 7므나가 넘었습니다. 이제 여기에 1드라크마짜리 이자 1년치를 모두 더하면 원금과 이자를 모두 합쳐 8탈렌트에 4,000드라크마가 될 수밖에 없습니다.[111]

당시의 화폐 가치에 따르면 1달란트는 60므나, 혹은 6,000드라크마와 같았습니다.[112] 데모스테네스의 연설 장면처럼 그리스 사람들은 금융에 대한 보편적인 지식을 갖고 있었고, 그 그리스 문명을 흡수한 로마는 광대한 제국을 운영하기 위해 더욱 정교하고 계량된 금융 체계를 갖추고 있었습니다.

주전 3세기 로마가 포에니 전쟁에서 승리하고 카르타고가 차지했던 은광을 점령하면서 제국 내에 달란트, 므나, 데나리온(드라크마) 같은 화폐들이 보편적으로 통용되기 시작했습니다. 아우구스투스 때에는 다음과 같은 화폐가 통용되었는데, 주전 27년부터 주후 301년까지 유지됩니다. 그 화폐의 가치는 다음과 같습니다.

1데나리온(Denarius)
= 4세스테르티우스(Sestertius)
= 16아사리온(As)
= 64고드란트(Quadrans)

그리스-로마 사람들에게 화폐 단위, 금융은 상식이었습니다. 위의 데모스테네스 연설을 윤리적 교훈으로 결론을 낸다면 그 진의를 오해한 겁니다. 마찬가지로 성경도 이런 관점으로 해석해야 하는 부분이 있습니다. 지금처럼 달란트 시장 행사를 하면서 현실과 무관하게 표현하는 그런 의미가 결코 아닙니다. 당시 사람들에게 예수님께서 여러 차례 화폐와 관련된 비유를 하신 것은 그들의 사고 체계를 바탕으로 깊은 의미를 전달하기 위해서였습니다.

(2) 유대 사회와 산헤드린 공회

주전 57년 산헤드린 공회가 로마의 특권을 받은 후부터 유대 사회에서 어떤 역할을 했는지 살펴보았습니다. 제2차 포에니 전쟁 이후 로마 제국은 달란트, 므나, 데나리온 등 화폐 단위를 통일했고, 당시 사람들에게는 화폐와 금융이 상식이었습니다. 그런 인식 속에 신약 시대가 시작되었고, 성경에는 화폐와 관련된 많은 비유가 등장합니다.

국세와 종교세로 이중고를 겪던 유대인들에게 금융은 누구보다 피부에 와닿는 현실이었습니다. 유대 민중은 대부분이 소농(小農)이었고, 경작지는 천수답(天水畓)이었습니다. 만일 한두 차례 자연재해가 발생할 경우 소농은 농노로 전락하게 되는 사회였습니다. 채무 상환이 불가능할 경우 파농 혹은 이농이 불가피했고, 도시의 노동자(품꾼)로 전락하거나 강도에 가담할 수밖에 없었습니다. 이런 상황은 산헤드린이 만든 금융 체계와 무관하지 않습니다.[113]

이런 비유들은 그 시대의 상식으로 봐야 합니다. 신약 성경에는 데나리온이 참 많이 언급됩니다. 대개는 한 명의 노동자가 받는 하루 품삯으로 이해하는데, 엄밀히 말하면 고용주가 노동자에게 하루의 품삯으로 1데나리온을 약속했던 것이지, 보편적으로 노동자 한 사람이 하루에 1데나리온씩 받았던 것은 아닙니다. 플루타르코스의 『영웅전』을 보면 공화정 후기에 로마 병사가 연봉으로 112데나리온을 받았고, 줄리우스 카이사르는 갈리아 원정에서 이것보다 더 많은 225데나리온을 연봉으로 지급했다고 나옵니다.[114] 일종의 인센티브였을 겁니다.

당시 환율을 보면 1데나리온과 4세스테르티우스와 16아사리온이 같은데, 우리는 이것을 머리로 계산해야 하지만 그 시대 사람들은 피부에 와닿았을 겁니다. 예수께서 "참새 두 마리가 한 앗사리온에 팔리지 않느냐 그러나 너희 아버지께서 허락하지 아니하시면 그 하나도 땅에 떨어지지 아니하리라 너희에게는 머리털까지 다 세신 바 되었나니 두려워하지 말라 너희는 많은 참새보다 귀하니라"(마 10:29~31)라고 말씀하신 비유도 훨씬 몸으로 느꼈을 것입니다.

산헤드린은 로마 시대의 이런 화폐 체계를 통해서 조세 제도와 채무 관계를 확립했습니다. 유대인들은 생산세, 인두세와 더불어 종교세에 대한 과중한 부담을 느꼈습니다. 만일 채무를 상환하지 못할 경우 토지를 몰수당하거나, 노예로 전락하는 제도적인 장치도 산헤드린에서 만들었습니다. 그래서 이런 가혹함을 이기지 못하고 농지를 떠나서 도시 노동자, 품꾼으로 전락하는 비유들이 신약에 등장하게 되는 겁니다. 품꾼 비유는 그 시대를 엿보는 창문인 셈입니다.

예수께서 예루살렘 성전에서 환전상들의 테이블을 엎고, 이들을 쫓아냈던 진짜 이유는 성전의 경건함을 해쳤기 때문이 아닐 겁니다. 성전은 거룩한 곳이기 때문에 세속적인 화폐 대신 거룩한 화폐 '세겔'을 사용하도록 제도적으로 만들어 놓고서, 데나리온과 세겔의 환율을 조작해서 폭리를 취하려는 현실을 책망하는 것입니다.[115]

유대인들이 성전에 와서 속죄 제물을 구입하려면 경제적인 여건이 같지 않기 때문에 어떤 사람들은 양을 잡아서 제물을 바치지만, 빈민들의 경우에는 레위기에서도 산비둘기를 사서 바치도록 '배려'하고 있습니다. 누가복음에는 예수의 가족도 산비둘기를 바쳤다는 기록이 나오는데, 이때 제물은 그 사람의 경제적인 지표의 역할을 합니다.

이 당시 유대 문헌을 보면 예루살렘 성전에서 산비둘기 한 마리가 요즘 물가로 약 9만 원 정도에 거래되었다는 기록이 있습니다.[116] 그렇다면 경제적인 능력을 상실한 과부가 자녀들의 몫까지 속죄 제물로 비둘기를 구입해야 했다면 얼마가 필요했을지, 또 그들의 현실은 얼마나 팍팍했을지 헤아려집니다.

> 1예수께서 눈을 들어 부자들이 헌금함에 헌금 넣는 것을 보시고 2또 어떤 가난한 과부가 두 렙돈 넣는 것을 보시고 3이르시되 내가 참으로 너희에게 말하노니 이 가난한 과부가 다른 모든 사람보다 많이 넣었도다 4저들은 그 풍족한 중에서 헌금을 넣었거니와 이 과부는 그 가난한 중에서 자기가 가지고 있는 생활비 전부를 넣었느니라 하시니라 5어떤 사람들이 성전을 가리켜 그 아름다운 돌과 헌물로 꾸민 것을 말하매 예수께서 이르시되 6너희 보는 이것들이 날이 이르면 돌 하나도 돌 위에 남지 않고 다 무너뜨려지리라 눅 21:1~6

누가복음 21장에는 두 렙돈을 바친 한 과부의 이야기가 나옵니다. 1렙돈은 1고드란트에 해당되는 가치였습니다. 이 과부가 과연 산비둘기 한 마리를 살 수 있었을까요? 이 본문은 과부가 헌금한 것을 칭찬한 게 아니라, 종교인들에게 반드시 심판이 뒤따름을 경고한 것입니다. 이 맥락 속에서 누가복음 21장 6절은 예루살렘의 심판을 경고하는데, 바로 주후 70년 유대 전쟁에서 현실이 됩니다.

우리가 아는 달란트 비유도 마찬가지입니다. 대개는 주어진 재능을 통해 이윤을 많이 남겨서 칭찬을 받았다고 알려진 비유지만, 그 내용을 면밀히 들여다보면 다른 걸 느낄 수 있습니다. 한 명의 해방 노예에게 천문학적인 금액(달란트)의 '개인 자산(페쿨리움)'을 지급하는 설정을 당시 청중들이 들었다면 어땠을까요? 단순히 이윤을 남기고 칭찬을 듣는 이야기가 아니었을 겁니다.

또한 므나의 화폐 가치가 어느 정도인지 우리는 살펴보았습니다. 그렇다면 므나의 비유에 이어서 예루살렘 성전의 멸망을 예언한 내용이 나온 누가복음 19장의 문맥도 진의에 한 걸음 더 다가갈 수 있으리라 생각됩니다. 이렇듯 당시의 화폐 체계와 개념을 토대로 성경의 비유들을 살펴보면 종전과는 다른 의미를 발견할 수 있을 겁니다.

5. 산헤드린 공회에 대한 평가

이번 강의를 시작하며 피테르 브뢰헬(Pieter Bruegel)의 〈음행 중에 잡혀 온 여인과 그리스도〉를 봤습니다. 이 여인은 음행 현장에서 붙잡혀 산헤드린 공회 앞으로 소환되었습니다. 율법에 따르면 음행한 사람은 돌로 쳐서 죽여야 했으므로, 여인은 지금 죽음을 앞둔 상황입니다.

신구약 중간기 유대인들의 화두는 경건이었습니다. 대제사장은 성전을 통해 공동체의 경건을 실행했고, 바리새인들은 민중들 속에서 경건을 지도했습니다. 이 여인은 유대 공동체를 부정하게 했기 때문에 죽어야 합니다. 종교 지도자들로 구성된 산헤드린 공회는 경건을 실현시키는 기구여야 하기 때문입니다.

그러나 우리는 이상한 점을 발견하게 됩니다. 예수께서는 이 현장에서 음행한 여인을 변호하시고, "죄 없는 자가 먼저 돌로 치라"(요 8:7)라는 글자를 땅에 쓰셨습니다. 분명 여인은 음행 중에 잡혀 왔습니다. 죄의 특성상 여인 혼자 그 죄를 저지를 수는 없었습니다. 과연 이 여인의 정부(情夫)는 어디에 있을까요? 산헤드린 공회원들은 그 남자가 누구인지 몰랐을까요? 혹은 '남자들'은 아니었을까요? 군중들이 이 자리를 슬그머니 빠져나갔다는 것은 이 여인으로부터 스스로 거리끼는 무언가를 발견했기 때문입니다. 아마 사회적인 통념으로 보건대 이 여인은 생계형 매춘을 하지 않으면 살아갈 수 없는 절박한 현실이었을 겁니다.

예수께서는 성전에서 장사하는 사람들을 내쫓으신 후 강도의 소굴(눅 19:46)이라는 표현을 하셨습니다. 예레미야의 구절을 인용하신 것이지만, 동시에 누가복음이 기록되던 시기인 유대 전쟁 전후의 시대상이 반영되어 있습니다. 주후 66년부터 종교 지도자들이 로마에 대항해서 반란을 일으키고 성전을 거점으로 전쟁을 벌였을 때, 요세푸스는 그들을 '강도'라고 지칭했습니다. 어쩌면 사회적 약자들에게 이들이야말로 강도가 아니었을까요?

유대 전쟁은 예수님 시대로부터 불과 30년 후에 있었던 일입니다. 요세푸스는 분명히 말합니다. 탐욕에 눈이 멀어서 하나님의 이름을 빙자한 종교 지도자들은 강도들이고, 그들이 민중을 파멸로 이끈다고 말입니다(『유대 고대사』, 20.8.8.). 오늘날 교회는 참된 회복을 위해 경건의 역할을 제대로 감당하고 있을까요? 만일 지나온 역사를 이해하고 스스로를 성찰하지 않는다면, 교회 역시 점차 강도의 소굴이 되어 가고 말 것입니다.

12강

유대 전쟁, 그리고 신약 성경

티투스 개선문 내부에 새겨진 유대 전쟁의 흔적, 로마

로마의 랜드마크인 티투스 개선문에는 유대
전쟁의 장면이 생생하게 새겨져 있습니다.
로마 병사들이 성전을 약탈하고 있습니다.
유대 전쟁은 유대 역사의 분기점이 되는
사건입니다. 유대 땅에 살던 사람들이 추방을
당했기 때문입니다. 또한 유대교와 기독교
역시 이 사건을 통해 결별을 시작합니다.
예수께서는 유대 전쟁의 중요성을
예언하셨고, 초대교회도 유대 전쟁과 관련이
매우 큽니다. 그렇다면 이 유대 전쟁 속으로
들어가 볼까요?

강의 목표

마카비 전쟁과의 관계 속에서 유대 전쟁의 전황을 이해합니다.

43날이 이를지라 네 원수들이 토둔을 쌓고 너를 둘러 사면으로 가두고 44또 너와 및 그 가운데 있는 네 자식들을 땅에 메어치며 돌 하나도 돌 위에 남기지 아니하리니 이는 네가 보살핌 받는 날을 알지 못함을 인함이니라 하시니라 눅 19:43~44

1. 유대 전쟁 개관

엄밀히 말해서 유대 전쟁은 주후 66~70년에 1차, 주후 132~135년에 2차로 두 번 일어났습니다. 여기서는 1차 유대 전쟁을 '유대 전쟁'으로 부르겠습니다.

앞에서 두 번의 큰 전쟁과 이중 카테고리의 개념을 살펴보았습니다. 마카비 전쟁으로부터 예수님 시대의 가치관이 형성되었고, 유대 전쟁 전후로 복음서가 기록되었습니다. 복음서는 이 유대 전쟁을 종말을 예표하는 사건으로 매우 중요하게 다루고 있습니다.

이 사건이 중요한 이유는 이렇듯 선명한 시대의 전환점인 탓도 있지만, 동시에 예수님 시대의 무장 단체들이 한 세대가 지나면서 유대 전쟁에 직접적인 영향을 주었기 때문입니다. 유대 전쟁을 이해하면 예수님 시대의 항전주의자들 및 유대인들의 이상을 엿볼 수 있습니다. 또 이 시대의 사고방식에 영향을 준 마카비 전쟁과 유대 전쟁을 연결해서 살펴본다면 그 맥락을 이해할 수 있고, 성경을 보는 통찰을 얻을 수 있습니다.

개인적으로 저는 마카비 전쟁과 유대 전쟁을 비교하는 요세푸스의 기록을 보면서 무척 큰 깨달음의 기쁨을 얻었습니다. 이런 역사적 고찰은 성경과 배치되는 것이 아니라 오히려 성경의 기록에 역사성을 부여하고, 신앙의 확실함을 드러내 줍니다.

우리는 먼저 유대 전쟁의 흐름을 살펴보고, 그다음 유대 전쟁과 신약 성경의 관계성을 살펴볼 것입니다. 성경에 등장하는 수많은 용어들은 역사의 맥락에서만 이해되기 때문입니다. 그러므로 유대 전쟁의 맥락을 이번 시간에 살펴보고, 다음 시간에는 그 맥락 위에서 성경에

더 구체적으로 접근해 보겠습니다.

2. 유대 전쟁과 요세푸스

여러 차례 언급했듯이 요세푸스의 저작들은 유대 사회의 구조와 갈등, 유대 전쟁의 과정을 생생하게 제공해 주는 유일무이한 자료로 평가됩니다. 그만큼 기독교 역사에서 요세푸스의 작품이 차지하는 비중은 큽니다. 신약 성경은 주후 397년 카르타고 종교회의에서 정경으로 확정되었습니다. 요세푸스의 저작들은 주후 1세기에 기록이 되었고, 성경 시대의 배경을 제공해 주기에 초대교회 성도들이나 교부들에게는 중요한 문서였습니다.

유대 전쟁이 종료된 뒤 주후 77년에 출판된『유대 전쟁사』는 요세푸스가 전쟁에 참전한 목격자로서 기록한 작품입니다. 줄리우스 카이사르로부터 이어져 내려오던 율리오-클라우디오 가문은 주후 68년 네로 황제의 죽음과 함께 단절되었습니다.

그 후 2년간 갈바, 오토, 비텔리우스가 차례로 황제가 되며 혼란이 극심해졌고, 이를 지켜본 베스파시아누스가 로마로 진격하여 유대 전쟁이 한창이던 주후 69년에 황제의 자리에 올랐습니다. 그렇지만 베스파시아누스의 플라비우스 가문은 평민 출신이라는 콤플렉스를 갖고 있었습니다.

이런 배경으로 인해 베스파시아누스의 아들 티투스는 예루살렘을 정복한 이후 화려한 개선식을 거행해야 했습니다. 이때 유대 역사가에서 황실 역사가가 된 요세푸스는 이름을 플라비우스 요세푸스로 바꿨고, 플라비우스 황실을 위한 '프로파간다'를 기록했습니다. 물론 주후 94년에 기록된 『유대 고대사』에서는 프로파간다의 흔적을 찾아볼 수 없음도 앞에서 살펴보았습니다. 어쨌든 역사를 쓰기 위해 황제에게 치러야 했던 '비용'만 고려한다면 요세푸스의 기록에서 많은 것을 얻을 수 있습니다.

한 가지 첨언하자면 일반적으로 마가복음이 복음서 중에서 가장 먼저 기록되었고, 그 후 누가복음과 마태복음은 마가복음과 Q문서를 토대로 기록되었다고 알려져 있습니다.[117] 그래서 마태, 마가, 누가복음을 '공관복음'이라고 부릅니다. 공관복음의 기록 시점과 유대 전쟁의 관계는 여전히 논쟁 중입니다.[118] 또 마가복음 최초 기록설이나 Q문서에 대해서도 교단에 따라서 입장이 다릅니다. 이 부분은 제가 속한 교단의 입장을 제시한 것이니 이 정도로 언급을 하고, 우리는 유대 전쟁과 신약 성경의 관계에 더 집중해 보겠습니다.

3. 유대 전쟁과 마카비 전쟁

요세푸스는 『유대 전쟁사』를 기록하며 주전 2세기의 마카비 전쟁부터 이야기를 시작합니다. 그리고 최종 장면은 주후 74년의 마사다 항전에서 마무리됩니다. 그 이유는 유대 전쟁이 로마에 대항한 전쟁이 아니라 율법을 침해한 외세에 대항한 전쟁이라는 유대교의 독특한 특성을 밝히려는 의도였습니다.[119] 그런 까닭에 마카비 전쟁과 유대 전쟁은 다른 시기, 다른 상대를 대항해서 치른 전쟁이지만, 율법을 지키기 위해서 일어났다는 하나의 맥락으로 볼 수 있습니다.

이런 관점이라면 유대 전쟁은 주후 66년에 시작되었지만, 사실상 헬레니즘의 '거친 파도'가 밀려든 마카비 전쟁 때부터 이미 시작되었다고 볼 수 있습니다. 이런 요세푸스의 관점에 의하면 셀레우코스에 대항한 마카비 전쟁, 로마의 폼페이우스에 의한 예루살렘 함락, 이두매 출신의 헤롯 가문에 대한 반발, 그리고 유대 전쟁에 대한 반응이 본질적으로는 같은 성질임을 알 수 있습니다.[120] 마카베오상에 언급된 마카비 전쟁의 기록을 다시 한 번 살펴볼까요?

> 22"우리는 왕의 명령을 따를 수 없을 뿐더러 우리의 종교를 단 한 치도 양보할 수 없소." 23마따디아의 말이 끝났을 때 어떤 유다인 한 사람이 나와서 모든 사람이 보는 앞에서 왕명대로 모데인 제단에다 희생제물을 드리려 했다. 24이것을 본 마따디아는 화가 치밀어올라 치를 떨고, 의분을 참지 못하여 앞으로 뛰어 올라가 제단 위에서 그 자를 죽여버렸다. 25그리고 사람들에게 이교 제사를 강요하기 위하여 온 왕의 사신까지 죽이고 제단을 헐어버렸다. 26이렇게 해서 마따디아는 전에 비느하스가 살루의 아들 지므리를 찔러 죽였을 때처럼 율법에 대한 열성을 과시하였다. 27그리고 마따디아는 거리에 나서서, "율법에 대한 열성이 있고 우리 조상들이 맺은 계약을 지키려고 하는 사람은 나를 따라 나서시오." 하고 큰소리로 외쳤다. 1마카 2:22~27, 공동번역

분명 마카비 전쟁의 동기는 정치적이 아니라 종교적인 이유였습니다. 요세푸스 역시 "불명예스럽게 사느니 차라리 율법을 위해 죽는 편을 택하겠다"(『유대 고대사』, 12. 267.)라고 기록하며, 외세에 대한 저항의

본질은 율법에 기인한다는 것을 밝힙니다. 그래서 마카비 전쟁에 '모든' 유대인들이 참전했다고 기록하는 겁니다(『유대 전쟁사』 1.35.). 실제로 모든 유대인들이 참가한 것은 아니었을 텐데 말입니다.

『유대 전쟁사』는 마카비 전쟁은 물론, 주후 6년에 파견된 총독 코포니우스부터 주후 64~66년에 마지막으로 파견된 플로루스(Florus)에 이르기까지 유대 통치자들이 어떻게 율법을 침해했는지 면밀히 기록합니다. 다시 말해서 전쟁 기록 대부분을 율법이 침해를 받았다는 내용에 할애합니다. 유대 전쟁을 조사한 로마의 역사가 타키투스(Tacitus)[121]도 이를 보여 줍니다.

> 아우구스투스가 내전에서 승리한 후, 헤롯의 권세는 더 커졌다. 헤롯이 죽자 시리아 총독으로 온 퀸틸리우스 바루스(Quintilius Varus)는 왕국을 셋으로 나누어 헤롯의 자녀가 다스리게 했다. 티베리우스 치세에는 모든 것이 평온했다. 가이우스가 신전에 자신의 상을 세우라고 명령하자, 유대인은 무기를 드는 편을 택했으나, 황제가 죽자 반란은 종식되었다. 분봉왕국들이 축소되든가 아니면 분봉왕들이 죽자, 클라우디우스는 유대를 속주화하고, 그 관리를 로마의 기사와 해방 노예에게 맡겼다. 해방 노예 안토니우스 펠릭스는 노예근성으로 왕의 권한을 행사하면서, 온갖 잔인하고 탐욕스러운 짓을 일삼았다. 타키투스, 『역사』 5.9.

주후 52~59년에 파견된 펠릭스는 사도행전에 '벨릭스'로 표기된 총독입니다. 전쟁의 주요 원인이 율법에 기인한 것이라는 시선은 요세푸스와 다키투스가 다르지 않습니다. 결국 이러한 이유로 주후

64~66년에 파견된 플로루스 때 유대인들은 반란을 일으키게 됩니다.

4. 유대 전쟁의 경과

요세푸스는 수십 년간 여러 총독들과 유대인들이 율법과 관련해서 마찰을 겪은 사건을 기록한 후 유대 전쟁의 발발을 자세히 기록합니다. 그가 남긴 방대한 기록을 간략하게 정리하면 다음과 같습니다.

> 66년 플로루스의 악행에 대항해 유대인들이 반란을 시작했다.
> 66년 7월 성전 경비대장 엘르아살은 로마 황제에 대한 제사를 중단시켰고, 예루살렘에 주둔한 로마 수비대를 살해했다. 이것이 유대 전쟁의 공식적인 시작이었다.
> 66년 9월 친로마 대제사장들 및 귀족들이 살해되었다.
> 66년 10월 시리아 총독 케스티우스 갈루스(Cestius Gallus)가 로마 12군 단을 끌고 진압에 나섰으나 한 달 만에 예루살렘 공성전에 실패하고 퇴각했다. 친로마 귀족들은 케스티우스 갈루스의 패배로 인해 완전히 예루살렘을 탈출했다.
> 66년 11월 로마 12군단을 무찌른 후 예루살렘에 임시 정부가 수립되고, 동전이 발행되었다.

당시 발행한 동전의 문구를 보면 유대 전쟁의 진행 상황이 대략적으로 보입니다. 반란을 진압하기 위해 파견된 로마의 케스티우스 갈루스가 패배했을 때, 유대인들은 마카비 전쟁의 승리를 떠올리며

시기	모양	각인 문구
66년 발행		거룩한 예루살렘 (Jerusalem the Holy)
67~68년 발행		시온의 자유 (Freedom of Zion)
69년 발행		시온의 구속 (Redemption of Zion)

[표12] 유대 전쟁 기간에 발행한 유대 동전

'Jerusalem the Holy'라고 새겨진 화폐를 발행했습니다.[122] 마카비 전쟁과 유대 전쟁은 2백 년이라는 시간의 간극이 있지만 그들의 기억 속에는 율법을 매개로 연결된 하나의 사건이었던 것입니다. 특히 주후 69년에 발행된 동전에는 메시야 대망의 흔적이 담겨 있는 것으로 보입니다. 유대인들은 68년 이후 로마군의 진압이 소강상태에 접어들자 메시야 사상을 가지기 시작했을 겁니다.[123]

하지만 로마가 진압을 포기한 것은 아니었습니다. 단지 내부적으로 혼란할 뿐이었습니다. 68년 6월 9일 네로가 사망하자 갈바, 오토, 비텔리우스가 황제의 자리에 오르며 로마는 내란의 소용돌이에 빠져듭니다. 그래서 유대 전쟁의 진압을 위해 파견되었던 베스파시아누스는 로마의 추이를 지켜보며 진압을 중단하고 있었습니다.

결국 주후 69년에 베스파시아누스는 군대를 이끌고 로마로 진격해서 비텔리우스를 제거하고 로마의 황제 자리에 올랐습니다. 예루살렘 진압은 그의 아들 티투스에게 일임했습니다. 티투스는 70년 봄부터 예루살렘 포위전을 시작했고, 5개월간의 포위 끝에 70년 9월 최종적으로 예루살렘을 함락했습니다.

『유대 전쟁사』의 정치적인 배경을 고려하면 한 가지 특이한 점이 발견됩니다. 마카비 전쟁과 유대 전쟁은 외세의 압제에 저항한 전쟁이라는 공통점이 있지만, 한편으로는 차이점도 있었습니다. 마카비 전쟁이 온 유대가 셀레우코스에 대항한 사건이라면 유대 전쟁은 좀 다릅니다. 즉 유대인들과 로마인들의 전쟁이 아니라 유대인 대다수는 무고한 대중들이고, '유대 항전주의자들'과 로마 군대가 맞붙은 전쟁에 민중들이 희생자처럼 휘말려 들어간 구도로 그려진 것입니다.

다수의 유대인들은 소수의 항전주의자들이 예루살렘을 장악했을 때, 성내에 고립되어 로마인과 유대인이라는 이중의 적으로부터 고통당하는 것처럼 보입니다. 심지어 프로파간다의 관점에서 본다면 베스파시아누스와 티투스는 고통받는 유대 민중을 안타까워하고, 파괴당하는 예루살렘 성전에 대해서 눈물을 흘리기까지 하는 모습으로 요세푸스는 기록합니다. 이런 기록으로 인해 그는 '변절자'라는 오명을 받아야 했습니다.

엄밀히 말하면 유대 민중들이 고립된 것은 아니었습니다. 실제로 많은 유대인들이 저항한 항전이었지만, 요세푸스가 이렇게 기록한 것은 전쟁이 끝난 후 절대 다수의 유대인들을 변호하려는 의도 때문이었습니다.[124] 타키투스의 기록을 보면 유대 전쟁의 내막을 좀 더 알 수 있습니다.

게시우스 플로루스가 총독으로 부임하기 전까지 유대인은 계속 인내했다. 그의 재임 중에 전쟁이 터졌다. 시리아 총독 케스티우스 갈루스가 전쟁을 진압하려 했지만, 전운에 부침이 있었으며, 더 자주 승리보다 패배를 맛보았다. 천명 때문이든 아니면 염세적이기 때문이든, 그가 죽자, 네로의 명령으로 베스파시아누스가 파견되었다. (중략) 그이듬해는 로마의 내전에 몰두하느라 유대에 관한 한 군사적인 활동없이 지나갔다. 로마에 평화가 확립되자, 다시 대외 문제에 관심을 갖기 시작했다. 유대인만이 항복하지 않는다는 점 때문에, 베스파시아누스는 더욱 분개했다. 동시에 티투스를 군대와 함께 남겨 두는 것이유익하다고 판단했다. 타키투스, 『역사』 5.10.

로마의 입장에서는 유대 민중들이 끝까지 결사 항전한 것으로 보고 있습니다. 일부 과격분자에 의해 벌어진 전쟁이라면 위와 같은 기록은 불가능했을 겁니다. 티투스는 주후 70년에 예루살렘을 함락했고, 이듬해 여름에 로마에서 개선식을 거행했습니다. 유대 전쟁 가담자들을 상당수 끌고 온 후 이집트 광산으로, 검투사로, 노예로 팔았습니다.

74년에 로마 총독 실바(Silva)는 마사다 요새를 함락하며 모든 반란을 진압했습니다. 마사다에서는 960명의 사람들이 스스로 목숨을 끊었고, 두 명의 여성과 다섯 명의 아이들만 생존해서 목격자가 되었습니다(『유대 전쟁사』 7.9.1.). 그 이야기가 전해져서 지금까지 남게 된 것입니다. 요세푸스는 마사다의 지도자였던 엘르아살의 연설을 다음과 같이 기록합니다.

용감한 동지들이여, 오래 전 우리는 로마를 섬기지 않을 것이며, 우리 하나님 외에는 그 누구도 섬기지 않겠노라고 결의했다. 오직 하나님 한 분 만이 만인 위에 군림하는 진정한, 정의로운 통치자이시기 때문이다. 그러니 하나님께서 우리에게 아름답고 자발적인 죽음을 허락하시리라고 나는 믿는다. 요세푸스, 『유대 전쟁사』 7.8.6.

학자들은 엘르아살 연설에 대해 신빙성 문제를 제기합니다. 960명이 집단 자결을 했다면, 생존자들로부터 이 연설문을 전해 들었을 것 같지 않기 때문입니다.[125] 다만 고대 그리스의 역사 서술 방식에 따르면 어떤 사건에 의미를 부여하기 위해서 작가는 '연설문'이라는 형식을 사용하기도 했습니다. 실제로 요세푸스의 저작들에도 베스파시아누스, 티투스, 헤롯 아그립바 2세 등이 연설자로 등장하면서 사건의 의미를 저자의 의도에 따라 드러내고 있습니다. 마찬가지로 요세푸스는 엘르아살의 입을 통해 자신의 의도를 표현하고 있습니다. 유대 전쟁의 기원을 마카비 전쟁처럼 종교적인 특성에 기인한 것으로 기록한 것입니다.[126]

5. 예루살렘 함락과 신약 성경의 기록

지금까지 유대 전쟁의 흐름을 살펴봤습니다. 성경의 배경사를 처음 접하는 분들은 만만치 않았겠지만 그래도 어렴풋이라도 그 흐름이 잡혔으리라 기대합니다. 이제 이 사건과 신약 성경의 연관성을 모색해 보려고 합니다. 주후 70년에 예루살렘이 함락된 과정을 살펴보면 신약 성경의 몇몇 기록들이 떠오릅니다. 우선 요세푸스의 기록부터 살펴봅시다.

> 강도들은 하나님의 성전을 자신들을 위한 요새와 피난처로 삼았다. 그래서 성전은 그들에게 작전 본부로 이용되었다. 요세푸스, 『유대 전쟁사』 4.3.7.

요세푸스는 유대 항전주의자들이 성전을 중심으로 저항했다고 합니다. 그리고 그들을 가리켜 '강도'라는 표현을 씁니다. 타키투스는 예루살렘의 함락 과정을 이렇게 묘사합니다.

> 티투스는 예루살렘 성벽 앞에 진을 치고 전투대형으로 군단병을 정렬시켰다. 로마인은 공성전 준비에 돌입했다. 적이 굶어 죽을 때까지 기다리는 것은 로마군에 어울리지 않는다고 여겨, 병사들은 위험한 작전을 요구했다. 더러는 용기의 발로였지만, 대다수는 무자비함과 전리품에 대한 욕심 때문이었다. 티투스 자신은 로마와, 로마의 풍요로움, 향락을 눈앞에 그리고 있었다. 예루살렘이 즉시 함락되지 않는다면, 그것을 즐기는 것이 지체될 터였다. 그러나 예루살렘은 높은 산마루에 세워진 데다가, 유대인은 그 도시가 평지에 서 있다 해도 방어하기 충분할 만큼 공사와 시설로써 보강했다. 성벽은 두 개의 높다란 구릉을 에워싸고 있었으며, 공성자의 측면에 화공을 가할 수 있도록, 곳에 따라 돌출하거나 구부러지게 기술적으로 축성되어 있었다. 바위산의 끝에는 깎아지른 듯한 절벽이 있었고, 왕궁은 안쪽에 또 하나의 성벽으로 둘러싸여 있었다. 타키투스, 『역사』 5.11.

예루살렘은 티투스가 보기에도 정복하기 어려운 성이었습니다. 하지만 결국 완전히 폐허로 변했습니다. 다음의 요세푸스 기록처럼 말입니다.

> 로마군은 공성 장비를 이용해서 나머지 성벽들을 완전히 무너뜨리고 말았다. 이곳에 사람이 살았던 적이 있을 것이라는 생각조차 하기 힘들 정도로 예루살렘은 폐허가 되었다. 찬란했던 도시로 만인에게 명성을 날렸던 이 예루살렘은 어리석은 반란자들의 광기 때문에 이렇게 최후를 맞이했다. 요세푸스, 『유대 전쟁사』 7.1.1.

예루살렘의 멸망 사건은 누가복음 19장에 나온 예수님의 예언과 겹칩니다. 요세푸스는 『유대 전쟁사』를 주후 77년에 기록했습니다. 누가복음이 이보다 먼저 기록이 되었는지는 신학자들 사이에서 의견이 분분하지만, 요세푸스를 전문적으로 연구하는 학자들은 누가가 요세푸스의 기록을 참고했을 것으로 봅니다. 만일 누가가 참고하지 않고 요세푸스보다 먼저 기록했다면 더욱 놀라울 겁니다. 예수께서 주후 30년 무렵에 예루살렘의 멸망을 이렇게 '예언'하신 것이기 때문입니다.

> 41예수께서 예루살렘 가까이에 오셔서, 그 도성을 보시고 우시었다. 42그리고 이렇게 말씀하셨다. "오늘 너도 평화에 이르게 하는 일을 알았더라면, 좋을 터인데! 그러나 지금 너는 그 일을 보지 못하는구나. 43그 날들이 너에게 닥치리니, 너의 원수들이 토성을 쌓고, 너를 에워싸고, 너를 사면에서 죄어들어서, 44너와 네 안에 있는 네 자녀들을

짓밟고, 네 안에 돌 한 개도 다른 돌 위에 얹혀 있지 못하게 할 것이다.¹²⁷⁾ 이것은 하나님께서 너를 찾아오신 때를, 네가 알지 못했기 때문이다." 45예수께서 성전에 들어가셔서, 장사하는 사람들을 내쫓으시며, 46그들에게 말씀하셨다. "성경에 기록하기를 '내 집은 기도하는 집이 될 것이다' 하였다. 그런데 너희는 그것을 '강도들의 소굴'로 만들어 버렸다." 눅 19:41~46, 새번역

복음서는 모두 예루살렘의 멸망을 언급하고 있습니다. 특히 '돌 한 개도 다른 돌 위에 얹혀 있지 못하게 할 것'이라는 구절은 마태, 마가, 누가 모두 기록하고 있습니다. 로마가 지중해 주변의 나라들을 정복할 때, 보통 신전의 터는 남겨 두었던 것과 달리 예루살렘은 완전히 폐허로 만들었습니다. 요세푸스는 그 이유를 다음과 같이 제시합니다.

예루살렘의 엄청난 재물들 중 일부가 폐허 더미 속에서 계속해서 발견되었다. 로마인들은 직접 파헤쳐 재물을 찾아내기도 했지만 대부분은 포로들이 털어놓은 정보를 이용해서 손에 넣었다. 유대인들은 이 전쟁의 소용돌이가 어떤 결과로 이어질지 몰라 불안해하며 그들이 소유한 금과 은과 그 밖의 온갖 귀중품들을 땅속에 묻어 두었던 것이다. 요세푸스, 『유대 전쟁사』 7.5.2.

신약 성경과 요세푸스의 기록을 조합해 보면 예언과 성취가 얼마나 놀랍게 맞물리는지 볼 수 있습니다. 신약 성경에서 예루살렘이 멸망한 사건은 종말의 상징으로 의미를 부여합니다. 마태, 마가, 누가는 예루살렘의 함락을 기록하면서 종말의 관점으로 이렇게 제시합니다.

20"예루살렘이 군대에게 포위 당하는 것을 보거든, 그 도성의 파멸이 가까이 온 줄 알아라. 21그 때에 유대에 있는 사람들은 산으로 도망하고, 그 도성 안에 있는 사람들은 거기에서 빠져나가고, 산골에 있는 사람들은 그 성 안으로 들어가지 말아라. 22그 때가 기록된 모든 말씀이 이루어질 징벌의 날들이기 때문이다. 23그 날에는, 아이 밴 여자들과 젖먹이가 딸린 여자들은 화가 있다. 땅에는 큰 재난이 닥치겠고, 이 백성에게는 무서운 진노가 내릴 것이다. 24그들은 칼날에 쓰러지고, 뭇 이방 나라에 포로로 잡혀갈 것이요, 예루살렘은 이방 사람들의 때가 차기까지, 이방 사람들에게 짓밟힐 것이다." 눅 21:20~24, 새번역

예수께서 예루살렘의 멸망을 예언하셨다면, 사도들과 초대교회 성도들이 그 예언을 모르지 않았을 겁니다. 그렇다면 예루살렘의 초대교회는 유대 전쟁과 직접적인 관련은 없다고 하더라도 그들의 현실에 상당한 영향을 미쳤을 겁니다. 어떤 면에서 그랬을까요?

6. 초대교회가 확산되는 과정

초대교회는 예루살렘에 머물지 않고 로마 제국 전역으로 확산되었습니다. 아마도 바울의 전도 여행이 큰 역할을 했을 겁니다. 한편 바울과 관계없는 지역에 교회 공동체가 생긴 경우들도 볼 수 있습니다. 대표적으로 로마교회가 그랬습니다. 이런 교회들은 어떻게 확산된 걸까요? 우선 예수께서는 복음이 전파될 것을 그 유명한 구절로 말씀하셨습니다.

오직 성령이 너희에게 임하시면 너희가 권능을 받고 예루살렘과 온 유대와 사마리아와 땅 끝까지 이르러 내 증인이 되리라 하시니라 행 1:8

그렇다면 땅끝까지 어떻게 복음이 전파되었을까요? 선교사를 파송하거나, 혹은 전도지를 나눠 주어서 그렇게 되었을까요? 다음의 구절은 상당히 충격적입니다.

그 날에 예루살렘에 있는 교회에 큰 박해가 있어 사도 외에는 다 유대와 사마리아 모든 땅으로 흩어지니라 행 8:1

바로 박해를 통해 예루살렘에 머물던 교회는 유대와 사마리아로 흩어졌습니다. 사실 바울이 로마에 가게 되었던 것도 죄인으로 호송된 것이었습니다. 박해는 그리스도인들을 땅끝으로 흩었고, 유대 전쟁은 유대인들은 제국 전역으로 밀어냈습니다. 즉 유대 전쟁 전에 그리스도인들이 박해로 제국 구석구석으로 퍼졌고, 유대 전쟁 후에 전후 처리로 유대인들이 터전을 잃고 흩어지게 된 겁니다.

이 과정을 하나하나 겪었을 이들은 눈물을 흘리고, 하나님을 원망했을지도 모릅니다. 그러나 지나고 보니 사도행전 1장 8절의 예언이 이렇게 실현이 되었습니다. 예수님의 예언은 그대로 유대 전쟁으로 성취되었습니다. 예수님을 핍박해서 십자가에 처형한 사람들은 티투스의 진압 당시에 학살을 당했습니다. 그러나 흩어진 교회들은 그 칼날에서 살아남았고, 초대교회의 복음을 이어 나가게 되었습니다.

이런 모습은 재림과 심판을 앞둔 오늘 우리에게 귀한 가르침을 줍니다. 우리도 눈앞에 이해가 되지 않는 일이 닥치고, 때로는 어려운 일로 낙담하게 될 때가 있습니다. 그렇지만 그 순간에도 하나님은 일하고 계신다는 사실이 우리가 붙잡아야 할 믿음의 내용입니다.

예수님은 반드시 다시 오셔서 이 땅을 심판하실 것이기에, 당면한 현실이 만만치 않더라도 결코 실패한 것은 아닙니다. 삶의 터전에서 밀려나고, 환난을 당하고, 여러 가지 낙심할 일이 있더라도 의기소침하지 말아야 할 이유는 바로 그리스도의 재림 때문입니다.

종교개혁의 후예들인 독일에서 제2차 세계대전을 일으켰을 때, 그 상황은 매우 절망적이었을 겁니다. 그러나 신학자이자 목회자였던 칼 바르트(Karl Barth)는 포기하지 않았습니다. 하나님을 신뢰했습니다. 그리고 임종 전에 이런 말을 했습니다.

> 의기소침해하지 말자. 세상은 모스크바나 워싱턴이나 베이징에 의해 통치되는 것이 아니라 하나님에 의해서 통치되는 것이니까.[128]

13강 —————————————

예수의 재판과
유대인들의
진심

〈그리스도의 체포〉, 카라바조, 1602

예수께서 겟세마네에서 체포를
당하셨습니다. 카라바조는 겟세마네에
출동한 병력을 성전 경비대가 아니라 로마
군대로 그립니다. 실제로 요한복음에서도
로마 군대가 출동했다고 밝힙니다(요 18:3).
예수님은 왜 죽었을까요? 단순히 우리의 죄
때문인가요? 하나님의 아들이기 때문인가요?
그렇다면 굳이 로마 병력이 출동할 필요가
있었을까요? 이제 우리의 시선은 겟세마네를
따라 세기의 재판인 예수의 재판으로
향합니다.

강의 목표

예수의 재판을 통해 신약 시대의 유대 사회 전반과 십자가의 의미
를 조망해 봅니다.

> 빌라도가 이르되 너희가 그를 데려다가 너희 법대로 재판하라 유대
> 인들이 이르되 우리에게는 사람을 죽이는 권한이 없나이다 하니 요
> 18:31

1. 예수의 재판에 대한 조망

십자가는 그리스도인들에게 참 중요한 키워드입니다. 십자가를 통해 이루어진 은혜가 우리에게 소망을 주는 최고의 가치이기 때문입니다. 그런데 한편으로는 많은 이들이 십자가와 관련된 맥락이나 의미를 깊이 생각하지 않습니다. 그저 교리적 내용만을 맹목적으로 되뇌는 듯한 인상을 받기도 합니다. 그래서 한번 묻고 싶습니다.

"예수께서는 왜 죽으셨을까요?"

이 질문은 우리의 신앙고백에 대한 이유를 묻는 것이 아닙니다. 당시에 실제로 예수님의 재판 과정이 어땠는지, 명목상의 죄목은 무엇이었는지, 그리고 십자가에 달리기까지 과정은 어떠했는지를 이해하고 있느냐는 말입니다.

우선 십자가는 로마 제국이 죄수를 처형하는 방식이었습니다. 처형의 강도는 그 사람의 죄목을 반영합니다. 로마는 반란을 일으킨 정치범은 직접 처벌했지만, 종교나 사회적인 문제에 대해서는 속주 통치자에게 일임했습니다. 유대 사회는 산헤드린 공회가 그 권한을 갖고 있었지요. 그런 까닭에 음행 중 잡혀 온 여인이나 스데반은 로마의 허락 없이도 처형을 당했습니다.

그렇다면 유대 지도자들은 음행 중 잡혀 온 여인이나 스데반처럼 예수님도 돌로 쳐서 죽일 수 있지 않았을까요? 그들은 왜 예수님을 돌로 치지 않고, 정치범으로 재판에 넘겨야만 했을까요? 만일 여러분이 당시 유대 지도자들이었다면 예수님이 어떤 잘못을 하셨기에 죽이려고 했을까요? 미쉬나의 산헤드린 항목에서는 '나사렛 예수'를 이렇게 회고하고 있습니다.

유월절 전날에, 유대인들은 나사렛 예수를 거짓 선지자로서 나무에
매달았다. Sanhedrin 43a.

기록에서 보듯이 유대인들은 나사렛 예수라는 인물이 유월절 전
날에 '거짓 선지자'로 죽었다고 표현하고 있습니다. 명백하게 종교적
인 이유입니다. 바울 역시 십자가 사건을 '나무에 달린' 율법과 관련된
것으로 이해했습니다(갈 3:13). 그렇다면 더더욱 의문입니다. 유대인들
은 예수님을 종교범으로 보았는데, 왜 십자가에서 죽어야 했냐는 겁
니다.

우리가 성경을 보아도 유대인들이 예수님을 죽이려고 했던 여러
장면은 예수님이 신성 모독을 했다거나 율법을 여겼다고 고발하는
내용들이 대부분입니다. 그럼에도 왜 예수께서는 정치적인 희생양이
되셨을까요? 이런 의문을 품고 그날의 재판으로 한 걸음 더 들어가
봅시다.

2. 주후 1세기와 그들의 근현대사

예수님의 재판 사건 하나만 본다면 단편적으로 접근할 수밖에 없
습니다. 그러나 그들의 근현대사를 이해하면 재판을 더 폭넓게 이해
할 수 있습니다. 왜냐하면 복음서가 기록된 것이 유대 전쟁 무렵이고,
복음서 독자들 역시 그 무렵의 사람들이기 때문입니다.

복음서는 예수님 당시에 일기처럼 그날의 사건을 기록한 것이 아
닙니다. 사건이 일어난 지 수십 년 후 특정한 목적을 위해서 기록되

었고, 그 속에서 사용된 용어나 개념도 그 시대 것에 해당하는 것입니다. 예를 들어 다음 용어들을 보면 어떤 생각이 드시나요?

갈릴리 사람, 강도, 바요나, 시카리

이 단어들은 예수님의 재판을 이해하기 위한 키워드들입니다. 우리는 앞에서 유대 전쟁의 진행 과정을 살펴봤습니다. 주후 66년에 반란이 발생해서 70년에 어떻게 진압되었는지의 과정 말이지요. 이 전쟁은 일회적으로 발생한 개별 사건이 아니라 마카비 전쟁부터 이어져 온 큰 흐름 안에 있다고 요세푸스는 기록했습니다. 주후 6년에 세금 문제가 터지면서 갈릴리 유다와 저항 세력이 등장한 것도 그 흐름의 하나였습니다.

(1) 갈릴리 사람

주후 6년은 유대 사회에 굉장히 중요한 해였습니다. 로마에서 세금 징수를 위해 호구조사를 실시했기 때문입니다. 이에 유대인들은 저항합니다. 왜냐하면 세금이라는 것은 '주인'에게 바치는 의미인데, 유대인들에게 주(主)는 하나님이셨기 때문입니다. 이때 등장한 사람이 갈릴리 사람 유다입니다. 그는 유대인들에게 이렇게 연설합니다.

유다는 유대인들에게 말했다. (중략) 백성들이 힘을 합쳐 큰일을 이루려고 할 때는 하나님께서 틀림없이 도우실 것이라고 말했다. 이에 유대인들은 그의 말을 기쁨으로 받아들였으며, 이런 대담한 반역의 시도는 점차 무르익기 시작했다. 그리하여 이들로 인해 온갖 불행이 불

어닥쳤으며, 유대국은 이들의 교리로 인해 크게 오염되기에 이르렀

다. 요세푸스, 『유대 고대사』 18.1.1.

앞에서 유대 종파를 다룰 때 잠시 언급했던 갈릴리 유다는 주후 6
년 로마의 호구조사 시행에 반발해서 저항을 시작했습니다. 이런 태
도는 마카비 전쟁으로부터 기인합니다. 오래 전 유다 마카베오도 이
렇게 연설했습니다.

> 18유다가 대답하였다. "작은 군대가 큰 군대를 쳐 이기는 것은 그리
> 어려운 일이 아니다. 하느님께서 구원하시려고 하면 군대가 크고 작
> 은 것이 문제가 되지 않는다. 19전쟁의 승리는 군대의 다수에 달린 것
> 이 아니고, 하늘이 내려주는 힘에 달려 있다." 1마카 3:18~19

갈릴리 유다와 유다 마카베오의 연설 내용이 크게 다르지 않습니
다. 마카베오상을 보면 마카베오가 전쟁에 임했던 태도는 구약 시대
의 전쟁을 근거로 삼았습니다. 하나님을 의지할 때, 초자연적으로 하
나님이 개입해서 여러 차례 승리를 얻었던 구약의 사례들처럼 마카베
오도 그렇게 연설을 했고, 결국 전쟁에서 이겼습니다. 주전 142년 독
립을 얻은 것입니다.

예수님 시대에도 이런 생각이 관통했고, 이것이 유대 전쟁으로 이
어집니다. 초자연적인 하나님의 개입이나 독립은 유대인들이 염원하
던 겁니다. 생각해 보면 예수께서 광야에서 받으신 세 가지 시험의 본
질도 당시 유대인들의 욕망을 반영한 겁니다. 또 예수님께서 겟세마
네에서 체포를 당하셨을 때, 열두 군단이나 되는 천사(마 26:53)를 언급

하신 것도 이런 생각과 무관하지 않았습니다.

따라서 신약 시대의 '갈릴리 사람'은 단순히 지형적인 의미만이 아니라 정치적인 의미도 갖고 있었습니다.[129] 이러한 종교적 신념은 유대인들에게 정치적 열망을 부추겨 유대 전쟁으로 확대되었고, 후일 수많은 유대인들의 불행으로 이어졌습니다. 이 국가적인 비극을 어떻게 볼 수 있을까요?

(2) 강도

요세푸스가 주후 77년에 『유대 전쟁사』를 기록한 표면적 이유는 프로파간다 때문이었습니다. 그러나 개인적으로는 유대 전쟁에 가담한 '동족' 유대인들을 어떤 식으로든 변론하기 위해서였습니다. 로마의 역사가 타키투스는 당시 전쟁에 참전한 유대인이 대략 60만 명이라고 밝힙니다(Hist, 5.13). 요세푸스는 이들을 무고한 사람들로 만들어야 했습니다. 그렇다면 그는 이런 목적을 어떻게 수행할까요?

주후 66년부터 로마에 항전한 무리들은 '열심당(zealots)'입니다.[130] 엘르아살, 시몬, 요한, 므나헴 등이 다양한 분파를 이루면서 로마에 대

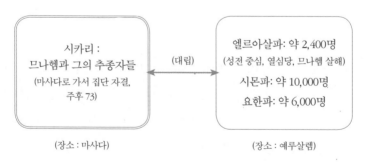

[표13] 유대 전쟁 무렵의 예루살렘 구도

항하다가, 진압이 멈추면 내분을 하던 일이 반복해서 벌어집니다.

요세푸스는 이 분파들 중에서 유독 엘르아살파를 콕 집어서 '열심 당'이라고 지칭을 합니다. 이들은 제사장 계급이었고, 성전을 거점으로 삼았으며, 숫자가 가장 적었던 무리입니다. 이들 때문에 므나헴이 이끄는 시카리 무리들이 마사다로 이동한 이후에도 남은 세 분파는 끊임없이 분쟁했습니다. 이를 타키투스도 기록합니다.

> 예루살렘 신전은, 다른 어떤 것보다도 세심하게 공들여 지은 자체의 성벽을 갖추고 있어서, 마치 성채 같았다. (중략) 가장 집요한 강도들이 그곳으로 피난했고, 그래서 예루살렘은 한층 더 폭동을 일으킬 듯한 분위기였다. 그들에게는 3명의 지휘관과 3개의 군대가 있었다. 외곽의 가장 긴 성벽은 시몬이, 도시 한 가운데는 요한이, 신전은 엘르아살이 지키고 있었다. 시몬과 요한은 병력과 무기 면에서 우세했고, 엘르아살은 입지상 유리했다. 세 군대는 서로 싸우고 배반하고 방화를 일삼아 상당한 식량을 불태워 버렸다. 그러다가 요한이, 제사를 지낸다는 구실이었지만 실은 엘르아살과 그의 군대를 살육하기 위해, 병사를 보내 신전을 장악했다. 그리하여 예루살렘 시는 두 파로 갈려 있었는데, 로마인이 접근해 오자 외적과의 전쟁을 위해 화해를 이루었던 것이다. 타키투스, 『역사』 5.12.

요세푸스와 마찬가지로 타키투스도 예루살렘에 세 개의 분파가 있었고, 이들을 '강도'라고 표현합니다. 차이가 있다면 요세푸스만 열심당이라는 용어를 사용해서 엘르아살의 무리에 집중한다는 사실입니다.

이는 요세푸스의 정치적 변론이 느껴지는 대목입니다. 전쟁의 책임을 위한 희생자(scapegoat)들로 설정한 수사법입니다. [131] 따라서 로마의 타키투스 입장에서 강도는 반란을 일으킨 무리들이고, 요세푸스 입장에서는 유대인들을 파멸로 이끈 지도자들을 가리키는 용어입니다. 이렇게 유대 전쟁 이후 강도라는 명칭은 복합적인 뉘앙스를 갖습니다. 이 시기 전후로 복음서가 기록되었으니, 당시의 눈으로 강도는 어떤 의미였는지 생각해 볼 필요가 있습니다.

(3) 바요나

성경에서 강도로 번역된 '레스테스'는 그리스어입니다. 그렇다면 이들을 바라보는 유대인 동족들은 히브리어로 뭐라고 불렀을까요? 미쉬나에서 그 흔적을 발견할 수 있습니다.

> 바요나들(barjonim)이 그 도시(예루살렘)에 있었다. 랍비가 그들에게 말했다. 우리가 나가서 그들(로마인들)과 화해하는 것이 어떻겠소? Gittin, 56a.

이 문서에는 'barjonim'이 예루살렘에서 저항했을 때, 로마 사람들과 화해하자는 내용이 기록되어 있습니다. 물론 유대 전쟁 중 있었던 일입니다. 여기서 히브리어 'im'은 복수형을 의미합니다. 단수형인 '바르존' 혹은 '바요나'는 유대인들 사이에서만 통용된 은어였습니다. 앞에서 바요나의 두 가지 해석을 살펴보았습니다. 2음절로 보면 '바(아들)+요나(이름)'로 '요나의 아들', 혹은 '요한의 아들'이라는 뜻입니다. 반면 미쉬나에서 보듯 1음절로 보면 욕설과 같은 은어였습니다. 이 명칭은 유대인들 사이에 통용된 항전주의자들에 대한 명칭이었습니다. [132]

그렇다면 유대 문헌에 등장하는 바요나가 그들의 맥락에서 무엇을 지칭하는지 좀 더 선명해집니다. 복음서 중에서 바요나라는 명칭이 유대인 독자들을 위해 기록된 마태복음에만 나온다는 점도 눈여겨볼 만한 부분입니다. 예수께서는 '바요나 시몬'이라는 이름을 '베드로'로 바꿔 주셨습니다(마 16:17). [133] 이런 맥락에서 보면 베드로가 예수님을 만나기 전에 어떤 이상을 가졌던 인물이었는지 추론해 볼 수 있습니다. [134]

갈릴리 사람 유다가 일으킨 반란 이후 유대 전쟁에 임했던 사람들은 그 땅에 정치적 체제가 회복되길 원했습니다. 로마로부터 벗어나 독립된 나라를 세우길 원했습니다. 예수께서 예루살렘에 입성하시기 전, 베드로는 이런 이상을 가지고 제자들과 논공행상(論功行賞)을 따졌던 겁니다.

당시 베드로와 같은 이상을 가지고 이 이야기를 나눴던 이들이 세베대의 두 아들이었습니다. 그들은 '우레의 아들'(막 3:17)이라 불렸고, 이방인들을 혐오하던 사람들이었습니다(눅 9:54). [135] 예수께서 이 세 사람 베드로, 야고보, 요한만 따로 데리고 다니셨다는 구절이 복음서 곳곳에 나옵니다. 단지 이들이 수제자였기 때문이었을까요? 그렇다면 나머지 아홉 명의 제자는 열등한 사람들이었을까요? 어쩌면 이들의 이상이 그러했으므로 그 특징을 부각시키기 위해 그런 설명이 들어간 것인지도 모릅니다. [136]

(4) 시카리

라틴어 시카리(sicarii)는 로마 사람들이 쓰던 단어입니다. 단도(短刀)를 뜻하는 시카(sica)에서 파생된 명칭입니다. 주후 50년대 벨릭스 총독이 파견되었을 때, 몸에 단도를 지니고 암살을 시도하는 사람들을 가리켜 '시카리'라고 불렀습니다. 이들은 유대 전쟁이 시작된 주후 66년 다른 무리들과 함께 예루살렘에 있다가 마사다로 이동해서 집단 자결을 합니다. 흥미롭게도 요세푸스는 이 명칭을 그대로 사용합니다. '강도'는 그리스어(레스테스)로 사용하는데, 시카리는 그리스어 혹은 '바요나'처럼 그들의 은어를 쓰지 않습니다.

그렇다면 유대인들은 이 시카리를 뭐라고 불렀을까요?[137] 마사다 유적지를 조사했던 고고학자 이갈 야딘(Yigal Yadin)은 라틴어 시카리가 유대인들에게는 열심당이라고 불렀다고 결론짓습니다.[138] 초대교회의 히폴리투스(Hippolytus)도 그의 저서에서 분명히 시카리를 그렇게 언급합니다(Philosophumena, 9.26.).

유대 전쟁 전후로 기록된 복음서는 이런 용어를 어떻게 풀어냈을까요? 유대 전쟁이 유대인들의 패배로 끝났다면 유대인들에게, 심지어 로마인들에게 유대교와 다르게 보이지 않았던 초대교회에서는 정치적으로 무척 민감한 사안이었을 겁니다. 시카리는 복음서에서 어떻게 표현이 될까요?

i(정관사) + sicarii(시카리) + ot(어미) = Iscariot[139]

언어를 다른 언어로 표기할 때 번역(translation)이라는 방법도 있지만, 소리 나는 그대로 표기하는 음역(transliteration)이라는 방법도 있습니다. 라틴어 시카리를 히브리어로 음역을 할 때, 히브리어 어미 'ot'를 붙이면 위의 표에서 보듯이 '이스카리옷(가룟)'이라는 명칭이 됩니다.[140]

분명 시카리는 유대 전쟁과 관련해서 영향력이 있던 분파였습니다. 그러나 그 분파의 한 인물이 예수를 판 행위는 초대교회에는 불편한 사실입니다. 복음서는 '배반자'라는 프레임을 씌우지만 동시에 음역이라는 형태로 그 시대의 사람들과 소통을 하고 있었던 겁니다.

3. 예수를 둘러싼 은밀한 협상

예수께서 나귀를 타고 예루살렘에 입성하시는 장면을 생각해 봅시다. 당시 사람들은 종려나무 가지를 흔들며 열광했습니다. 왜 그랬을까요? 우리는 마카비 전쟁 후 독립을 쟁취하는 과정을 살펴봤습니다.

주전 142년 하스몬 가문의 시몬이 예루살렘에 입성했을 때, 사람들은 손에 종려나무 가지를 흔들며 그에게 열광했습니다(1마카 13:51). 사독 계열 대제사장의 명맥이 끊기고 종교의 정통성이 상실되어 광야로 나간 무리들이 있었지만, 요세푸스의 기록에 따르면 유대인들은 시몬을 대제사장으로 인정하고 은인으로 여기면서 존경했던 것을 알 수 있습니다(『유대 전쟁사』 1.2.2, 『유대 고대사』 13.6.7.).

이런 정황을 헤아리면 예루살렘에 입성하는 예수님을 향해 종려나무 가지를 들었던 유대인들의 속마음을 엿볼 수 있습니다. 예수께서는 구약에 예언된 그대로 나귀를 타고 입성하셨습니다(슥 9:9). 독립을 쟁취하려는 전쟁 영웅처럼 말을 타고 입성하지 않으셨습니다.

그럼에도 사람들은 예수님을 향해 환호하며 정치적인 기대를 품었습니다. 예루살렘에 머물던 로마 주둔군이 이 상황을 모를 리가 없었습니다. 그들은 안토니아 망대에서 성내를 지켜보고 있었기 때문입니다. 다만 총독 빌라도는 민중들에게 정치적인 기대 심리가 있었을

지라도 예수 본인에게서는 정치 선동 요소를 찾아볼 수 없었습니다. 그래서 재판 중에 몇 대 때려서 풀어 주겠다고 말했습니다(눅 23:22).

오히려 유대인들의 정치적인 기대가 부담스러웠던 이들은 산헤드린의 종교 지도자들이었습니다. 이들은 로마로부터 권력을 받은 친로마 엘리트 집단이었기 때문에, 만일 반란이 일어나서 행여나 독립을 하게 된다면 그것은 그들에게 최악의 시나리오였기 때문입니다.

그렇다고 예수를 종교범으로 몰아 돌을 던지는 것은 환호하는 민중들을 고려했을 때 몹시 부담스러웠을 겁니다.[141] 자칫 손에 피를 묻혔다가 어떤 부담을 떠안게 될지도 모르는 일이었습니다. 그들은 손에 피를 묻히지 않고 효과적으로 처리할 방안을 찾습니다. 즉 예수를 정치범으로 만들어 로마 총독이 대신 처형하도록 계획했습니다(요 11:47~53).

분명 빌라도는 예수에게서 정치적인 의도를 발견할 수 없었습니다. 그러나 산헤드린 입장에서는 예수가 정치적이어야 했습니다. 유대인들의 기대를 정치적으로 이용하는 데에 드는 비용은 은 30이면 족했습니다. 그렇게 시카리 출신의 가룟 유다로부터 처형할 명분을 만들었습니다.

예수를 정치범으로 처형하기 위해서는 총독의 승인이 필요했습니다. 유대 지도자들은 그를 설득시켜야 했습니다. 유대 역사가 필로(Philo)[142]는 은밀한 협상을 보여 줍니다. 그의 글을 통해 요한복음 18장의 재판 장면을 더 입체적으로 볼 수 있습니다.

유대인들은 빌라도를 당황케 만들었다. 만일 그들이 사절단을 보내어 빌라도 자신이 총독으로 지내는 동안에 행했던 일, 즉 뇌물 수수,

성전 금고 강탈, 유대 종교 모독, 의도된 폭행, 재판 없는 처형, 지속적인 잔인한 행위들, 이런 일들을 로마에서 폭로하게 될지 모른다는 생각에 빌라도는 두려움에 떨었다. Gaium, 1, 302.

이러하므로 빌라도가 예수를 놓으려고 힘썼으나 유대인들이 소리 질러 이르되 이 사람을 놓으면 가이사(카이사르)의 충신이 아니니이다 무릇 자기를 왕이라 하는 자는 가이사를 반역하는 것이니이다 요. 19:12

당시 로마인이 속주의 총독으로 파견된다는 건 어떤 의미였을까요? 일반적으로 총독은 기사나 해방 노예 출신이 파견되는 직위로, 속주의 치안을 담당하고 안정화시키는 것이 첫째 임무였습니다. 그러나 한편으로는 파견된 기간 동안 속주 엘리트들부터 뇌물을 받아 부정 축재를 하는 절호의 기회이기도 했습니다. 요세푸스도 빌라도가 유대인들을 가혹하게 다루었고, 예루살렘 성전 금고를 탈취하거나 뇌물을 받는 일들이 있었음을 기록으로 남겼습니다.

필로의 글은 이 상황을 구체적으로 폭로합니다. 유대 엘리트와 빌라도 사이에 정치적인 긴장 관계가 있었음을 암시합니다. 헤롯 아켈라오의 사례에서도 살펴봤듯이 속주의 엘리트는 로마 정부에 속주의 상황을 고발할 수 있는 권한이 있었습니다. 아켈라오는 그 고발로 인해 폐위되기까지 했습니다. 따라서 그들은 빌라도의 부정도 얼마든지 고발할 수 있었습니다.

빌라도와 산헤드린이 계산기를 두드리면서 노렸던 부분이 보이기 시작합니다. 빌라도는 자신의 부정 축재와 비리를 덮고, 임기를 연장하기 원했습니다. 반면 산헤드린은 반란의 싹을 제거하고 자신들의 권력을 로마로부터 계속 유지하기를 노렸습니다. 은밀한 협상을 통해서 세기의 재판은 그렇게 공모되고 있었습니다(요 11:52).

4. 겟세마네에서 골고다까지

종교범을 정치범으로 바꾸기 위한 비용 은 30은 제대로 작동했습니다.[143] 바로 그 '시카리(가롯)'라 불리던 제자에 의해서 말입니다. 그는 예수께서 유대인들에게 정치적인 기대치가 없었음을 인정할 수 있는 명분이 필요했습니다. 어쩌면 그가 스승을 배신하게 된 결정적 이유 역시 다른 '바요나' 제자들이 가졌던 기대가 무너졌던 순간 때문인지도 모릅니다.[144] 정치적인 면모를 기대했던 제자들이 더 이상 그런 기대를 할 수 없었던 것입니다. 한편 대제사장과 빌라도의 은밀한 협상은 예수를 반란자로 몰아갔습니다.

> 12이에 군대와 천부장과 유대인의 아랫사람들이 예수를 잡아 결박하여 13먼저 안나스에게로 끌고 가니 안나스는 그 해의 대제사장인 가야바의 장인이라 14가야바는 유대인들에게 한 사람이 백성을 위하여 죽는 것이 유익하다고 권고하던 자라   요 18:12~14[145]

결국 종교범을 정치범으로 체포하기 위한 협상이 이루어졌고, 로마 군대가 겟세마네로 출동합니다. 흥미롭게도 예수께서는 겟세마네에 베드로, 야고보, 요한만 동행시키고 다른 제자들이 따라오는 것을 허락하지 않았습니다.

일찍이 마타티아스는 다섯 아들 요한, 시몬, 유다(마카비), 엘르아살, 요나단을 거느리고 마카비 전쟁을 일으켰습니다. 예수께서는 시몬, 요한, 야고보를 데리고 겟세마네에 계셨습니다. 그들이 수제자들이었기 때문이 아니라, '바요나'의 배경을 가진 제자들이었기 때문입니다.[146] 이 장면은 예수와 그 제자들이 반란자로 보이기에 가장 적절한 순간이었을 겁니다.[147] 예수께서는 십자가를 향한 숭고한 계획을 옮기고 계셨습니다.

예수의 재판은 인간의 탐욕과 위선이 얼마나 적나라하게 드러나는지 볼 수 있는 무대입니다. 자신들의 목적을 달성하기 위해서 유대 민중들에게는 종교적인 명분을, 빌라도에게는 정치적인 명분을 들이대는 산헤드린의 이중성을 보게 됩니다. 유대 사회에서 가장 경건하고, 거룩하다는 사람들일 텐데 말입니다. 다음 구절은 마치 영화의 한 장면 같은 착각을 하게 됩니다.

> 31빌라도가 이르되 너희가 그를 데려다가 너희 법대로 재판하라 유대인들이 이르되 우리에게는 사람을 죽이는 권한이 없나이다 하니 32이는 예수께서 자기가 어떠한 죽음으로 죽을 것을 가리켜 하신 말씀을 응하게 하려 함이러라 요 18:31~32

이 말의 맥락이 이해된다면 신구약 중간사가 여러분의 '렌즈'로 작동하고 있다는 뜻일 겁니다. "너희 법대로 재판하라"라는 빌라도의 말은 속주 자체 권한인 종교범으로 처형하라는 말입니다. 반면 유대 지도자들이 "사람을 죽이는 권한이 없다"라고 말한 것은 종교범으로 죽이지 않겠다는 의미입니다.

예수께서는 부정한 정치인, 위선적인 종교인, 배반한 제자에 의해 죽으셨습니다. 그러나 이 죽음은 하나님이 바로 그 백성들과 함께하시고, 회복을 주시려는 신구약 중간사 기간의 핵심 질문에 대한 대답이기도 합니다. 하나님의 약속은 그렇게 성취되었습니다.

예수께서 체포당하셨을 때, 베드로는 멀찌감치 떨어져 지켜보고 있었습니다. 그 순간 그는 예수님께 장담했던 약속을 깨뜨려 버립니다. 그분을 모른다고 부인한 겁니다. 단순히 베드로의 믿음이 부족해서 그랬던 걸까요?

> 또 부인하더라 조금 후에 곁에 서 있는 사람들이 다시 베드로에게 말하되 너도 갈릴리 사람이니 참으로 그 도당이니라 막 14:70[148)]

예수께서 십자가형을 당할 때 곁에는 두 강도가 함께 달렸습니다. 그 좌우의 강도들은 단순한 범법자들이 아니라 갈릴리 유다와 같은 반란자들을 지칭합니다. 예수께서 이런 사람들과 함께 죽으셨습니다. 마가복음 14장 70절에는 '갈릴리인'과 '도당'이라는 말이 나옵니다. 갈릴리 사람 유다의 흔적이 담긴 표현입니다. 만일 거기서 베드로가 자신도 갈릴리 사람이라고 당당히 말했다면 골고다의 십자가는 세 개가 아니라 네 개가 되었을 수도 있었을 겁니다.

5. 나는 고발한다

예수께서는 말씀이 육신을 입고 이 땅에 오신 분입니다. 요한복음

1장 14절 "말씀이 육신이 되어 우리 가운데 거하시매"에서 '거하다'라는 말의 원문은 '장막을 친다'는 의미입니다. 유대인들의 맥락에서는 그 옛날 광야에서 성막을 만들었고, 성전을 지어서 하나님의 임재와 함께했다는 의미가 담겨 있습니다.

하나님은 우리의 하나님이 되시기 위해서 이런 계획을 세우셨고, 십자가로 이루셨습니다. 이 십자가를 믿는 사람은 누구나 참된 이스라엘 백성이 되고, 하나님은 그들의 하나님이 되십니다. 제2성전이 세워질 때부터 유대인들은 회당과 성전을 통해서 하나님께 나아갔습니다. 그러나 십자가 사건 이후로, 더 이상 성전이나 대제사장이 필요하지 않게 되었습니다. 하나님께서 직접 우리 속에 장막을 치시고, 우리와 함께하시기 때문입니다. 이것이 신구약 중간사를 관통해 하나님께서 이루신 진정한 회복 아닐까요?

예수님의 재판을 지켜보면서 마음이 아픈 것은 무엇 때문일까요? 분명 예수님은 십자가를 지기 위해 이 세상에 오셨습니다. 참 기쁘고 감사한 일입니다. 그러나 십자가로 향하시는 과정을 지켜볼 때, 인간의 추악한 내면을 마주하게 됩니다. 이것이 마음을 아프게 합니다. 이 시대 정치인들에게 어떤 희망을 가질 수 있을까요? 이 시대 종교인들이 그 옛날 종교인들보다 더 거룩하다고 자신 있게 말할 수 있을까요? 혹시 그리스도를 따르는 제자인지, 기대가 빗나가면 등을 돌리는 팬인지 구별하기 어렵게 된 것은 아닐까요?

19세기 프랑스의 드레퓌스 사건이 떠오릅니다. 드레퓌스 대위 한 사람을 무참히 희생시키는 권력과 그에 동조하는 종교와 사회가 겹쳐 보입니다. 오로지 한 개인의 신분으로 이 사건을 고발하다가 조국에서 추방당하고 영국에서 의문의 죽음을 당한 에밀 졸라(Emile Zola)의

글이 생각납니다.

> 드레퓌스 대위는 군사 법정에서 반역죄로 종신 유배형을 선고받았다. 그때부터 그는 더 이상 하나의 인간이 아니라 반역자로 취급받았다. 그가 조국을 교살해서 적의 손아귀에 넘겼다는 지극히 추상적인 생각이 공공연한 사실로 퍼졌다. 문제는 현재의 반역과 미래의 반역만이 아니다. 그는 또한 과거의 반역을 대표하고 있는데, 왜냐하면 반역이 아니고서는 우리가 패배했을 이유가 없다고 고집을 부리면서 사람들이 그에게 옛 패배의 책임까지 전가했기 때문이다. [149]

16세기 사상가 마키아벨리는 『군주론』에서 "사람은 부모를 죽인 사람은 잊어도 자신에게 경제적인 이익을 빼앗아 간 사람은 절대로 잊지 않는다"라고 말했습니다. 이것은 2천 년 전 유대 사회나 백여 년 전 프랑스 사회나 현재 우리 사회와도 크게 다르지 않은 듯합니다. 19세기 작가 마크 트웨인(Mark Twain)은 에밀 졸라의 이야기를 접한 뒤 이런 기고문을 썼습니다.

> 군인과 성직자 같은 겁쟁이, 위선자, 아첨꾼은 한 해에도 백만 명씩 태어나지만, 잔 다르크나 에밀 졸라 같은 인물이 태어나는 데는 5세기가 걸린다. [150]

오늘 우리가 생각하는 회복은 무엇일까요? 우리에게 하나님은 어떤 의미인가요? 우리가 하나님의 백성일 때, 하나님께서 우리에게 어떻게 해 주시기를 원하나요? 지금까지 살펴본 신구약 중간사는 적어도 저에게는 '십자가'를 정점으로 펼쳐진 하나님의 드라마였습니다. 그 모든 시간의 의미를 명확하게 이렇게 설명할 수 있게 되었습니다. 그것이 신구약 중간사에 등장하던 아무개들의 질문이고, 동시에 저의 답변이기도 합니다.

이 십자가와 재판 이야기를 마무리하면서 던지고 싶은 메시지는 하나입니다. 우리에게 십자가는 어떤 의미일까요? 세기의 재판에서 벌어지던 그 공모들이 지금도 현실에서 벌어지는 것은 아닌지 고민을 하게 됩니다. 왜냐하면 하나님의 아들을 재판석에 세우는 상황들을 끊임없이 경험하기 때문입니다. 이 모든 강의의 여정을 C. S. 루이스 (C. S. Lewis)의 『피고석의 하나님』 중 한 대목으로 마치고자 합니다.

자신의 운명이 부당한 희생자라고 생각해서 슬퍼하거나, 질병, 죽음, 고통 등으로 분노하신다면 이것을 기억하십시오. 성경에서 말하기를 사람은 하나님과의 관계를 맺기 위해 창조되었습니다. 예수님은 '부자'가 하늘나라에게 들어가기 어렵다고 하셨습니다. 여기서 '부'란 경제적인 '부'를 포함하지만 행운, 건강, 명예 등 우리가 원하는 모든 것이 '부'에 포함됩니다. 그것을 소유한 사람들은 자신이 하나님으로부터 독립된 존재라는 느낌을 갖는 경향이 있습니다. 이생에서 이미 행복하고 만족스럽기 때문에 하나님이나 다른 곳에 시선을 돌릴 마음이 나지 않아서 그것이 영원히 계속될 것처럼 덧없는 행복에 안주하려고 합니다. 그래서 때로는 이 모든 '부'들을 우리에게서 빼앗기도 하십니다. 그렇게 하지 않으면 우리가 계속 그것들을 의지하며 하나님으로부터 등을 돌릴 것이기 때문입니다. 가혹하게 들립니까? 그렇지 않습니다. '가혹한' 교리들이 어쩌면 가장 친절한 교리일 수 있습니다. 이 세상은 우리의 행복을 위해 마련된 장소가 아니라 우리를 하나님의 형상으로 만들기 위한 훈련과 교정의 장소입니다. 그러므로 우리는 불편한 삶을 살 준비가 되어 있어야 합니다. 편안함과 행복함을 위해 예수님께 나아오셨다면, 예수님은 그 답이 되지 않습니다. [151)

신구약 중간사의 과제

지금까지 신구약 중간사를 면밀히 살펴보았습니다. 특히 마카비 전쟁과 유대 전쟁의 관계 속에서 신약 시대를 이해하며 의미를 찾아 보았습니다. 신구약 중간사를 다루면서 그 시대를 살았던 아무개들과 소통하려고 노력했습니다. 또 그들이 던졌던 질문을 우리 시대에도 던져 보았습니다. 그 질문은 지금 이 순간 우리에게도 유효한 질문이 었습니다.

훗날 미래 세대가 우리를 이렇게 살펴본다면 어떨까요? 유대 전쟁 으로 무너지기 직전의 예루살렘처럼 현재 한국 교회는 절체절명의 위기 앞에 직면해 있습니다. 교회마다 급격한 고령화가 이루어지고, 젊은이들은 보이지 않는 역삼각형 구조로 변해 가고 있습니다. 아울러 인공지능 시대가 열리며 변화에 적응하지 못하는 종교는 소멸하게 될 지도 모릅니다.

이때 우리는 주후 70년경 유대교가 바리새파를 중심으로 신속히 랍비 유대교로 전환하며 지금까지 명맥을 이어 온 점에 주목할 필요가 있습니다. 바리새파는 성문 율법(토라)이 있었지만, 그것을 문자 그대로 받아들이지 않고 현실에 적용하기 위해 끊임없이 고민했습니다. 그것이 구전 율법 형태로 전승되다가 미쉬나로, 나중에는 탈무드로 확대되어 유대인의 삶을 지탱했습니다.

반면 사두개인은 기록된 율법 외에는 어떤 것도 인정하지 않았고, 변화에 맞는 적응에 실패했습니다. 율법이라는 문자에 갇혀서 오히려 삶과 종교가 분리되기까지 했습니다. 사두개인보다 바리새인들이 뛰어나다는 것을 말하려는 것이 아닙니다. 바리새파가 어떻게 2천 년간 생존할 수 있었는지 생각해 보자는 말입니다.

지금도 많은 교회가 성경 문자에 갇혀서 어떠한 변화도 시도하지 못하는 것을 보곤 합니다. 성경과 시대의 접점을 찾아내고 적용하는 고민을 하지 않고 문자 속에 갇힌다면 결국 소멸하게 된다는 점을 반드시 기억해야 할 겁니다.

그뿐만 아니라 성경이 시대와 역사의 결과물이라는 측면도 마음에 새겨야 합니다. 마치 마법사가 동굴에서 유리구슬을 보듯, 그렇게 기록된 것이 아니라는 점입니다. 역사적 맥락을 무시할 때, 본문의 진의와 상관없는 교설들이 난무하게 되고, 성경을 우리의 입맛대로 이용하게 됩니다.

오늘 우리가 2천 년 전의 초대교회 성도들과 같은 성경, 같은 신앙을 가지고 있다는 점은 무척 놀랍습니다. 삼국 시대 이전의 사람들이 품었던 마음과 우리의 마음이 동일하다는 것은 그만큼 우리 신앙이 역사성을 가진다는 말입니다. 따라서 같은 본문, 같은 단어를 접하더라도 복음, 교회, 소망 같은 어휘들이 그 시대의 역사적 맥락에서 나온 표현임을 잊지 말아야 합니다. 우리가 이 용어들을 사용하고 해석할 때는 그 시대의 의미를 헤아려서 사용해야 합니다. 단어가 같더라도 원래의 의미가 사라지면 그 신앙도 달라지기 때문입니다.

역사 속 아무개들과의 만남을 마치며, '회복'을 경험했던 초대교회 성도들이 로마 제국을 넘어 역사 속에서 존재감을 드러낼 수 있었던 비결은 무엇일까요? 화려한 예배당, 성직자들의 높은 학위, 풍부한 예산, 공격적인 전도 같은 것들 때문이었을까요? 아닙니다. 삶, 바로 그 회복을 누리는 삶이 있었기 때문에 가능한 일이었습니다. 로마 시대에 탁월한 삶의 기준을 제시하며 고결하고 숭고하게 살았던 초대교회의 모습으로 다시 돌아갈 때, 오늘도 여전히 교회는 세상의 소망이 될수 있을 것입니다.

> 고통받는 타자가 나의 이웃이 되어야 한다는 것은, 종교적으로 볼 때 두 가지 차원에서 의미가 있다. 하나는 나를 욕망의 주체가 아닌 윤리적 책임의 주체로 세움으로써 욕망의 노예로 지내 온 지난날의 비주체적인 삶에서 벗어나 주체적으로, 즉 실존적으로 살 수 있게 된다는 점이고, 다른 하나는 세상 저편으로의 초월을 통해 이 세상에서 대속의 삶을 살게 됨에 따라 이 땅에 진정한 평화를 가져올 수 있다는 점이다. [152)]

주

1) 마틴 헹엘, 『신구약 중간사』, 임진수 역, 살림, 2000, 7~10.

2) 박정수, 『고대 유대교의 터·무늬』, 새물결플러스, 2018, 21~22.

3) E. H. 카, 『역사란 무엇인가』, 권오석 역, 홍신문화사, 2007, 7. 재인용.

4) E. H. 카, 앞의 책, 35.

5) 최태성, 『역사의 쓸모』, 다산초당, 2019. 이 책의 전반적인 내용을 참고했다.

6) 박양규, 『인문학은 성경을 어떻게 만나는가』, 샘솟는기쁨, 2021. 이 책의 전반적인 내용을 언급했다.

7) 김상근, 『카라바조, 이중의 미학』, 21세기북스, 2016, 26.

8) 주전 516년에 건립된 제2성전은 주전 20년 헤롯 대왕에 의해 화려하게 증축된다. 그러나 새로 지은 것이 아니기 때문에 헤롯이 증축한 성전을 두고 제3성전이라고 부르지 않는다.

9) 샤이 J. D. 코헨, 『고대 유대교 역사』, 황승일 역, 은성출판사, 1994, 23. 코헨은 '신구약 중간사'라는 명칭을 긍정했다. 구약과 신약 사이에 '끼어 있는' 시기로 보일 수도 있으나, 한편 기독교가 '잉태'되는 시기로 본다면 이 명칭도 긍정적이라고 밝혔다.

10) 조셉 블렌킨소프, 『유대교의 기원』, 소형근 역, 대한기독교서회, 2014, 27.

11) 박정수, 앞의 책, 43.

12) 박정수, 『기독교 신학의 뿌리』, 대한기독교서회, 2008, 24~25. 박정수는 이 책에서 자신이 사역(私譯)을 했다고 밝힌다.

13) 표준어는 '바빌론', '바빌로니아'이다. 하지만 성경에서 '바벨론'으로 표기하기 때문에 독자의 혼란을 줄이기 위해 바벨론으로 통일하고자 한다. 몇몇 지명, 인명 등에 대해서도 같은 원칙을 적용한다.

14) 브리태니커 백과사전의 '나보니두스(Nabonidus)' 항목을 검색하면 이 내용을 볼 수 있다.

15) 박정수, 『고대 유대교의 터·무늬』, 57. 재인용.

16) 박정수, 앞의 책, 58~60. 재인용.

17) 에스라서에 '강 건너'라는 표현이 13회나 등장한다.

18) 프레더릭 J. 머피, 『초기 유대교와 예수 운동』, 유선명 역, 새물결플러스, 2020. 50.

19) 박정수, 앞의 책, 137~142.

20) 일반적으로 성서학계에서는 이사야 44~45장이 '제2이사야' 즉 이사야 후대의 예언이라고 알려져 있다. 그러나 이 내용을 이사야가 직접 말했는가 안했는가의 문제와 상관없이, 포로기 이후 유대인들이 '회복'을 어떻게 인식했는지 엿볼 수 있는 구절임에는 틀림없다.

21) 나부코는 '느부갓네살'의 이탈리아식 명칭이다.

22) 조셉 블렌킨소프, 앞의 책, 30.

23) 박정수, 앞의 책, 63~64. 재인용.

24) 박정수, 앞의 책, 63~69.

25) 조셉 블렌킨소프, 앞의 책, 27.

26) 박정수, 앞의 책, 80~83.

27) 박정수, 앞의 책, 80~87.

28) 조셉 블렌킨소프, 앞의 책, 79. 블렌킨소프는 예레미야의 기록을 토대로 인구의 10%가 포로로 잡혀간 것으로 본다.

29) 김근주 교수의 '신구약 중간사 2화, 포로기가 구약에 미치는 영향' 강의를 참고하였다.

30) 조셉 블렌킨소프, 앞의 책, 30.

31) 박정수, 앞의 책, 34.

32) 조셉 블렌킨소프, 앞의 책, 62~68.

33) 1968년 4월 3일, 마틴 루터 킹 목사가 암살되기 전 마지막 연설에 나온 말이다.

34) 마틴 헹엘, 앞의 책, 30~36.

35) 마틴 헹엘, 『유대교와 헬레니즘 1』, 박정수 역, 나남, 2012, 43.

36) 단 7:6, 8:3~8, 20~22, 11:3.

37) 호교론(護敎論)자 요세푸스가 기록한 이 사건은 역사성이 떨어진다고 본다(박정수). 그러나 한편 당시 유대 사회가 대제사장을 중심으로 성전과 율법을 지키게 되었다는 것은 대체로 동의한다.

38) 박정수, 『기독교 신학의 뿌리』, 74~78.

39) 마틴 헹엘, 앞의 책, 42~47.

40) D. S. Russell, 『The Jews from Alexander to Herod』, Oxford University Press, 1967, 18~20.

41) 김창선, 앞의 책, 92~96. 주후 2세기 전까지 누구도 70인역이라는 명칭을 사용한 흔적이 없다. 유스티누스(Justinus)가 최초로 이렇게 불렀다.

42) 김창선, 앞의 책, 90~92.

43) 데시데리우스 에라스무스, 『우신예찬』, 김남우 역, 열린책들, 2011, 27~28.

44) 스티브 메이슨, 『요세푸스와 신약 성서』, 유태엽 역, 대한기독교서회, 2002, 224.

45) 김세윤, 『복음이란 무엇인가』, 두란노, 2003, 23~24.

46) Tessa Rajak, 『Josephus』, Duckworth, 2003, 22~42.

47) Martin Goodman, 『The Roman World, 44 BC~AD 180』, Routledge, 1996, 62~63.

48) 스티브 메이슨, 앞의 책, 79~109.

49) 박정수, 『고대 유대교의 터·무늬』, 231~249.

50) 고대 시대부터 유대인들은 할례를 받은 이후 원래의 상태로 복원하고자 할 때 포피 재건술(Epispasm)을 행했다.

51) 박정수, 앞의 책, 220~222.

52) 위키피디아의 'City of David' 부분을 참고했고, 거기에 실린 지도이다.

53) 주전 200년 파네이온 전투의 승리로 셀레우코스 왕조는 프톨레마이오스 세력을 몰아내고 유대 지역을 차지했다. 그러나 그런 셀레우코스도 주전 190년 마그네시아 전투에서 신흥 강국 로마에게 패배한다. 여전히 셀레우코스가 유대를 지배했지만 로마와 파르티아의 확장으로 인해 크게 위축된 상황이었다.

54) 박정수, 앞의 책, 239.

55) F. W. 월뱅크,『헬레니즘 세계』, 김경현 역, 아카넷, 2002, 272~274.

56) 박정수,『기독교 신학의 뿌리』, 87~88.

57) W. R. Farmer,『Maccabees, Zealots and Josephus: An Inquiry into Jewish Nationalism in the Greco-Roman Period』, Columbia University Press, 1956, 28~29.

58) 박정수, 앞의 책, 88.

59) 박정수, 앞의 책, 88.

60) W. R. Farmer, 앞의 책, 116~118.

61) 박정수, 앞의 책, 94~95.

62) 스티브 메이슨, 앞의 책, 34~42.

63) 박정수, 앞의 책, 92.

64) 박정수,『고대 유대교의 터·무늬』, 268~271.

65) 김창선, 앞의 책, 50~51.

66) 김창선, 앞의 책, 55.

67) 에세네파의 기본 교리들은 김창선의『유대교와 헬레니즘』의 54~63쪽을 발췌 요약했다.

68) 스티브 메이슨, 앞의 책, 202.

69) 스티브 메이슨, 앞의 책, 186.

70) 김창선, 앞의 책, 63. 김창선은 슈테게만(Stegemann)의『Die Essener』을 인용하여 설명한다.

71) 스티브 메이슨, 앞의 책, 210~225.

72) N. T. Wright, 「Paul, Arabia, and Elijah (Galatians 1:17)」,『Journal of Biblical Literature』, Vol. 115, No. 4 (Winter, 1996), 683~692.

73) 스티브 메이슨, 앞의 책, 224~225.

74) Martin Hengel,『The Zealots』, T&T Clark, 1989, 54~55.

75) 박정수, 앞의 책, 273.

76) 김창선, 앞의 책, 74~75.

77) 박정수,『기독교 신학의 뿌리』, 97.

78) 박정수, 앞의 책, 97.

79) 박정수,『고대 유대교의 터·무늬』, 267~274.

80) 스티브 메이슨, 앞의 책, 199~205.

81) 미쉬나는 주후 210년경 문서로 확정되었지만, 그 이전 수백 년간 성문 율법에 대한 '해석'이 구전되어 존재해 왔었다. 구전 율법이 성문화된 것이 미쉬나이며 이것이 더 다양하게 적용된 것이 탈무드이다.

82) 스티브 메이슨, 앞의 책, 187.

83) 김창선, 앞의 책, 76.

84) 박정수, 앞의 책, 94~95.

85) 김창선, 앞의 책, 64. 김창선은 '분리'라는 표현이 외부인의 시각으로 바리새인을 보는 명칭이라고 소개했다. 에세네파가 봤을 때, 바리새인들을 지칭하는 용어로 본다.

86) 박정수, 『고대 유대교의 터·무늬』, 272.

87) 사실 혜롯을 '대왕'이라고 부를 필요는 없지만, 앞으로 살펴볼 혜롯 가문의 수많은 '혜롯들'
과 구별하기 위해서 학자들은 이 인물을 혜롯 대왕이라고 부른다. 구별을 위한 용어로 이해
하자.

88) 목회와 신학 편집부, 『요한복음 어떻게 설교할 것인가』, 두란노아카데미, 2010, 55~57.

89) 로버트 M. 그랜트, 『초기 기독교와 사회』, 김쾌상 역, 대한기독교출판사, 1998, 58.

90) Martin Goodman, 『The Ruling Class of Judaea』, Cambridge University Press, 1987. 이 책
에서 저자는 유대 사회가 신정 국가였으므로 다른 속주와 달리 반란을 하게 되었던 독특한
특징이 있다고 말한다.

91) 혜롯 가문의 가계도는 A. H. M. Jones의 『The Herods of Judaea』와 스티브 메이슨의 『요세
푸스와 신약 성서』를 참고하였다.

92) 혜롯은 유대 사회에 로마 황제 숭배를 들여왔다. 예루살렘에서는 하지 않았지만 그가 세운
가이사랴와 세바스테(사마리아), 그리고 바니아스(빌립보 가이사랴)에서 행해졌다. 주후 40
년 가이우스 칼리굴라는 예루살렘에도 황제 숭배를 명령하였는데 이것이 유대인들의 불만
을 자극했다. 결국 주후 66년 7월 황제 제사를 중단함으로써 제1차 유대 전쟁이 시작되었다.

93) E. M. Smallwood, 『The Jews under Roman Rule』, E. J. Brill, 1976, 187~195.

94) 로마의 4대 황제 클라우디우스는 주전 10년에 출생해서 주후 54년에 사망했다. 재위는 주후
41년부터다.

95) 제임스 던, 『WBC주석 38하 로마서 9~16』, 김철, 채천석 역, 솔로몬, 2005, 618.

96) 제임스 던, 앞의 책, 618. 저자는 요세푸스의 『유대 전쟁사』 2.11.6. 구절을 은거한 사람, 혹
은 관직에 대항한 사람으로 해석한다.

97) 플라비우스 요세푸스, 『유대 전쟁사 2권』, 박정수, 박찬웅 역, 나남, 2008, 221. 역자 박정수는
이 부분에서 평민으로 혹은 평범하게 아리스도불로가 살았다고 해석한다.

98) 박정수, 『기독교 신학의 뿌리』, 97.

99) 스티브 메이슨, 앞의 책, 175.

100) Martin Goodman, 앞의 책, 110~117.

101) Martin Goodman, 앞의 책, 35~71. 저자는 이 책에서 가비니우스 총독에 의해 산헤드린 공
회가 형성되었지만, 세금을 착취하는 기구로 전락했음을 말한다.

102) D. S. Russell, 앞의 책, 81~83.

103) E. M. Smallwood, 앞의 책, 256~292.

104) 서동진, 「고대 유대의 경제와 종교」, 『서양 고대와 중세의 사회』, 지동식 편, 신서원, 1993,
67.

105) E. M. Smallwood, 앞의 책, 256~292.

106) J. Klausner, 『Jesus of Nazareth, His Life, Times and Teaching』, MacMilian, 1925, 251.

107) 서동진, 앞의 책, 67.

108) 미쉬나 Shebi(10장)에 언급된 프로스불 제도의 특징 중에는 이런 것들이 있다. 산헤드린에

서 바리새파가 보증하면 그 서명은 유효하다(3절). 원하는 액수만큼 산헤드린 공회 앞에서
서명하면 채무를 얻을 수 있다(4절). 희년을 앞둔 상태에서 부채 탕감을 포기한다고 서명
해야 한다(8절).

109) 미쉬나의 '산헤드린' 항목에는 유대인들이 예수를 종교범으로 인식했다고 나와 있다(43a).

110) 윌리엄 괴츠만, 『금융의 역사』, 위대선 역, 지식의날개, 2023, 110~123.

111) 윌리엄 괴츠만, 앞의 책, 118~119. 재인용.

112) 흔히 '달란트'라는 단어를 사용할 때 재능으로 이해하는 이유는 영어 단어 talent 때문이다.
우리는 이 화폐 단위를 쓰지도 않고, 그 가치를 짐작하지도 못한다. 예를 들면 톨스토이의
단편 〈사람에게는 얼마만큼의 땅이 필요한가〉에서 주인공 바흠이 땅값을 위해 지불한 비
용이 1천 루블이고, 셰익스피어의 〈베니스의 상인〉에서 안토니오가 샤일록에게 빌린 돈이
3천 더커트이다. 그러나 우리는 이런 화폐 단위가 낯설기 때문에 그 미묘한 정서를 정확히
이해하지 못한다.

113) 서동진, 앞의 책, 65~68.

114) 플루타르코스, 『플루타르코스 영웅전』, 카이사르 전, 29. 이 대목에서 카이사르는 갈리아
원정 중 병사들에게 250 데나리온을 지급했다고 나온다. 시오노 나나미는 『로마인 이야기
7』에서 티베리우스 황제 치세의 로마 병사 연봉이 225 데나리온임을 밝힌다(42~32쪽).

115) Ephraim E. Urbach, 「Class-status and Leadership in the World of the Palestinian Sages」,
『Proceeding of the Israel Academy of Sciences and Humanities』, Vol. 2, 1968, 43.

116) 서동진, 앞의 책, 65~68.

117) Q문서란 신약 성경의 사본과 관련된 용어다. 사본학자들은 마가복음이 가장 최초로 기록
되었고, 이 마가복음을 '토대로' 마태복음과 누가복음이 기록되었다고 생각한다. 그러나 마
태복음과 누가복음에는 공통으로 등장하지만 마가복음에는 없는 내용이 있음을 발견하였
다. 학자들은 마태와 누가가 이 내용을 Q문서에서 참고했다고 생각한다.

118) 스티브 메이슨, 앞의 책, 257~294. 스티브 메이슨은 유대 전쟁에 대한 누가와 요세푸스의
기록이 공통된 것으로 보며, 누가가 요세푸스의 『유대 전쟁사』를 참고해서 누가복음을 기
록했다고 말한다.

119) Martin Goodman, 앞의 책, 48~72.

120) D. S. Russell, 앞의 책, 11~32.

121) 타키투스는 주후 56년에 출생하여 117년에 사망한 로마 역사가다. 아그리콜라의 사위가
되어 주후 70년대에 로마의 관리가 되었다. 105년에 『역사』를 출간하였고, 117년에 초기
기독교를 다룬 『연대기』를 출간하였다.

122) Tessa Rajak, 앞의 책, 140~143, and Robert M. Grant, 『Augustus to Constantine』, Harper
& Row, 1970, 37.

123) 이 문구는 예수께서 에루살렘에 입성했을 때 '호산나'를 외치던 유대 민중들의 열망을 엿보
는 듯하다.

124) Tessa Rajak, 앞의 책, 65~77.

125) Tessa Rajak, 앞의 책, 78~92.

126) Martin Hengel, 앞의 책, 183~223.

127) 이 구절은 마가복음 13장 1~2절에도 언급된 내용이다. 마가복음 13장은 예루살렘 성의 멸망을 언급함과 동시에 종말에 대한 예언으로 알려진 본문이다.

128) 울리케 벨커, 『젊은이를 위한 칼 바르트』, 김수경 역, 새물결플러스, 2015, 85.

129) S. Zeitlin, 「Who Were the Galilean? New Light on Josephus' Activities in Galilee」, 『The Jewish Quarterly Review 64』, Penn Press, 1974, 189~203.

130) Martin Hengel은 『The Zealots』 전체에서 이것을 말한다.

131) G. R. Driver, 『The Judaean Scrolls: The Problem and a Solution』, Schoken Books, 1965, 238.

132) Martin Hengel, 앞의 책, 53~54, and S. G. F. Brandon, 『Jesus and the Zealots: A Study of the Political Factor in Primitive Christianity』, Manchester University Press, 1967, 204.

133) O. Cullmann, 『The State in the New Testament』, SCM Press, 1957, 16~17.

134) 예수께서 베드로를 '바요나'라고 부르시는 장면에서, 마태가 이 단어를 그리스어 '강도(레스테스)'로 표기하지 않고, 히브리어로 그대로 음역해 놓은 점이 흥미롭다. 그는 이를 토대로 베드로의 신분과 정체성을 드러내고 있다.

135) S. Schwartz, 『Josephus and Judaean Politics』, E. J. Brill, 1990, 122~123.

136) S. G. F. Brandon, 앞의 책, 340.

137) 당시 시카리, 젤롯, 바요나 등의 용어가 정치적으로 민감한 문제였으므로 복음서 저자들이 번역을 하지 않고, 음역을 시도한 흔적들을 볼 수 있다. 미국 독립 전쟁 당시 토머스 제퍼슨을 가리켜서 영국에서는 반역자로 불렸지만, 미국에서는 건국 영웅으로 불렸던 측면으로 빗대어 볼 수 있다.

138) Y. Yadin, 『Masada : Herod's Fortress and the Zealots' Last Stand』, Book Club Associates, 1966, 168~172.

139) J. E. Taylor, 「The Name 'Iskarioth(Iscariot)'」, 『Journal of Biblical Literature 129』, SBL Press, 2010, 368.

140) J. Marcus, 『Anchor Bible 27, Mark 1~8』, Doubleday, 1999, 264~165.

141) H. K. Bond, 『Pontius Pilate in History and Interpretation』, Cambridge University Press, 1998, 198.

142) 필로는 주전 25년에 출생해서 주후 50년 무렵에 사망한 유대 역사가이자 철학자이다.

143) T. Horvath, 「Why was Jesus Brought to Pilate?」, 『Novum Testamentum 11』, Brill, 1969, 175.

144) J. E. Taylor, 앞의 책, 368.

145) 요한복음 18장 12~14절은 산헤드린이 예수를 희생양으로 삼으려 하는 장면이다. 가야바가 예수를 죽이기로 모의한 장면은 요한복음 11장 47~53절에 자세하게 소개되었다.

146) S. G. F. Brandon, 『The Trial of Jesus of Nazareth』, B. T. Batsford LTD, 1968, 148~149. 저

자는 이 책에서 베드로, 야고보, 요한이 예수님과 동행한 것은 수제자(Inner Three)들이기 때문이 아니라 그들의 정치적 배경이 같았기 때문으로 보았다.

147) S. G. F. Brandon, 앞의 책, 148~149.

148) Martin Hengel, 앞의 책. 저자는 이 책에서 '갈릴리 사람'이라는 말이 지형적인 용어가 아니라 항전주의자들을 드러내는 명칭이었다고 말한다. 이 구절은 베드로에게 '갈릴리 사람 유다'와 같은 정체성이 있었음을 암시하는 장면이다.

149) 에밀 졸라, 『나는 고발한다』, 유기환 역, 책세상, 2020, 36.

150) 권의종, 금융소비자뉴스, 2023년 11월 27일, https://www.newsfc.co.kr/news/articleView.html?idxno=61605

151) C. S. 루이스, 『피고석의 하나님』, 홍종락 역, 홍성사, 2020, 53~63.

152) 이태하, 『종교의 미래: 반종교와 무신론을 넘어서』, 아카넷, 2015, 186.